dumont taschenbücher

GÖTZ POCHAT, geboren 1940, studierte Kunstgeschichte und Literaturwissenschaft in Bonn, Stockholm, Rom, Florenz und London, promovierte 1968, habilitierte sich 1973 in Stockholm, wo er ab 1974 als Dozent am Kunsthistorischen Institut tätig war. 1981 erhielt er einen Ruf an den Lehrstuhl für Mittlere und Neuere Kunstgeschichte an der Technischen Hochschule Aachen. Er veröffentlichte Arbeiten zum Exotismus während des Mittelalters und der Renaissance, zur Ikonologie der Landschaftsmalerei (*Figur und Landschaft*, Berlin 1973) sowie Studien zur Kunsttheorie und Ästhetik.

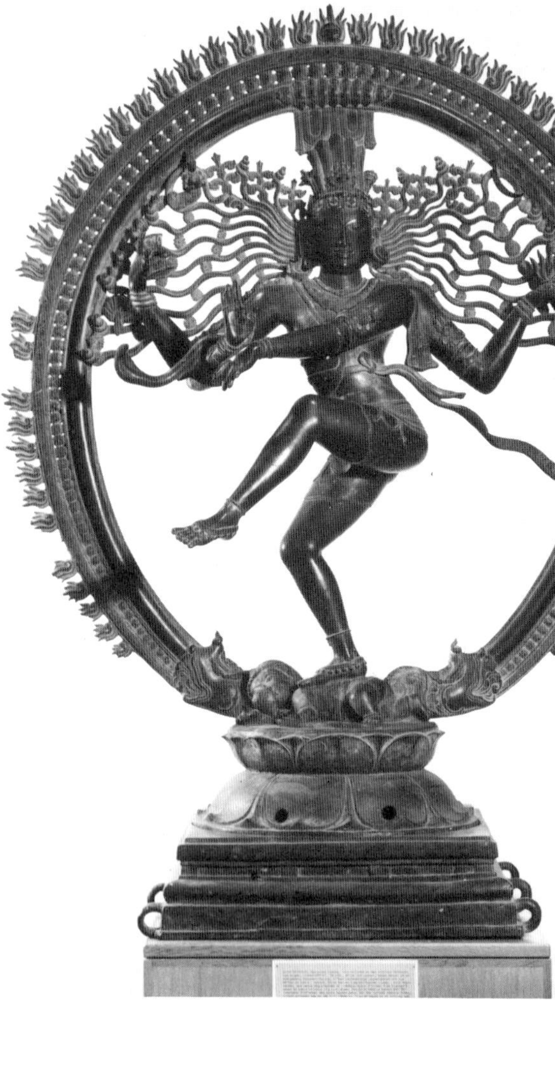

Shiva, Südindische Bronze. Ein Symbol des Unendlichen

Götz Pochat

Der Symbolbegriff in der Ästhetik und Kunstwissenschaft

DuMont Buchverlag Köln

Umschlagabbildung: Domenico Ghirlandajo, Geburt Johannes' des Täufers (Ausschnitt), S. Maria Novella, Florenz (vgl. Abb. 14).

CIP-Kurztitelaufnahme der Deutschen Bibliothek

Pochat, Götz:
Der Symbolbegriff in der Ästhetik und Kunstwissenschaft /
Götz Pochat. [Aus d. Schwed. von Märta Pochat]. –
Dt. Erstveröff. – Köln: DuMont, 1983.
(DuMont-Taschenbücher; 134)
ISBN 3-7701-1470-1
NE: GT

Deutsche Erstveröffentlichung

Titel der Originalausgabe: Symbolbegreppet i konstvetenskapen
Aus dem Schwedischen von Märta Pochat

Satz, Druck und buchbinderische Verarbeitung: Boss-Druck, Kleve

Printed in Germany ISBN 3-7701-1470-1

Inhalt

II Der Symbolbegriff in der Ästhetik und Kunstwissenschaft

Vorwort

Die Anregung zur vorliegenden Studie über den Symbolbegriff und dessen Anwendung in der Ästhetik und Kunstwissenschaft des 20. Jahrhunderts ging ursprünglich von einem Seminar am Institut für Literaturwissenschaft der Universität zu Stockholm unter Leitung von Professor Inge Jonsson aus. Die Vorträge und Diskussionen befaßten sich mit der Tradition und Anwendung des Symbolbegriffs in den verschiedenen Fächern der humanistischen Wissenschaften. Durch eine gewisse Vertrautheit mit der Literaturtheorie der Aufklärung und der Romantik erschienen mir viele Fragestellungen und Versuche der Systematisierung auch wichtig und fruchtbar für die Kunstwissenschaft und deren Selbstverständnis. Die organische, projektive oder rein verweisende Funktion des Symbols sowie die analoge Funktion der Metapher und des sichtbaren Bildes beinhalten Fragen, die ihre Aktualität noch nicht eingebüßt haben und sich dem Kunsthistoriker stets aufs Neue stellen. Natürlich ist man sich dieses Umstandes bewußt gewesen. Auch in der kunstgeschichtlichen Literatur findet man Hinweise auf die Theorien des Kunstschaffens und der Funktion der Kunst zur Zeit des Neuklassizismus und der Romantik. Die spezifische *Symbol*tradition in der Kunstwissenschaft ist m. E. in all ihren Verzweigungen noch nicht dargestellt worden. Wichtig ist und bleibt das Kapitel »Zur Kritik der kunstwissenschaftlichen Symboltheorie« in Dittmanns *Stil – Symbol – Struktur* (München 1967), obgleich dort nur ein Aspekt, nämlich der der Ikonologie von Warburg über Cassirer zu Panofsky, erörtert wird. Dieser dürfte der fruchtbarste für die Kunstgeschichte geworden sein, wiewohl der damit verbundene epistomologische Anspruch bis heute umstritten geblieben ist. In den Jahren 1920–50 sind auch andere Symboltheorien, insbesondere in der Ästhetik und Kunstinterpretation, wirksam geworden, die eng mit Fragen des Gefühlsausdrucks, objektiv in der Kunst vorhandener Qualitäten und ästhetischer

Wertschätzung zusammenhängen. Diese Auslegung des Symbolbegriffs ist in den letzten drei Jahrzehnten von der referentiell ausgerichteten Anwendung überdeckt worden, wobei soziologische und semantische Aspekte maßgebend wurden. Zwischen diese beiden Positionen des Expressiven und des Semantischen schiebt sich der Komplex der Struktur, der eng mit dem Symbolbegriff verbunden ist, sowohl wenn es um werkimmanenten Aufbau als um soziologische »Kräftefelder« geht.

Die Anwendung des Symbolbegriffs im 18. und 19. Jahrhundert hat sich in erster Linie in der Literaturwissenschaft und Religionsforschung ausgewirkt, wenngleich das Bild als Symbol in der Frühzeit der Menschheitsgeschichte und in archaischer Zeit von Creuzer und Hegel als ein Charakteristikum angeführt wird. So sind es denn die Literaturhistoriker, die sich notwendigerweise mit der Begriffsbestimmung im 18. und 19. Jahrhundert auseinandergesetzt haben. Ich verweise in diesem Zusammenhang besonders auf Sørensen, Wellek und Abrams, im deutschen Sprachgebiet auf Volp und vor allem auf Titzmann (*Strukturwandel der philosophischen Ästhetik 1800–1880. Der Symbolbegriff als Paradigma*, München 1978). In der Vielfalt der zitierten Texte und dem Nuancenreichtum der Begriffsanwendung droht der Leser bei der genannten Arbeit jedoch manchmal den Faden zu verlieren – eine Gefahr, die bei eingehender Lektüre kunstgeschichtlicher Werke unseres Jahrhunderts auch besteht. So schien es mir sinnvoll, an der historisch faßbaren Tradition des expressiven bzw. des referentiellen Symbols festzuhalten und einige wichtige Vertreter der verschiedenen Begriffsanwendungen herauszugreifen. Die schematischen Darstellungen der Symboltheorien sollen dem Leser helfen, ihre Grundzüge zu erfassen – exakte Entsprechung, geschweige denn Vollständigkeit, waren dabei nicht beabsichtigt.

Eine Schwierigkeit bei dieser Arbeit bestand in der großen Verzweigung der Begriffsanwendung seit den zwanziger Jahren, der wir in der Kunstgeschichte und Ästhetik begegnen. Eine chronologische Darstellung ließ sich dadurch nicht aufrechterhalten – wie die einzelnen Wissenschaftler sich beeinflußt haben, wenn überhaupt, war nachträglich nicht immer festzustellen. Oft haben wir es mit Parallelerscheinungen zu tun.

1920–50 hat sich der Symbolbegriff besonders stark in der Kunstwissenschaft und Ästhetik ausgewirkt; dies ist vielleicht darauf zurückzuführen, daß die bis dahin in immer wachsender Zahl erfaßten, datierten, dokumentierten und stilgeschichtlich eingeordneten Kunstwerke und Monumente nach Interpretation verlangten. Andere wichtige

Momente mögen der Expressionismus, die geistesgeschichtlich ausgerichtete Kunstgeschichte der zwanziger und dreißiger Jahre, die Entwicklung in der dynamischen Gestalt- und Wahrnehmungspsychologie sowie die Abneigung gegen eine allzu einseitig positivistische Methodik (auch der Naturwissenschaften) gewesen sein – eine kultursymbolische oder struktursymbolische Betrachtungsweise kam jedenfalls in der Kunst-, Musik- und Literaturgeschichte auf. Ohne Zweifel wurde dadurch das romantische Erbe auch in der Kunstgeschichte gefördert. Die unbewußten, dynamischen Kräfte, die in den Augen der Romantiker entscheidend auf das psychische Leben des Menschen einwirken und in den organischen, aber vom Geist strukturierten Formen der Kunst zum Ausdruck gelangen, werden nun nicht mehr auf dem Wege der Mystik oder Metaphysik erklärt. Aber uns – vor die suggestiven Formen der Kunstwerke gestellt, die ihrem Charakter nach sowohl autonom als auch expressiv sind – erscheinen Erklärungsmodelle naturwissenschaftlicher oder positivistisch-historischer Art doch unzulänglich. Das *intuitive* Verständnis und die Wertschätzung von Kunst dürften deshalb mit einer *symbolischen* Deutung, ob direkt repräsentativ oder nur verweisend, ihrer Eigenart und Funktion verbunden bleiben. Der Begriff wird deshalb auch in Zukunft seinen Platz in der kunstwissenschaftlichen Terminologie behalten, selbst wenn allzuweit gesteckten Ansprüchen der Wahrheitsfindung Einhalt geboten werden sollte.

Die vorliegende Arbeit erschien zuerst 1977 auf Schwedisch in der Publikationsreihe der Königlichen Akademie der Wissenschaften in Stockholm *(Kungl. Vitterhets Historie och Antikvitets Akademien, Antikvariska serien 30)* mit einem Druckzuschuß vom Humanistisk-samhällsvetenskapliga forskningsrådet. Den Professoren Dr. Sten Karling, Dr. Inge Jonsson, Dr. Patrik Reuterswärd und Dr. Dag Norberg sei nochmals gedankt, ebenso Professor Dr. Rudolf Zeitler, Uppsala, für seine konstruktive Kritik. Mein Dank gilt auch meiner Mutter, Frau Märta Pochat, die mir bei der Übersetzung behilflich war, sowie Dr. Ekkehard Kaemmerling, Berlin, und dem DuMont-Verlag, die das Erscheinen dieser zweiten, erweiterten Fassung ermöglicht haben.

Aachen, März 1983 — Götz Pochat

I Der Symbolbegriff im 18. und 19. Jahrhundert

Der Symbolbegriff im 18. Jahrhundert

In seinen *Réflexions critiques sur la poésie et la peinture* (1719) vertritt Abbé Du Bos die Ansicht, daß es Aufgabe der Dichtung und der Malerei sei, den werten Leser oder Betrachter zu bewegen und ihm zu gefallen. Er tat dies in der Nachfolge Aristoteles', gemäß der Maxime *utile dulci* des Horaz und den späteren Poetiken (z.B. der Scaligers, 1561). Den im Kunstwerk nach Du Bos zum Ausdruck gelangenden Passionen oblag es, die Seele des Betrachters unmittelbar zu erregen. Hierbei sollte man sich in der Malerei mit »natürlichen Zeichen« *(signes naturels),* in der Dichtung mit »künstlichen Zeichen« *(signes artificiels)* behelfen. Die natürlichen Zeichen waren ihrem Charakter nach sinnlich und dem Menschen intuitiv zugänglich, die Wörter hingegen galten als symbolischer Ausdruck einer abstrakten Erkenntnis und waren demnach nur durch die Ratio zu begreifen. Damit hat Du Bos der späteren Verwendung des Allegorie- und Symbolbegriffs vorgegriffen. Darüber hinaus gab es zu dieser Zeit eine »expressive« Tradition, in der man den Hieroglyphen und auch der Poesie einen intuitiv faßbaren Ausdruckscharakter zuerkannt hat (so insbesondere G. B. Vico in seinen *Principi di una scienza nuova,* 1725). Darauf wird noch zurückzukommen sein. Manche Theoretiker suchten einen Ausgleich zwischen Malerei und Dichtung herbeizuführen, z. B. Breitinger als prominenter Vertreter der sog. Schweizer Schule in seiner *Kritischen Abhandlung von der Natur, den Absichten und dem Gebrauch der Gleichnisse* (1740).

Die Unterscheidung zwischen »natürlichen« und »künstlichen« Zeichen gilt mit gewissen Abweichungen auch für den Allegorie- und Symbolbegriff der Zeit. Nach Baumgarten und Mendelssohn setzte sich die Allegorie aus natürlichen, imitativen Zeichen zusammen, die zwar der Intuition zugänglich, in ihrer jeweiligen Konstellation jedoch vom Verstande geordnet und ihm deshalb unterstellt seien. Das Symbol diente als abstraktes, künstliches Zeichen der diskursiven Erkenntnis, als Vehikel der Kommunikation. Für Lessing bestand keine Verwandtschaft zwischen natürlichen und symbolischen Zeichen. Das intuitive Erkenntnisvermögen des Menschen sollte sich Figuren allegorischer Art bedienen, deren typisch-exemplarischer Charakter das Allgemeine zu veranschaulichen hätte (*Hamburgische Dramaturgie,* 1767). Im Falle der Malerei sei von der Nachahmung der Natur, der Imitation auszugehen. Diese Nachahmungstheorie bildet die Grundlage der Kunstanschauung im 18. Jahrhundert und der auf Naturstudium und Auswahl aufbauenden Kunsttheorie. Hier ist z. B. auf die einflußreiche Schrift von Batteux hinzuweisen: *Les Beaux-Arts réduits à un même principe* (1746). Im Gegensatz zu jenem hat Lessing in seiner Abhandlung *Laokoon: oder über die Grenzen der Malerei und Poesie* (1766) auf die grundlegende Verschiedenheit der beiden Medien und die sich daraus ergebenden *künstlerischen* Forderungen hingewiesen. Lessings Unterscheidung zwischen Plastik und dramatischer Dichtung darf demnach als Modifikation der bis dahin allgemein verbindlichen Gleichsetzung beider gemäß der Maxime *ut pictura poesis* verstanden werden.

Eine Differenzierung der Kunstgattungen im angeführten Sinne hatte Winckelmann nicht vorgenommen, als er elf Jahre früher die antike Skulpturengruppe (Abb. 1) beschrieben hatte (*Gedanken über die Nachahmung der griechischen Werke in der Malerei und Bildhauerkunst,* 1755). Er meinte eine Zurückhaltung in der Wiedergabe des Schmerzes und der Furcht in den Physiognomien zu erkennen, die nicht aus der spezifischen Eigenart des Mediums erklärt werden könne, sondern auf jene edle Selbstbeherrschung zurückzuführen sei, die ihm als hervorragendes Merkmal der griechischen Psyche galt, für das er den Begriff »stille Größe« prägte. Die Skulptur diene als Ausdruck dieser seelischen Eigenschaft und spiegele zugleich die Vorstellung des Künstlers von ihr wider, die seine Einbildungskraft beflügelte. Die Skulpturengruppe wurde von Winckelmann im Sinne einer griechischen »Allegorie« verstanden, als natürliches, imitatives Zeichen, in dem das Ideal zu bleibendem, gültigem Ausdruck gelangt. Der Allegoriebegriff fand hier in ähnlicher Weise wie bei Mendelssohn Verwendung, und Winckelmann hegte in seinem später begonnenen, aber nie abgeschlossenen großen Kulturprojekt die Absicht, aus den allegorischen, »natürlichen« Bildern der Kunst ein Korpuswerk zusammenzustellen, das die geistige Entwicklung der Menschheit repräsentieren sollte (*Versuch einer Allegorie besonders für die Kunst,* 1766).

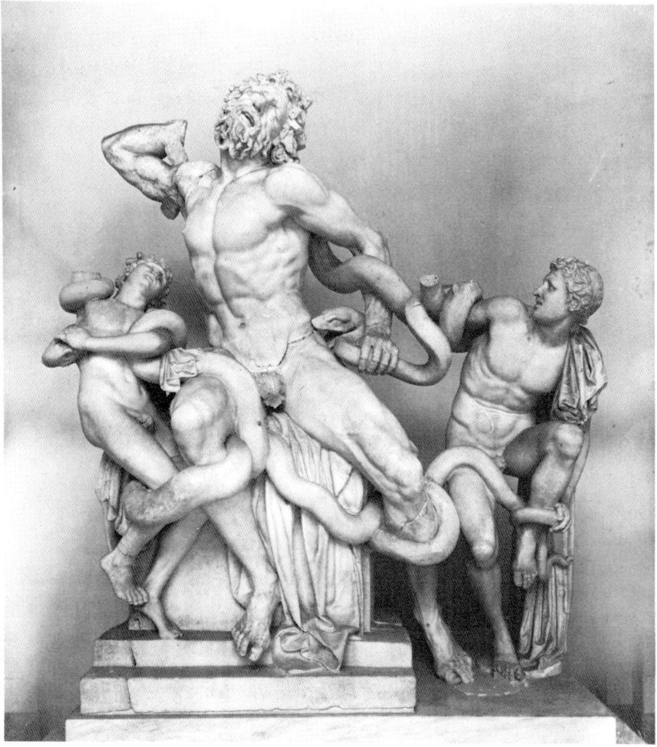

1 Laokoon-Gruppe, 1. Jh. v. Chr., Vatikan. Stille Größe des griechischen Charakters, im natürlich-imitativen Zeichen der Allegorie gespiegelt (Winckelmann).

Grundsätzlich kann man sagen, daß der Symbolbegriff im 18. Jahrhundert im Sinne einer *abstrakten* Zeichenlehre zu verstehen ist, die – konventionell bedingt – der diskursiven Erkenntnis und Verständigung diente. Die Allegorie hingegen galt als Zusammenstellung *natürlicher* Zeichen und Bilder, die imitativen Charakter besaßen und intuitiv faßlich waren. Die mimetisch ausgerichtete Kunstanschauung während der Aufklärung hat die Verwendung der beiden Begriffe stark geprägt.

In seinem wichtigen Buch *The Mirror and the Lamp* (1953) hat Abrams auf die Verschiebung im Bereich der Erkenntnistheorie gegen Ende des 18. Jahrhunderts verwiesen, die auch zu einer entscheidenden

Veränderung der kunsttheoretischen Diskussion beigetragen hat. 1690 hatte Locke in *An Essay Concerning Human Understanding* das Gehirn des Menschen mit einem Spiegel oder einer Wachstafel verglichen, worin die sichtbare Welt ihr Bild bzw. ihren Ausdruck hinterlasse. Ein Jahrhundert später vertrat Kant die Anschauung, daß die Fähigkeit und die Funktion des menschlichen Gehirns darin bestehe, Sinneseindrücke seiner Natur nach umzuformen, d. h. im Rahmen gegebener Kategorien dem Erkenntnisvermögen zugänglich zu machen. Eine Verschiebung findet demnach statt: von der Spiegelung und dem Eindruck zur Umformung und zum Ausdruck; sie mag sowohl für die Erkenntnistheorie als auch für die Kunst- und Naturauffassung der Vorromantik charakteristisch sein.

Kant hatte in seinen Schriften *Kritik der reinen Vernunft* (1781) und *Kritik der praktischen Vernunft* (1788) die Grenzen menschlichen Erkenntnisvermögens abgesteckt und die praktische Funktion der Moral und der metaphysischen Begriffe im Leben des Individuums und in der Gesellschaft erörtert. In der *Kritik der Urteilskraft* (1790) ging es schließlich um das Zweckmäßige als regulatives Prinzip zwischen Verstand und Vernunft. Seine Eigenart besteht darin, autonom und *nicht* zielgerichtet zu sein, und es tritt bei jenen Urteilen besonders deutlich in Erscheinung, die wir als »ästhetisch« zu bezeichnen pflegen.

Nach Kant kann die Idee (oder der Begriff) weder voll erfaßt noch in sichtbarer Form wiedergegeben werden. Der Mensch hat jedoch die Fähigkeit, abstrakte Ideen auf dem Wege der Analogie in sinnlicher Gestalt auszudrücken. Die Übereinstimmung zwischen Idee und Kunstwerk ist nicht unmittelbar durch Wesen und Inhalt gegeben, sondern ist als Analogie zu verstehen, die sich dem Betrachter in der Reflexion seiner ästhetischen Wahrnehmung erschließt. Aus diesem ästhetischen Bewußtsein und dem sich darin vollziehenden Analogieschluß vom Kunstwerk auf die Idee erhält das Kunstwerk als Gegenstand der Anschauung den Charakter eines *Symbols* – »das Schöne ist das Symbol des Sittlichguten«. Im Gegensatz zur herkömmlichen, abstrakt diskursiven Symbolauffassung ist das Symbol nach Kant dem Begriff entsprechend sinnlich, intuitiv zugänglich und analog wirksam. Im Abschnitt über die Schönheit als symbolischer Ausdruck des Sittlichguten heißt es:

»Es ist ein von den neueren Logikern zwar angenommener, aber sinnverkehrender, unrechter Gebrauch des Worts symbolisch, wenn man es der intuitiven Vorstellungsart entgegen setzt; denn die symbolische ist nur eine Art der intuitiven. Die letztere (die intuitive) kann nämlich in die schematische und in die symbolische Vorstellungsart eingeteilt werden ... dergleichen sind entweder Worte oder sichtbare (algebraische, selbst mimische) Zeichen, als bloße Ausdrücke für Begriffe ... Das Intuitive der Erkenntnis muß dem Diskursiven (nicht dem Symbolischen) entgegengesetzt werden. Das erstere ist nun entweder schematisch, durch Demonstration; oder symbolisch, als Vorstellung nach einer bloßen Analogie ... Alle Anschauungen, die man Begriffen a priori unterlegt, sind also entweder Schemata oder Symbole, wovon die ersteren direkte, die zweiten indirekte Darstellungen des Begriffs enthalten ...

1. Das Schöne gefällt unmittelbar (aber nur in der reflektierenden Anschauung, nicht, wie Sittlichkeit, im Begriffe).
2. Es gefällt ohne alles Interesse ...
3. Die Freiheit der Einbildungskraft (also der Sinnlichkeit unseres Vermögens) wird in der Beurteilung des Schönen mit der Gesetzmäßigkeit des Verstandes als einstimmig vorgestellt ...
4. Das subjektive Prinzip der Beurteilung des Schönen wird als allgemein, d.i. für jedermann gültig ... vorgestellt.« (*Kritik der Urteilskraft*, 1790, V, § 59, 428–431)

Bei der interesselosen ästhetischen Betrachtung des Kunstwerks gemäß der symbolischen Vorstellungsart tritt die Einbildungskraft und die mit ihr verbundene Freiheit in Kraft (Fig. 1).

In seinem Studium der Philosophie Kants nach 1791 schloß sich Schiller diesen Gedankengängen an. Für sein eigenes Schaffen sollten sie sich als sehr fruchtbar erweisen. Das Schöne erscheint dem Dichter analog den unerreichbaren Idealen der Moral; in der Betrachtung der künstlerischen Fiktion, des *Scheins*, erweist der Mensch sich als frei. Aus der dialektischen Spannung zwischen Geist und Materie, Unendlichem und Endlichem, entsteht das Symbol. Das Kunstwerk ist sowohl »Symbol der ausgeführten Bestimmung« des einzelnen Menschenlebens als auch »Symbol der Unendlichkeit« (*Briefe über die ästhetische Erziehung des Menschen*, 1795). Freilich haftet dem Schönheitsbegriff ein größeres Maß an Objektivität als bei Kant an – sucht jener ihn doch aus der Beschaffenheit des Dinges, der Freiheit und Autonomie seiner Erscheinung abzuleiten. In seinem Brief an Körner vom 8. Februar 1793 spricht Schiller von der »großen Idee der Selbstbestimmung«. Sie »strahlt uns aus gewissen Erscheinungen der Natur zurück und diese nennen wir Schönheit.« In Würdigung dieser Stelle heißt es bei Hettner (1870, 158): »Die Freiheit in der Erscheinung ist also nichts anderes als die Selbstbestimmung an einem Dinge, insofern sie sich in der Anschauung offenbart.« Durch den symbolschaffenden

Fig. 1 *Kant – Schiller*

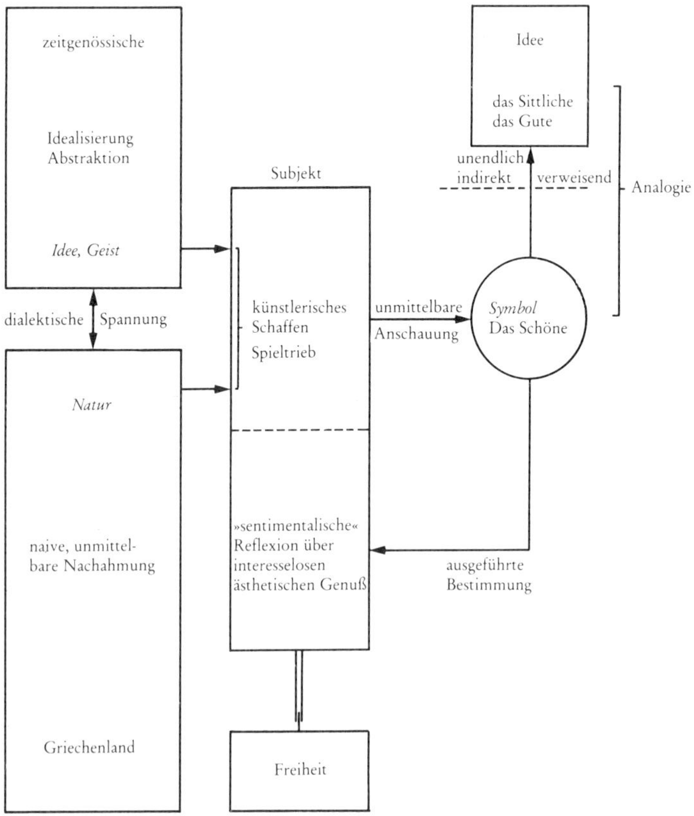

Charakter und die Funktion der menschlichen Vernunft wird dem Kunstwerk oder dem Naturschönen eine symbolische Rolle zuteil. In Schillers *Rezension über Matthissons Gedichte* (1794) ist von der Notwendigkeit die Rede, die der Künstler in der Natur vermißt und die er in seinem Werk zu verwirklichen sucht. Sie ist Teil seiner Natur, und so sucht er stets die äußere Natur durch eine »symbolische Operation« in eine menschliche zu verwandeln. »Es gibt zweierlei Wege, auf denen die unbeseelte Natur ein Symbol der menschlichen werden kann, entweder als Darstellung von Empfindungen oder als Darstellung von Ideen.« Im ersten Falle geht es um eine analoge Wiedergabe der Gemütsbewegung durch äußere Bewegung, wie wir sie vor allem in der Musik, aber auch in der Landschaftsmalerei vorfinden können. Der Künstler wird »zum wahrhaften Seelenmaler«. Kraft der Gesetze, »welche über die innern Bewegungen des menschlichen Herzens walten«, ist er in der Lage, sie in eine äußere Form zu übertragen: »und auf diese Weise wird es begreiflich, wie vermittelst jenes symbolischen Akts die gemeinen Naturphänomene des Schalles und des Lichts von der ästhetischen Würde der Menschennatur participieren können.« Oben erwähnte zweite Möglichkeit der Symbolisierung, die Darstellung von Ideen, bedarf der »symbolisierenden Einbildungskraft«. Mit dem ästhetischen Erlebnis geht das moralische einher; in der Harmonie des Kunstwerks spiegelt sich die Harmonie des Gemüts, aber es ist dem jeweiligen Hörer oder Betrachter überlassen, diese ästhetisch nachempfundene Seelenlage kraft seiner Imagination mit neuem Inhalt zu füllen. Dem Dichter bleibt es vorbehalten, dieser Symbolik der Einbildungskraft mit dem Medium der Sprache eine bestimmtere Richtung zu weisen – vorgreifen sollte er ihr jedoch nicht.

Am Beispiel der Landschaftsmalerei verdeutlicht Schiller den Prozeß der symbolischen Projektion, verhilft er der Gattung zu neuer Würde und nimmt romantische Gedanken vorweg. Es ist auch kein Zufall, daß er auf das Fehlen der bildkünstlerischen und dichterischen Darstellung der Landschaft bei den Griechen verweist. Die Einbildungskraft der Alten sei nur auf die Erscheinung des äußeren und inneren Menschen gerichtet gewesen, während die Willkür der Natur in ihren Augen der inneren Notwendigkeit entbehrt hätte. Durch die Vermenschlichung der Natur im symbolischen Schaffensprozeß zeitgenössischer Künstler könne von einer Grenzerweiterung bei den schönen Künsten gesprochen werden, obgleich die Gefahr der Willkür, Regellosigkeit und Subjektivität dabei zunähme.

In ähnlicher, noch prägnanterer Weise wird der Gegensatz zwischen Antike und Moderne in der gleichzeitig entstandenen Abhandlung

Über naive und sentimentalische Dichtung herausgestellt. Die Kunst der Griechen sei naive, unmittelbar gegebene Natur und Wirklichkeit, Einklang von Leib und Seele, Empfinden und Denken. Dem modernen Menschen sei diese sinnliche Einheit genommen, seine Kultur vom Abstand zum Ideal gezeichnet. Diese Kluft zwischen Ideal und Wirklichkeit, Begriff und Anschauung kann nur noch durch das Streben nach moralischer Einheit überbrückt werden. Auf das Ideal gerichtet, auf das Gesetz der Notwendigkeit vertrauend, das dem Künstler eigen ist und der Willkür seiner Vorstellungskraft Einhalt gebietet, besinnt sich der sentimentalische Dichter auf sich selbst und reflektiert den Eindruck, den der Gegenstand auf ihn macht. Diese Reflexion ermöglicht jene »sentimentalische Operation«, die die Tätigkeit des modernen Dichters als eine symbolisierende erscheinen läßt. Darin drückt sich auch der Charakter der neueren sentimentalischen Kunst aus. Das Werk erstrebt das Geistige, das im Grunde Unaussprechliche und läßt sich nicht eindeutig fassen. Aber gerade damit wird dem Betrachter oder Leser jener Spielraum zugestanden, der auch ihm eine Seelenprojektion ermöglicht. So kann die moralische Auffassung und ideale Vorstellung des Rezipienten auf das moderne Kunstwerk projiziert werden. Der rezeptionsästhetische Ansatz Schillers wird an Hand seiner Verwendung des Symbolbegriffs deutlich erkennbar (Fig. 1).

1788 hatte Karl Philipp Moritz den ganzheitlichen, autonomen Charakter des Kunstwerks hervorgehoben *(Über die bildende Nachahmung des Schönen).* Er vertrat die Position des ästhetischen Objektivismus, zu dem sich Kant in seiner Erkenntnistheorie und insbesondere Schiller im erwähnten Brief vom 8. Februar 1793 bekannt hatten. Die Autonomie des Dinges oder Kunstwerks »an sich« wird bei ihnen mit dem rezeptionsästhetischen Aspekt verknüpft, nach dem das ästhetische Erlebnis sowohl des Künstlers als auch des Betrachters dem Kunstwerk Symbolcharakter verleiht. Das Symbolische wird in diesem Zusammenhang im Sinne einer Anschauungsform verstanden, nicht wie bei Moritz und auch Goethe als eine im Objekt selbst vorhandene, existentiell gegebene Daseinsform. Diese gegensätzlichen Positionen der Symbolauffassung sollten im Briefwechsel zwischen Schiller und Goethe 1797, worin es um die Natur der Kunst und ihre Mittel ging, klar herausgestellt werden.

Auf dem Wege der Erkenntnistheorie und der psychologischen Analyse haben Kant und Schiller die frühere Definition des Symbols auf den Kopf gestellt. Aus dem Erlebnis der Welt und des Kunstwerks heraus erscheint es nun dem Sinnlichen verhaftet, analog wirksam und intuitiv eingängig. Diese Auffassung stand der früheren Anschauung der Allegorie mit ihren »natürlichen Zeichen« näher als dem herkömmlichen Symbolbegriff der Aufklärung, wo mit »Symbol« ein rationales, abstraktes Zeichen gemeint war. Allerdings war der philosophischen Umwertung des Begriffs bei Kant in seiner *Kritik der Urteilskraft* 1790 schon vorher der Boden bereitet worden; Ansätze finden wir bei Vico, Breitinger, Herder und Moritz. So darf der rationalen Symbolauffassung im 18. Jahrhundert jene Strömung zur Seite gestellt werden, die den Begriff auch im expressiven oder natursymbolischen Sinne verwendete.

Expressive Symboldeutung

In den *Principi di una scienza nuova* des Giambattista Vico (1725) ist von einem barbarischen Zeitalter die Rede, wo Phantasie und Gefühl in einer hieroglyphischen Zeichensprache direkt zum Ausdruck gelangen konnten. Den Ägyptern diente sie als natürliche Sprache von Metaphern, die eben nicht als bewußt »geschaffene« Symbole zu verstehen seien. Ihrem nicht-diskursiven Charakter zufolge bleiben die Hieroglyphen stets vieldeutig und rätselhaft – ein Charakteristikum, das gegen Ende des 18. Jahrhunderts dem »Symbol« zugeschrieben wurde. Eine Entsprechung des expressiven Elements in Vicos Deutung der Hieroglyphen und der Poesie primitiver Naturvölker finden wir in Abbé Du Bos' Darstellung der Passionen in seinen *Réflexions critiques*. Was England betrifft, ist auf die Popularität der Schrift des Pseudo-Longinus, *Über das Erhabene (Peri Hypsos)*, hinzuweisen. Darin werden die Genialität des Dichters und die schöpferische Rolle der Gemütsbewegungen besonders hervorgehoben; die Nachwirkung im späten 18. Jahrhundert war außerordentlich.

1735 erschien Blackwells Studie *Enquiry into the Life and Writings of Homer* und in den Jahren 1741–50 hielt Lowth eine Folge von *Vorlesungen* über die hebräische und orientalische Poesie. Bei beiden wird die Dichtung als »language of passion« beschrieben; der Dichter tritt als Sprachrohr seiner primitiven Umgebung und der zeitgenössischen Kultur auf. So nimmt im Bereich der Poetik der vom Primitivismus getragene alte Traum von einem ungetrübten Verhältnis zwischen Mensch und Natur feste Gestalt an. Hier werden sowohl mimetische als auch expressive Aspekte der Dichtung erörtert. Das Werk wird einmal als Ausdruck starker persönlicher Gefühle verstanden, spiegelt aber zugleich auch den kulturellen Zusammenhang wider. Das Gedicht

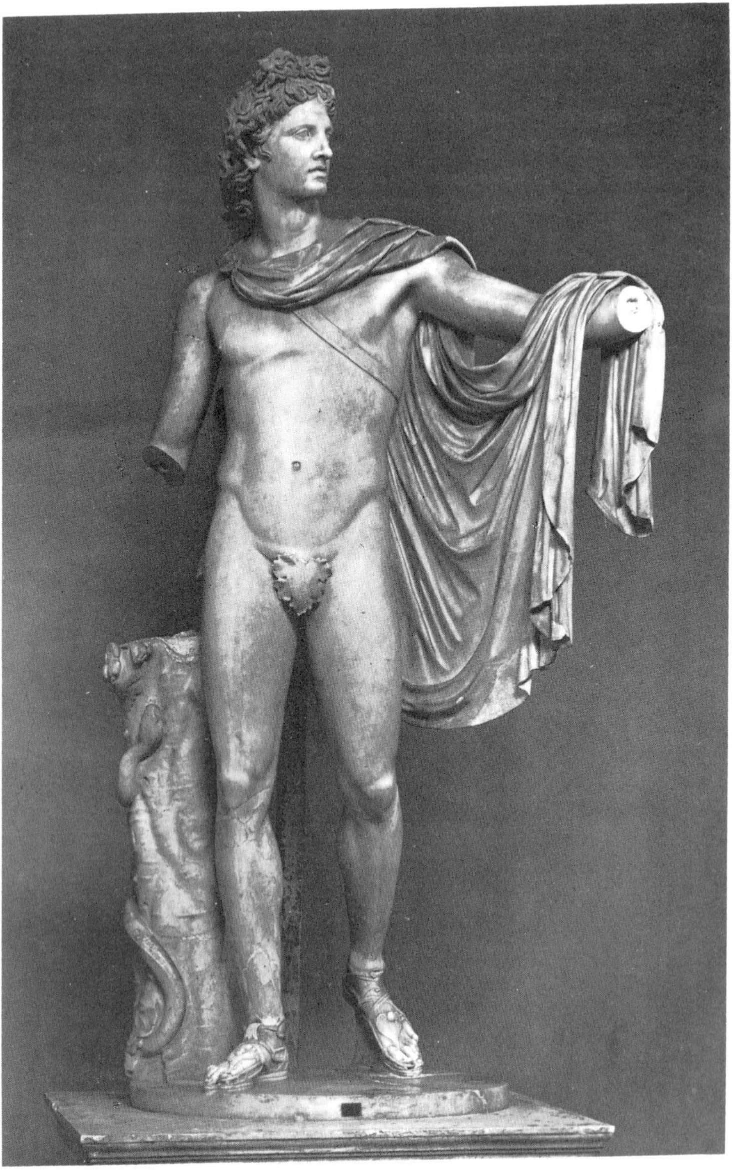

geht wie der Dichter selbst in die größere Ordnung der Natur ein – die Poesie erscheint aus der Sicht der Kulturanthropologie als »die Muttersprache des menschlichen Geschlechts« (HAMANN). So gesehen scheint das Kunstwerk von der Natur oder von Gott selbst geschaffen worden zu sein; der Künstler kommt durch die Zeichen- oder Symbolsprache der Natur zu Wort. Eine weitere Station auf dem Wege des griechischen Primitivismus im 18. Jahrhundert stellt der *Essay* WOODS über den archaischen und primitiven Homer dar (1768).

Der Primitivismus des Nordens erhält in der Neudichtung nordischer Volkslieder im *Ossian* MACPHERSONS seinen charakteristischen Ausdruck. Die Gesänge wurden 1763 von Cesarotti mit Anmerkungen versehen und 1768 ins Deutsche übersetzt. Im Rahmen dieses nordisch-primitivistischen Themenkreises verschmolzen Sentiment, erhabenes Pathos und klassische Form in GRAYS *The Bard* (1757), dessen Titelseite Blake mit einer suggestiven Illustration gestaltete. Der früheren Edda-Übersetzung folgten 1761 weitere Übertragungen *Isländischer Sagen* durch Gray. Nordische Götterdämmerung griff auf mittelalterliche Märchenstimmung und mythologische Phantasievorstellungen über. 1762 erschien die Arbeit HURDS über mittelalterliche Volksdichtung, deren nordischer Ursprung von THOMAS PERCY vertreten wurde (*Reliques of Ancient English Poetry*, 1765). Dieser ganze Komplex nordisch-keltischer Mythologie und Dichtung hat die kulturhistorische Betrachtung ab etwa 1760 entscheidend beeinflußt, wie es in Frankreich bei Rousseau, Madame de Staël, Letourneau, Chateaubriand, Lamartine, in Deutschland bei Herder, Klopstock, Goethe und Möser deutlich wird. Auch in Italien und Spanien waren diese Einflüsse wirksam.

Der germanisch-nordische Themenkreis und die immer stärker werdende Begeisterung für das Mittelalter hat den Anstoß zu jener neuen Strömung in der Literatur gegeben, die der schwedische Literaturhistoriker ANTON BLANCK in einem grundlegenden Buch als »nordische Renaissance« bezeichnet. Engstens mit ihr verbunden war die Klimalehre, die auf die physiologischen Studien des 17. Jahrhunderts zurückgeht. Du Bos hatte bereits eine Brücke von der Klimatologie zur Kulturgeschichte geschlagen, erneute Aktualität bekam sie durch MONTESQUIEUS *De l'Esprit des Lois* (1748) und MALLETS *Introduction à l'Histoire de Dannemarc* (1755).

◁ 2 Apollo di Belvedere, Vatikan. Das Ideal des schönen Stils, vom Künstler »eine bloß im Verstande unterworfene geistige Natur« (Winckelmann). Ein »Natursymbol«, in dem Idee und plastische Form organisch verschmolzen sind (Herder).

Winckelmann hat in seinen *Gedanken über die Nachahmung der griechischen Werke in der Malerei und Bildhauerkunst* (1755) die Klimalehre bei der Interpretation der griechischen Kunst und Kultur hinzugezogen und die diesbezüglich glücklichen Umstände jener Epoche der eigenen, weniger begünstigten Region als Ideal vor Augen gehalten. In seiner *Geschichte der Kunst des Alterthums* (1764) werden wiederum Norden und Süden einander gegenübergestellt. Die Klimalehre hat entscheidend zur klassizistischen Idealvorstellung von antiker Kunst und Kultur beigetragen (Abb. 2). Zu ihr gesellte sich als wirkungsvoller Kontrast die nordisch geprägte Kultur und Mythologie, die auch mit der mittelalterlichen christlichen Tradition eine Verbindung einging. Dem Klassizisten Laugier war es somit möglich, in seinem 1753 erschienenen *Essai sur l'Architecture* sowohl das Ideal des griechischen Tempels als auch die organische Struktur des Straßburger Domes und sein Streben nach Unendlichkeit zu rühmen. Die Vorstellung des Organischen liegt der »vitruvianischen Hütte« zugrunde, die auf der zweiten Ausgabe von Laugiers Werk 1755 auf dem Titelblatt erschien (Abb. 3).

Oeser hatte den jungen Goethe auf Laugiers *Essai* aufmerksam gemacht. Wie Laugier verherrlicht Goethe den Dom als Ausdruck germanischen Geistes und nordischer Volksseele (*Von deutscher Baukunst*, 1773). Er hebt den organischen Charakter des Bauwerks besonders hervor, vergleicht seinen Wuchs mit dem eines Baumes. Zur gleichen Zeit führt Sulzer in seiner *Allgemeinen Theorie der Schönen Künste* (1771–74) den Gedanken aus, daß das künstlerische Schaffen einem autonomen Wachstumsprozeß entspreche. So spielt der Gedanke des Organischen schon eine bedeutsame Rolle in der Literaturkritik der Zeit. Auch in den kunstkritischen *Salons* Diderots (etwa 1750–70) taucht er häufig auf.

In Youngs einflußreichen *Conjectures on Original Composition* (1759) wird die Kunst im Sinne eines göttlichen Naturprodukts verstanden und auf die Analogie des Kunstschaffens mit dem Wachstum der Natur verwiesen. 1778 greift Herder diesen Gedanken der Parallelität menschlichen Schaffens und organischen Wachstums auf und vergleicht den Menschen mit einer Pflanze *(Vom Erkennen und Empfinden der menschlichen Seele).* Goethe hat sich den Gedanken zu eigen ge-

3 Die vitruvianische Hütte. Titelblatt zu Laugiers »Essai sur l'Architecture«, 1755. Das organische Naturprodukt einer primitiven Frühzeit. ▷

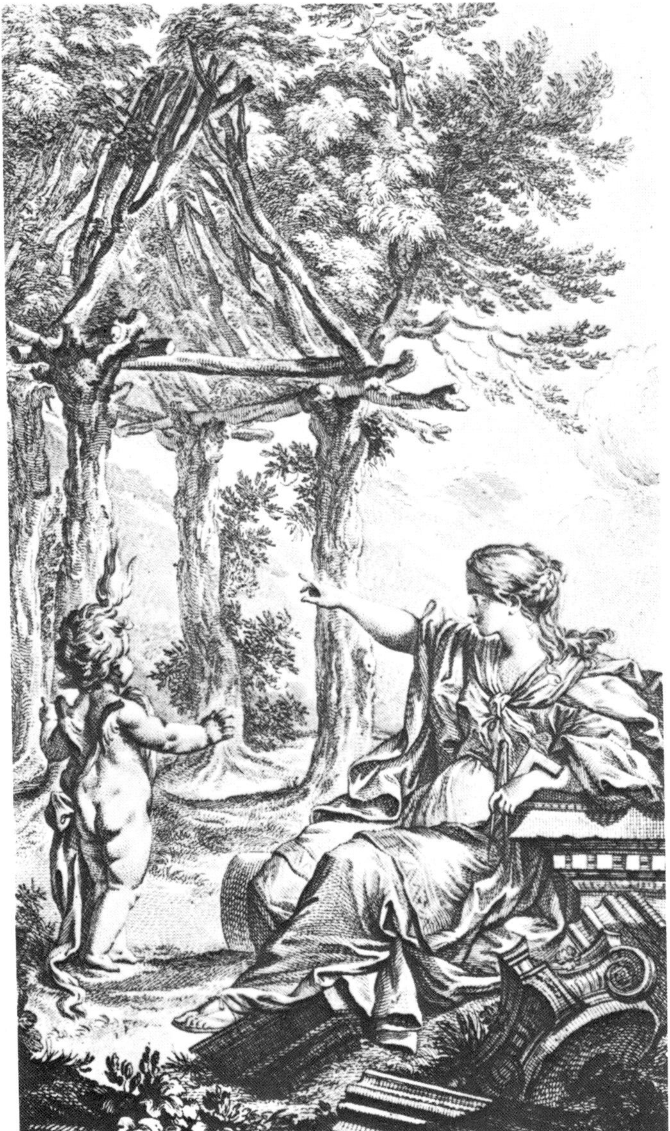

Fig. 2 *Herder*

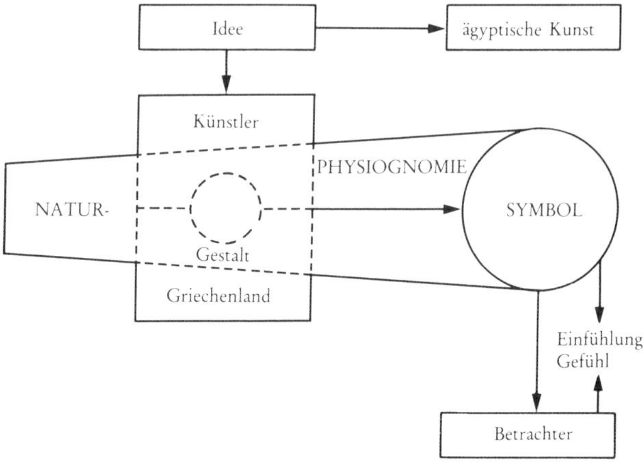

macht und vertritt in seinen Spekulationen über die Urpflanze (1787–90) die Ansicht, daß die Pflanze, die zwar frei, aber gemäß bestimmter Naturgesetze wachse, in derselben Weise wie der schaffende Künstler frei erscheine, gleichwohl an gewisse formale Regeln gebunden sei. In diesem Zusammenhang wäre auf jene Notwendigkeit zu verweisen, die dem Künstler gleichsam angeboren ist und die ihn nach Schiller befähigt, die Einbildungskraft in bestimmte Bahnen zu lenken und ein Kunstwerk organisch durchzugestalten.

Der Gedanke des Organischen hat entschieden zur Charakteristik des Symbolbegriffs im ausgehenden 18. Jahrhundert beigetragen. Wenn es um das Kunstsymbol geht, ist besonders Herder hervorzuheben (so z. B. seine *Stimmen der Völker*, 1778–79 und 1807). Umwelt, Künstler und Werk werden von Herder als untrennbare Einheit gesehen. Nur durch Empfindung und Einfühlung sind wir in der Lage, das Kunstwerk recht zu verstehen. Es besitzt eine anschauliche Gestalt, die nicht *Nachahmung* der sichtbaren Natur, sondern *Ausdruck* des Göttlichen und der Natur erstrebt. Im Kunstwerk offenbart sich die Physiognomie der Natur und der Weltweisheit. Zu Beginn der neunziger Jahre bedient sich Herder des Symbolbegriffs noch zur Charakterisierung einer primitiven Kultur. In seiner Schrift *Über Denkmale der Vorwelt* (1792) heißt es über die Inder: »Ihre Götter entsprangen aus symbolischen Begriffen, die man auch in Denkmalen als Symbole beibehielt, die aber deshalb die Kunst gewaltig einschränkten ... bei einem Symbole, es sei der Religion oder der politischen Verfassung oder der Geschichte gewidmet, ist die Kunst dienend, eine Helferin zu einem anderen Zwecke.« Aber diese Einschränkung des Symbolbegriffs, auf die Dittmann hingewiesen hat, entspricht kaum Herders späterer Anschauung, nach der er auch für andere Zeitabschnitte der kulturellen Entwicklung angewandt wird. Die Organismusvorstellung mit ihren vielen Verzweigungen auf den verschiedensten Gebieten der Wissenschaft und der Kultur des 18. Jahrhunderts mag Herder zu einer Ausweitung seines Symbolbegriffs bewogen haben. Während »Symbol« nunmehr als sinnliche, intuitiv faßbare Einheit begriffen wird, ordnet er die Allegorie jenen Zeichen zu, die der Ratio unterstellt sind. 1800, ein Jahrzehnt nach Erscheinen von Kants *Kritik der Urteilskraft*, verwendet Herder in *Kalligone* den Begriff »Natursymbol«. Im Gegensatz zu der bei Kant und Schiller deutlich herausgestellten Antinomie von Werk und Idee, die nur auf dem Wege eines Analogieschlusses (oder bei Schiller dank der Einbildungskraft) überbrückt werden kann, wird das Symbol bei Herder als organisch lebendiges Ganzes aufgefaßt, dessen Dasein und Bedeutung *eins* sind (Fig. 2). Für den zeitgenössischen Künstler gelte es nun, eine Synthese der religiösen, metaphysisch ausgerichteten Kunst (die schon die Ägypter in Reinkultur entwickelt hatten) und jener der griechischen Klassik mit ihren reinen plastischen Formen herbeizuführen. Die organische Verschmelzung von Form und Inhalt, Äußerem und Innerem, Körper und Seele solle dem Dichter und dem bildenden Künstler stets vor Augen stehen. Beide, Natursymbol und Metapher, müßten einen naturphysiognomischen, expressiven Charakter besitzen.

Zum selben Zeitpunkt, als Herder diese Vorstellungen in Deutschland verbreitete, gaben Coleridge und Wordsworth in England ihre *Lyrical Ballads* (1798) heraus. Dort wird im Vorwort diese expressive Kunstauffassung in bezug auf die Poesie vertreten. Die Poesie ist nach Wordsworth »an overflow of feeling«, Ergebnis eines primitiven Ausdruckswillens, der Sensibilität und der Empfindung. In diesem Bild steckt ein Problem der organischen, expressiven Symboldefinition, das für die weitere Entwicklung des Symbolbegriffs in der Romantik und im späteren 19. Jahrhundert entscheidende Bedeutung erlangen sollte:

nämlich die Frage, inwiefern die äußere Form, ob in der Poesie, Plastik oder Malerei, überhaupt imstande sei, das organisch Gewachsene, den lebendig hervorquellenden Inhalt der Natur und des Geistes zu fassen?

Objektive Symboldeutung

In weniger dynamischer Form war diese Frage nach der Repräsentanz schon im 18. Jahrhundert hinsichtlich der »natürlichen Zeichen« gestellt worden. Wie sollten sie in der Lage sein, der abstrakten Idee zum Ausdruck zu verhelfen? So ist es nicht verwunderlich, daß Anklänge dieser expressiven Symboldeutung auch bei jenen zu finden sind, die die Kunst und das Schöne in mehr objektiver Weise begreifen, wie z.B. KARL PHILIPP MORITZ. Das Erlebnis der Kunst vollzieht sich bei ihm auf mystisch-intuitive Weise (*Die Signatur des Schönen, inwiefern Kunstwerke beschrieben werden können?*, 1788). Ein Kunstwerk ist aber mehr als nur ein sichtbares Zeichen. Gemäß der klassischen Definition ist es ein Ganzes, dem nichts hinzugefügt oder abgezogen werden kann, ohne daß der ganzheitliche Eindruck zerstört würde. Es erscheint deshalb als Vertreter sowohl der sichtbaren als der idealen Welt, repräsentiert das Mystisch-Unendliche ebenso wie das Konkret-Begrenzte. In seiner Schrift *Über die bildende Nachahmung des Schönen* (1788) schildert Moritz den Künstler als »Schöpfer« im neuplatonischen Sinne. Funktion und Eigenart des Kunstwerks, das dank seiner ganzheitlichen Struktur, Autonomie und Schönheit das göttliche große Universum zu widerspiegeln vermag, verdeutlicht er in der alten Metapher des Mikrokosmos (Fig. 3). Die Bedeutung des Kunstwerks auf rein Zeichenhaftes, Verweisendes einzuschränken, hieße seinem ganzheitlichen Charakter und seiner Kraft Abbruch tun. In der *Monatsschrift der Akademie der Künste* 1789 heißt es zur Allegorie, daß eine »Figur«, die spricht und etwas bedeutet, zwar schön sei, aber erst durch die künstlerische Gestaltung wahren Wert erhalte. Hauptsache ist und bleibt die *»Kunstfigur«*. Deshalb kommt der Allegorie nach Moritz nur eingeschränkte Bedeutung zu; sie wird mit schmückendem Beiwerk oder Hieroglyphen verglichen. Sørensen verweist in diesem Zusammenhang auf die Spätschrift *Vorbegriffe zu einer Ästhetik der Ornamente,* 1793, in der sich Moritz gegen eine Überbewertung der Hieroglyphen wendet.

Der künstlerischen Synthese des Unendlichen und des Sinnlichen in der gestalteten Form entspricht der Inhalt, der einer höheren Sprache oder Mythologie entstammt, die weder mit der Geschichte noch mit

Fig. 3 *Moritz*

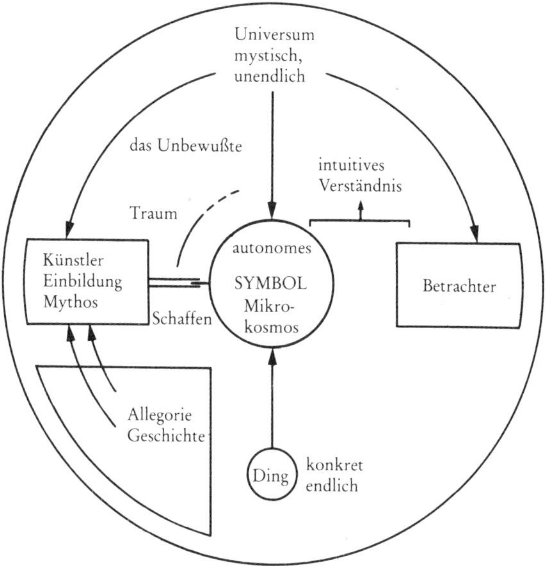

der Allegorie identisch ist. Diese Mythologie ist, wie bei Young, aus der Einbildungskraft des Künstlers hervorgegangen. Sie erscheint der Form und dem Inhalt nach als Traumsprache und läßt sich deshalb nur auf sinnlich-intuitivem Wege begreifen (*Götterlehre,* 1790–91). Wie Jean Paul ist auch Moritz der Ansicht, daß die Wurzeln der künstlerischen Einbildungskraft im unbewußten Seelenleben des Menschen zu suchen sind. In der symbolischen Form des Kunstwerks oder der Metapher gelangt es zum Ausdruck. Mit Herder kann Moritz die Kunst als organische, physiognomische Erscheinung der Natur begreifen. Die Automatik des Wachstums oder Schaffens vollzieht sich aber, wie bei Goethe oder später bei Coleridge, nach vorgegebenen formalen Gesetzen, wodurch der Willkür und Überfülle Einhalt geboten wird.

Der Quietismus mit seiner Betonung des Gefühlslebens dürfte nach Sørensen zu jener mystischen Interpretation des Symbolbegriffs in den frühen Schriften Karl Philipp Moritz' beigetragen haben. In Verbindung mit der neuplatonischen Ästhetik mag er auch auf den jungen GOETHE und dessen gefühlsbeladener Kunstanschauung von den siebziger Jahren an bis zur italienischen Reise 1786–88 eingewirkt haben. Die Begegnung mit der mediterranen Kultur und der Antike hat ihn jedoch zu einer mehr objektiven Haltung angesichts der Kunst und auch in seinem eigenen dichterischen Schaffen bewogen (1963, 74ff., 86ff.).

In der kunsttheoretischen Schrift *Einfache Nachahmung der Natur, Manier und Stil* (1789) sucht Goethe den autonomen und symbolischen Charakter des Kunstwerkes zu beschreiben. Die »Nachahmung der Natur« hat es auf die sichtbare Wirklichkeit als »Stoff« der Darstellung abgesehen. Mit dem Begriff »Manier« (der dem italienischen *maniera* entspricht) wird der spezifische Ausdruck des Künstlers bezeichnet. Als übergeordnete Instanz gilt »der Stil«, der vom Charakteristischen der Dinge selbst geprägt wird. Das Allgemeine erscheint im jeweils Typischen der einzelnen Dinge. Die reine Existenz des Dinges »an sich« bleibt uns, um mit Kant zu sprechen, verschlossen. Dennoch gelangt sie in der direkt gegebenen sinnlichen Form des Kunstwerks zum Ausdruck, erkennen wir in der realen Gestalt die unaussprechliche Idee. Nach Goethe besitzt das symbolische Kunstwerk doppelten Charakter: es *ist* sowohl jenes Ding, für das es sich ausgibt, verkörpert aber zugleich ein anderes, allgemeines Prinzip. (In ähnlicher Weise werden Kunstwerke mit dem Begriff des »Natursymbols« von Herder charakterisiert.) Vom Kunstwerk, vom Ding oder von der Metapher darf man demnach behaupten, daß ihre Bedeutung immanent gegeben ist, sie dennoch in ihrer Autonomie eine repräsentative symbolische Funktion erfüllen (Fig. 4).

Ähnlich wie in Herders physiognomischer Symbolauffassung erscheint das Kunstwerk bei Goethe als »selbstsprechend« (*Über Gegenstände der bildenden Kunst,* 1797). Allein schon durch ihre Gegebenheit sind die poetische Metapher oder das bildkünstlerische Werk imstande, sich selbst darzustellen und zugleich repräsentativ zu wirken. Gegen diese symbolische Deutung des Werkes, die das objektiv Gegebene mit dem subjektiv Selbstredenden eng verbindet, steht die Allegorie, die der Vernunft unterstellt ist und deren Zeichen als rationale Darstellung einer allgemeinen Idee zu verstehen sind. Gegen Schiller und dessen Deutung des Symbols als Ergebnis ästhetischer Anschauung und Reflexion polemisierend, verficht Goethe in seinem *Brief vom 16. August 1797* den objektiven, repräsentativen Charakter des Symbols: »Symbolische Gegenstände ... sind eminente Fälle, die in einer charakteristi-

Fig. 4 *Goethe*

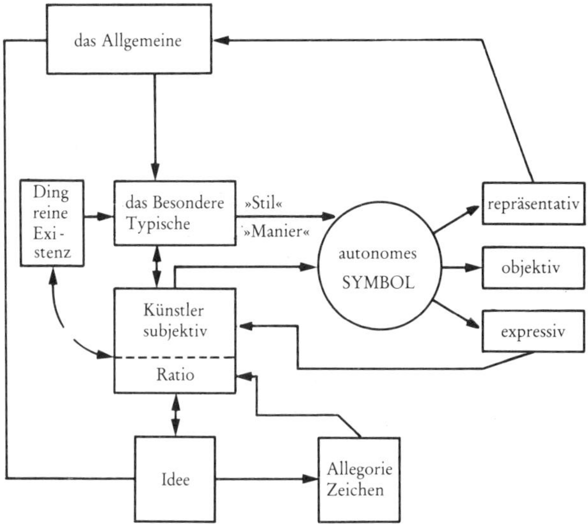

schen Mannigfaltigkeit, als Repräsentanten von vielen anderen dastehen, eine gewisse Totalität in sich schließen ... und so von außen als von innen an eine gewisse Einheit und Allheit Anspruch machen.« Über *Laokoon* (Abb. 1) heißt es im selben Jahr: »Ein ächtes Kunstwerk bleibt wie ein Naturwerk für unsern Verstand immer unendlich; es wird angeschaut, empfunden; es wirkt, es kann aber nicht eigentlich erkannt, viel weniger sein Wesen, sein Verdienst mit Worten ausgesprochen werden.« Im folgenden liefert Goethe eine Beschreibung des antiken Meisterwerks, die als Musterbeispiel klassizistischer Kunstauffassung dienen könnte. Auch wenn ihm sehr daran gelegen ist, die ästhetischen Grenzen der Poesie und der Bildhauerkunst im Geiste Lessings zu wahren, wendet er den Symbolbegriff auf beides an. Dies wird etwa an seiner Studie über *Ruysdael als Dichter* (1816) deutlich, wo es zum Schluß heißt, daß »der reinfühlende, klardenkende Künstler, sich als Dichter erweisend, eine vollkommene Symbolik erreicht, und

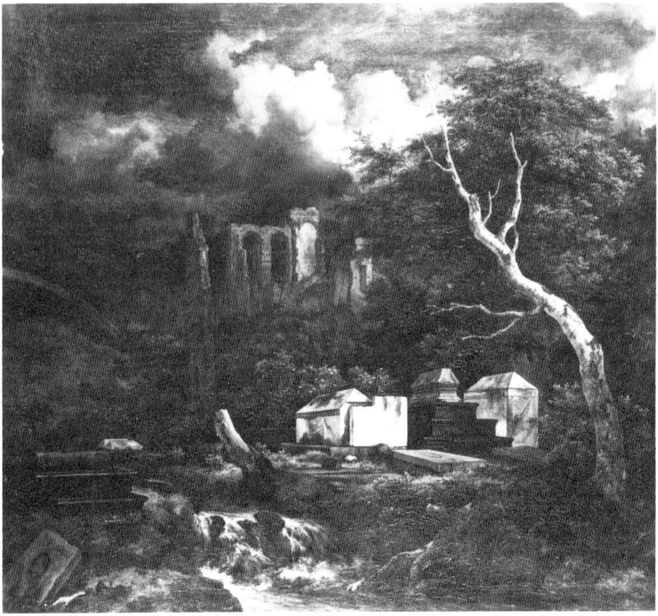

4 Jacob van Ruysdael, Der Judenfriedhof bei Ouderkerk, nach 1670, Staatliche Kunstsammlungen Dresden. Hier erreicht der »reinfühlende ... Künstler ... eine vollkommene Symbolik« (Goethe). Der Landschaftskünstler als »wahrhafter Seelenmaler« (Schiller).

durch die Gesundheit seines äußern und innern Sinnes uns zugleich ergetzt, belehrt, erquickt und belebt« (vgl. Abb. 4). In der symbolischen Form der Kunst wird Horaz' Maxime *utile dulci* verwirklicht, finden die verschiedenen Gattungen der Künste über die Grenzen der Zeit und der Medien zueinander.

Unter den vielen Belegen der repräsentativen Symboldeutung Goethes will ich nur auf jene in den *Maximen* 279, 1112 und 1113 sowie auf die *Reflexion* Nr. 752 in *Kunst und Altertum* (1826) verweisen: »Das ist die wahre Symbolik, wo das Besondere das Allgemeine repräsentiert, nicht als Traum und Schatten, sondern als lebendig-augenblickliche Offenbarung des Unerforschlichen.«

Man hat versucht, bei Goethe dreierlei Symbolbegriffe zu unterscheiden: das objektive, in der Gestalt gegebene, das subjektive, gefühlsmäßig bedingte und das repräsentative Symbol (vgl. Fig. 4). Die erste Definition läßt sich auf die antike Skulptur mit ihrer in den Augen der

Klassizisten reinen Form anwenden. Beim gefühlsmäßig bedingten Symbol geht die Empfindung des Subjekts in das Objekt ein, dessen Wesen und Wirkung eins zu sein scheinen. Das solcherweise erschaffene Kunstsymbol gleicht einem Mikrokosmos – es ist imstande, sowohl die übergreifende Ordnung der sichtbaren Welt als auch das spezifische Gefühl des Künstlers angesichts derselben widerzuspiegeln. Hier wäre nochmals auf die Beschreibung von Ruysdaels Werk oder auf die Ausführungen in der *Farbenlehre* (1808) zu verweisen. Im Gegensatz zur willkürlichen, konventionell bedingten Verwendung der Farbe in der Allegorie oder zum Versuch des Mystikers, auf diesem Wege sonst unzugängliche Urerlebnisse zu schildern, ist es gemäß der *Farbenlehre* dem Künstler gegeben, die symbolische Beschaffenheit und Funktion der Farbe aufzuzeigen und dadurch Erlebnissen und Erfahrungen Ausdruck zu verleihen, die letzten Endes durch Sprache nicht vermittelt werden können. Die repräsentative Symboldeutung schließlich zielt auf die Fähigkeit des geschaffenen Werkes (auch die der Metapher), das Allgemeine durch den Einzelfall, das Besondere, auszudrücken. Eine strenge Unterscheidung vom »objektiven« Symbolbegriff läßt sich in diesem Fall kaum durchführen; so hat Titzmann (1979, 653 ff.) auf den klassifikatorischen Charakter dieser Begriffe in der Goethezeit hingewiesen, die als »Leerformen« von den Rezipienten mit verschiedenen Inhalten gefüllt werden können. Auch ganze geschichtliche Zeitabschnitte oder das Leben des Einzelmenschen lassen sich in dieser Weise »symbolisch« deuten. In einem Gespräch mit Eckermann sagt der 75 Jahre alte Dichter, daß sein ganzes Leben und Wirken im Grunde symbolisch zu verstehen seien, so auch sein tiefster »eigentlichster« Gedanke: die Idee der Metamorphose. Das repräsentative Symbol wird als »lebendige Vergegenwärtigung einer Idee« verstanden, die nicht noch weiter entwickelt werden kann. Es besitzt denselben unergründlichen Charakter wie die sichtbare Natur, das Leben in der Vielfalt seiner Erscheinungen: »Das Wahre, mit dem Göttlichen identisch, läßt sich niemals von uns direkt erkennen: Wir schauen es nur im Abglanz, im Beispiel, Symbol, in einzelnen und verwandelten Erscheinungen; wir werden es gewahr als unbegreifliches Leben und können dem Wunsch nicht entsagen, es dennoch zu begreifen.« (*Versuch einer Witterungslehre,* 1825)

Das von Goethe in erster Linie als autonom-objektiv oder lebendig-repräsentativ begriffene Symbol ließ ihn in ein gegensätzliches Verhältnis zur romantischen Schule treten, die seiner Meinung nach durch ihr antiklassisches Streben nach dem Unendlichen und ihre schwärmerische Art eine mystische Tendenz bekundete und eine allegorische

Kunstauffassung vertrat. Allerdings ist in neuerer Zeit auch bei Goethe Allegorisches vorgefunden worden.

Der objektive, wenn man so will repräsentative Symbolbegriff bei Moritz und Goethe entspricht im Grunde seiner kulturgeschichtlichen Funktion in dieser Zeit. Bei Titzmann (1979, 661f.) heißt es diesbezüglich: »Symbol jedenfalls ist in der Goethezeit ein klassifikatorischer, kein interpretatorischer Begriff: er dient nicht der Auslegung, sondern er hilft, *Ordnung* zu schaffen, zu integrieren, was schon längst nicht mehr zu integrieren ist. Er ist ein Desiderat der Theorien, das eingeführt wird, eine Funktion zu erfüllen: um die Welt als einheitliche Ordnung denken zu können, nicht um sie zu beschreiben oder gar zu denken.«

Der Symbolbegriff in der Romantik

Der Gegensatz zwischen Antike und Moderne, Süden und Norden, geschlossenem und offenem Weltbild, Form und Malerischem, naiver Sinnlichkeit und Sentimentalischem hatte die Gemüter seit Winckelmann und Rousseau immer wieder beschäftigt und bei den verschiedenen Dichtern und Theoretikern seine Interpretation erhalten. Mit neuer Schärfe wurde diese Antinomie von FRIEDRICH SCHLEGEL schon in den neunziger Jahren herausgestellt. Gegen die geschlossene Form der griechischen Kunst und der naiven Gegebenheit von Sein und Bedeutung stellte er das Christentum mit seinem Streben nach dem Unendlichen, seiner Auflösung der Formen und seiner zur Mystik tendierenden Gefühlslage. In den ästhetischen Ansätzen Schlegels wird die Kluft zwischen dem Unendlichen als geistigem Gegenstand der Darstellung und der ungenügenden künstlerischen Form aufgezeigt. Diese Diskrepanz hat zunächst zur Aufgabe des Symbolbegriffs bei Schlegel geführt, der sich eher für eine mystisch-allegorische Zeichendeutung ausgesprochen hat. Nach einer naturmystisch ausgerichteten Periode in den Jahren 1798–1804 hat er sich entschieden gegen den Gedanken gewandt, daß eine Identität zwischen Gott und Natur bestünde: Die Natur besitze keine vernünftige, göttliche Wahrheit, sondern sie stehe in gegensätzlichem Verhältnis zu Gott, dem Geistigen, zum Menschen und zur Kunst. Nur die christliche, mystische Auslegung der Natur kann nach Friedrich Schlegel bejaht werden (*Philosophische Vorlesungen*, 1804–06).

Diese christliche, mystische Zeichendeutung wird in den Aufsätzen der 1803–05 erschienenen Zeitschrift *Europa* erörtert, wobei Schlegel zum Teil auf Chateaubriand und dessen einflußreiche Schrift *Génie du Christianisme* (1802) zurückgegriffen hat. Dort heißt es, daß die Bilder an sich kein Leben, keine Kraft besitzen, sondern nur auf das Eine, Transzendente und Unbegreifliche verweisen. In diesem Sinne sind sie als mystische Objekte zu verstehen, die eine Beziehung zum Göttlich-Geistigen haben. Im Gegensatz zu all denjenigen, die wie Herder, Moritz und Schelling in den *Propyläen* 1798–1800 sich für die Autonomie und lebendige Wirkung des Natur- und Kunstsymbols ausgesprochen, die vorbildliche Sinnlichkeit der griechischen Plastik gerühmt und die Bedeutung der naturphysiognomischen Symbole betont hatten, vertrat Friedrich Schlegel zu dieser Zeit bewußt den Standpunkt, daß der Kunststil einer »unnatürlichen« Kunstsprache zu entsprechen habe, die in erster Linie aus mystischen Zeichen und allegorischen Zutaten bestehe und sich dadurch eindeutig von der Natur abhebe. Dies war jedoch, wie wir sehen werden, nicht die letzte Position, die dieser bewegliche Geist und Vorkämpfer der Romantik hierzu beziehen sollte.

SCHELLING hat sich der Frage von der entgegengesetzten natursymbolischen Seite her genähert. Dieser Aspekt des Symbols, den wir schon bei Herder, Schiller, Kosegarten und Wackenroder finden, wird bei Schelling systematisch ausgebaut und mit idealistischer Philosophie und Ästhetik erfüllt. Die Kunst ist seiner Auffassung nach als »Natur in einer zweiten Potenz« zu verstehen, und das, »was wir Natur nennen, ist ein Gedicht, das in geheimer wunderbarer Schrift verschlossen liegt«, heißt es in der Zusammenfassung zu seinem *System des transcendentalen Idealismus* (1800). Schon in der vier Jahre zuvor verfaßten Schrift, *Das älteste Systemprogramm des deutschen Idealismus* (auch Hegel oder Hölderlin zugeschrieben), ist vom höchsten Akt der Vernunft als einem »ästhetischen« Akt und von der Verschwisterung der Wahrheit, Güte und Schönheit die Rede. Die neue moralische Aufgabe der Kunst kann nur durch eine neue Mythologie und Symbolik erfüllt werden. Durch das Symbol kann sich die absolute Idee dem Irdischen mitteilen, erscheint das Schöne identisch mit dem Guten und dem Wahren als sichtbarer Ausdruck des Unendlichen in der begrenzten Form. Dennoch wird das Kunstwerk in Schellings *Philosophie der Kunst* (1802) als autonomer Organismus beschrieben. Es ist sowohl Teil der Natur als auch um seiner selbst willen da. Zugleich dient es als Ausdruck des Unendlichen, einer Idee. Im Spannungsfeld von Geist

Fig. 5 *Schelling*

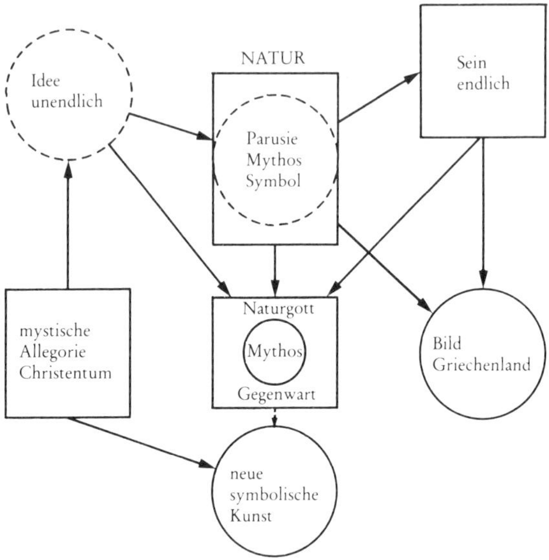

und Materie, Idee und irdischem Dasein, lebt und wirkt das Kunstsymbol. In derselben Weise, wie der Mensch in der neuplatonischen Ontologie an der Scheide zwischen dem Göttlichen und Irdischen steht und ihm dabei die Gabe, das Göttliche in der sichtbaren Natur zu erkennen, zuteil wurde, ist er in der Lage, jene höhere, übersinnliche Bedeutung in der künstlerischen Form durchschimmern zu lassen. Wie bei Plotin offenbart sich das Göttliche in der Materie, und das Kunstwerk wird in seiner polar bedingten Gegensätzlichkeit zum Träger der göttlichen Idee, zum Symbol (Fig. 5).

Es wäre jedoch falsch, die Polarität des Symbols bei Schelling auf Kosten der Identität von Geist und Natur, der Versöhnung von Subjekt und Objekt hervorzuheben. Sowohl in seiner Naturphilosophie als in seiner Kunstphilosophie ging es darum, eine Brücke zwischen beidem zu schlagen. Wie Schiller und Schlegel war sich auch Schelling der verlorengegangenen Einheit von Verstand und Gefühl, Subjekt und

Objekt, die in so einmaliger Weise in der griechischen Kunst und Kultur zum Ausdruck gekommen war, schmerzhaft bewußt. So suchte er die Divergenz auszugleichen, indem er dem Streben nach dem Unendlichen in der christlichen Gegenwart seine symbolische Deutung der Natur und der Kunst an die Seite stellte (*Philosophie der Kunst,* 1802, *Danteanalyse,* 1802–03). Dem neuen Geist der Zeit entsprach die lebendige, künstlerische symbolische Form. Wie schon einmal zu antiker Zeit sollte die Einheit von Gestalt und Bedeutung gewährleistet und die Polarität von Geist und Natur überwunden werden, die Idee unmittelbar zum Ausdruck gelangen und die künstlerische Form neues Leben erhalten. Es ging darum, eine *neue* symbolische Kunst und eine *neue* Mythologie von Naturgottheiten zu schaffen. In der Synthese des Kunstwerks, durch jenes »Symbol der ewigen Freiheit«, wird die ursprüngliche Einheit wieder hergestellt, erfolgt die Neugeburt der Natur selbst *(Über das Verhältnis der Naturphilosophie zur Philosophie überhaupt).* Von seinem Identitätsgedanken und seiner Naturphilosophie aus kommt Schelling dem repräsentativen Symbolbegriff bei Goethe letztlich doch nahe. Die für unseren Zusammenhang entscheidende Stelle in der *Philosophie der Kunst* (1802, in: Werke V, 411) lautet: »Die Mythologie überhaupt und jede Dichtung derselben ... ist weder schematisch noch allegorisch, sondern symbolisch zu begreifen. Denn die Forderung der absoluten Kunstdarstellung ist: Darstellung mit *völliger Indifferenz,* so nämlich, daß das Allgemeine das ganz Besondere, das Besondere zugleich das ganze Allgemeine *ist,* nicht es bedeutet. Diese Forderung ist poetisch gelöst in der Mythologie. Denn jede Gestalt in ihr ist zu nehmen als das, was sie ist, denn eben dadurch wird sie auch genommen als das, was sie bedeutet. Die Bedeutung ist hier zugleich das Sein selbst, übergegangen in den Gegenstand, mit ihm eins.«

Diese neue Mythologie erhält ihren entsprechenden Ausdruck in der symbolischen Form des Kunstwerks.

Als Wortführer der neuen romantischen Strömung trat neben Friedrich Schlegel auch sein Bruder August Wilhelm Schlegel hervor, dem die Erörterung der bildenden Kunst in der von ihnen 1798–1800 herausgegebenen Zeitschrift *Athenäum* oblag. 1801 hielt August Wilhelm die erfolgreichen Berliner *Vorlesungen über schöne Literatur und Kunst,* nach dem Herausgeber seiner Schriften, E. Lohner (1963, 7), eine »großartige Synthese von Kritik und historischer Betrachtung, ... von umfassender, das gedankliche Gemeingut der Zeit organisierender Gelehrsamkeit und Polemik mit der Absicht, den autonomen Charakter der Kunst zu begründen.« Ausgehend vom Gedanken des organischen Verlaufs der Geschichte und der höheren Einheit des Kunstwerks, in dem das Genie Phantasie und Vernunft zum Einklang bringt, gelangte A. W. Schlegel zu einer symbolischen Interpretation der Kunst und ihrer Bestimmung, die ebenfalls als maßgebend für die Romantik bezeichnet werden kann. Wie bei Schelling ist auch bei ihm die Rede von der Wiederherstellung der ursprünglichen Einheit von Geist und Materie, und im Anschluß an dessen Definition des Symbolbegriffs im *System des transcendentalen Idealismus* (1800) heißt es in der Kunstlehre Schlegels: »Das Schöne ist eine symbolische Darstellung des Unendlichen; weil alsdann zugleich klar wird, wie das Unendliche im Endlichen zur Erscheinung kommen kann.« (Lohner 1963, 81)

Schlegel scheint das Unendliche manchmal nicht so sehr als metaphysische Größe zu verstehen, sondern als Charakteristikum der Welt in der endlosen Vielfalt ihrer Formen und ihres Lebens. In symbolischen Formen, Bildern und Metaphern, die in ihrer poetischen Gestaltung über die eindeutigen Bestimmungen des Verstandes hinausgehen, schafft der Mensch lebendige Kunstwerke, die ihrem Wesen nach auch unerschöpflich erscheinen. Sich auf Moritz berufend, spricht Schlegel an anderer Stelle vom Künstler als einer »zweiten Natur«, dessen Werk wie ein Mikrokosmos imstande sei, das Ganze in der Einzelform zu spiegeln. Dank seiner Einbildungskraft sei es dem Menschen gegeben, eine Vorstellung von der Welt zu entwickeln, die im organischen Gebilde des Kunstwerks ihren Niederschlag findet. Von vielen Seiten her in seiner Erkenntnistheorie und Geschichtsphilosophie angeregt, gelangt August Wilhelm Schlegel in der *Kunstlehre* zu einer Synthese; wir finden in seiner Verwendung des Symbolbegriffs Anklänge der »objektiven« Auffassung Goethes und Moritz', idealistische Bewußtseinsbildung im Geiste Fichtes, die auch in der symbolisierenden Tätigkeit des Künstlers zum Ausdruck kommt, sowie Züge des Dynamischen und Projektiven, wie wir sie von Schiller und insbesondere Herder kennen. Letzteren Aspekt des Kunstschaffens haben die Romantiker besonders hervorgehoben. Hier ist z. B. auf Coleridge hinzuweisen, der nachweislich von den Schriften August Wilhelm Schlegels beeinflußt wurde.

Mit Moritz und Goethe, Schelling und A. W. Schlegel, so verschieden ihre Symbolbestimmungen im Einzelnen sein mögen, konnte auch K. W. F. Solger die künstlerische Symbolform als Verschmelzung des Allgemeinen mit dem Besonderen, des Geistigen mit dem Sinnlichen, der Idee mit der Gestalt charakterisieren. In seinen *Vorlesungen über*

Ästhetik (1829, 129) heißt es: »Das Symbol ist die Existenz der Idee selbst; es *ist* das wirklich, was es *bedeutet,* ist die Idee in ihrer unmittelbaren Wirklichkeit; das Symbol ist immer wahr, kein bloßes Abbild von etwas Wahrem ... Das Symbol ist keine Nachahmung, sondern das wirkliche Leben der Idee selbst, und also etwas Wunderbares.«

In der symbolischen Form werden Ideal und Wirklichkeit eins. Die auf das Absolute bezogenen allegorischen Zeichen des Christentums und die autonome Naturform der griechischen Kunst werden miteinander verschmolzen und führen dabei zur dialektischen Struktur des zeitgenössischen Symbols. Es ist sowohl Idee als auch ein Stück endlichen Daseins. In seinem Buch *Klassizismus und Utopia* (1954) hat

5 Antonio Canova, Amor und Psyche, 1787–93, Louvre, Paris. Verschmelzung einer transzendenten Idee mit einer klassischen natursymbolischen Form (Herder). Das Allgemeine, ausgedrückt im dialektischen Symbol (Moritz, Goethe, Schelling, Solger).

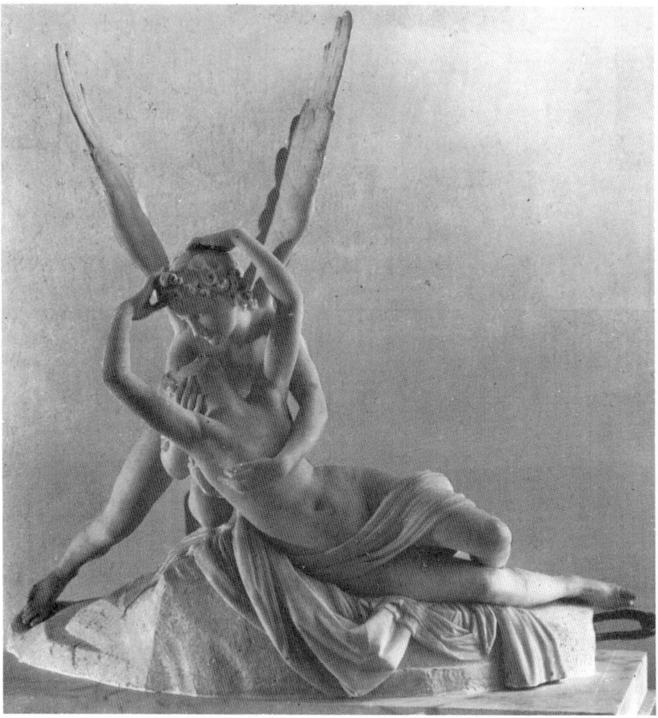

Rudolf Zeitler versucht, in der neuklassizistischen Skulptur eine solche dialektische Struktur nachzuweisen – gegen das utopische Ideal steht die Realität der Gegenwart, gegen die himmlische Liebe und die Vollkommenheit das Verlangen der menschlichen Seele, die in tragischer Weise dem Irdischen verhaftet bleibt (so z.B. schon in Canovas »Amor und Psyche«; Abb. 5).

Um 1800 wurde dem lebendigen und autonomen, intuitiv erkennbaren Symbol der Begriff der Allegorie entgegengesetzt. Dem Verstand oder dem »Witz« untergeordnet, erhielt die Allegorie nach der gängigen Meinung ihren vorbildlichen Ausdruck im Epos der Alten mit seinem mythologischen Stoff und seiner friesartigen Erzählform. (Hier sei auf Erich Auerbachs verwandte Interpretation der antiken epischen Technik im Vergleich zur vertikalen Struktur der Bibel hingewiesen: *Mimesis*, 1946.) In seinen subjektiven, bewußt gekünstelten Nachdichtungen älterer Märchen setzte Ludwig Tieck die rationale Allegorie als wirkungsvolles Mittel ein – er verstand sie im Sinne eines Zeichens mit transzendenter Bedeutung (*Phantasien über Kunst*, 1799). Zu dieser Zeit vertrat auch Friedrich Schlegel noch den Standpunkt, daß die Allegorie dem Streben des Menschen nach dem Unendlichen zum Ausdruck verhelfen sollte.

Was die Malerei betrifft, hat sich Philipp Otto Runge, von Abildgaard angehalten, um 1800 der Allegorie als Ausdrucksmittel bedient. Nach seiner Ankunft in Dresden 1801 hatte er sich zum Ziel gesetzt, den früheren Anspruch Winckelmanns zu verwirklichen, mittels der Allegorie eine Kunst für »denkende« Menschen zu schaffen. Im gemeinsamen Streben, eine spekulative, metaphysische Weltanschauung zu formulieren, sollten Dichtung und Malerei zueinander finden. Literarische Motive von Klopstock, Tieck und aus dem Ossian, die Runge in seinen Bildern zitierte, verliehen diesen poetische, allegorische Form (Abb. 6 und 7). Insbesondere Flaxman dürfte (so Berefelt) Runge bei seinen Bemühungen angeregt haben. Erinnert sei auch an die visionären Illustrationen William Blakes zu Youngs *Night Thoughts* oder Dantes *Divina Commedia*, obwohl er sie nicht Allegorien, sondern ausdrücklich Symbole genannt hat, die im schöpferischen Prozeß Bedeutung gewinnen und eigenes suggestives Leben zu besitzen scheinen. (Um 1790 hatte Blake nicht weniger als 537 Aquarelle zu den *Oden* Grays geschaffen!)

Durch seinen Kontakt zu Novalis und durch dessen musikalisch-mystisches Symbolsystem hat Runge jedoch um 1802 von der allegorischen Zeichenlehre Abstand genommen. Seine Entwicklung lief jetzt

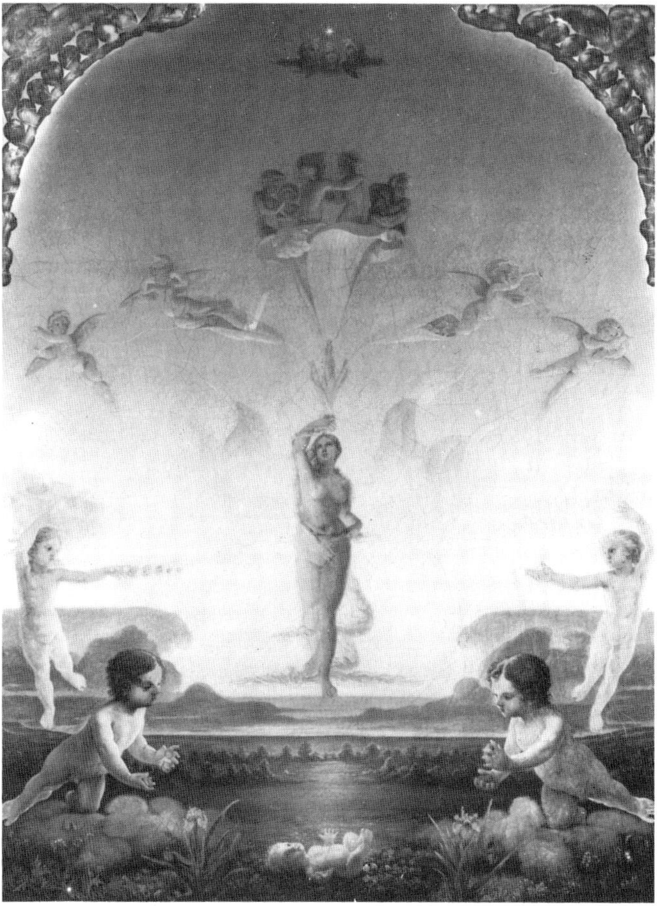

6 Philipp Otto Runge, Der Morgen (1. Fassung), 1807, Hamburger Kunsthalle. »Eine abstrakte, mahlerische phantastisch-musikalische Dichtung«, analoger Ausdruck des natursymbolischen Inhalts (Runge).

auf eine objektive, natursymbolische Darstellung hinaus. Herder und Schelling dürften in diesem Zusammenhang eine Rolle gespielt haben. Natur und Kunst werden als zwei parallele kosmologische Systeme verstanden. Das »lebende Buch der Natur« ermöglicht es dem Künstler, die göttliche Wahrheit und Offenbarung zu erkennen. Durch seine

Struktur vermag das Kunstwerk auf dem Wege der Analogie jene Offenbarung widerzuspiegeln, die uns in der sichtbaren Natur als Ganzheit vor Augen steht.

Die Analogie war schon von Kant und Schiller als Möglichkeit einer symbolischen Darstellung der letztlich unerreichbaren transzendenten Idee beschrieben worden. Runge suchte eine solche Analogie künstlerisch zu verwirklichen. Von der projektiven Einfühlung und Darstellung einzelner Naturobjekte ausgehend, begann Runge um 1802 eine »Gestaltungstheorie« zu entwickeln, die sich in erster Linie mit der Frage der objektiv gegebenen formalen Elemente und Ausdrucksmittel der Malerei befaßte. Mittels solcher Strukturstudien hatte Runge gehofft, zu einer wissenschaftlichen Begründung der bildenden Kunst zu gelangen, die dem Künstler als Basis dienen konnte, wenn er die unmittelbare sinnlich-analoge Form objektiver, universeller Wahrheit zu finden trachtete. Lankheit, Berefelt u.a. haben auf die Parallelität der Bemühungen, die der Farbenkugel Runges sowie der Farbenlehre Goethes und den Theorien Caspar David Friedrichs zugrundeliegen, mit den späteren Zielsetzungen des Bauhauses aufmerksam gemacht.

Mit dem Gedanken der Analogie verbunden ist auch die romantische Vorstellung vom Gesamtkunstwerk, die schon von Friedrich Schlegel angesprochen worden war. Während dieser in erster Linie den universalen Charakter der Poesie (oder Literatur) hervorgehoben hat, suchte Runge die Idee des »Gesamtkunstwerks« in der bildenden Kunst zu verwirklichen. In einem *Brief* vom 22. Februar 1803 heißt es zu den Tageszeitenbildern: »Meine vier Bilder, das ganze Große davon und was daraus entstehen kann: kurz, wenn sich das erst entwickelt, es wird eine abstrakte mahlerische phantastisch-musikalische Dichtung mit Chören, eine Composition für alle drei Künste zusammen, wofür die Baukunst ein ganz eigenes Gebäude aufführen ... sollte.« (*Hinterlassene Schriften* II, 1841, 202) Das Kunstwerk erscheint in Runges Augen als Naturprodukt, das imstande ist, in unmittelbarer, sichtbarer Form eine Vielzahl von Phänomenen der Erscheinungswelt analog auszudrücken. So vertritt die Landschaftsdarstellung bei Runge nicht, wie im Falle Caspar David Friedrichs, eine spezifische Seelenlage des Menschen, sondern ist eher als Versuch zu verstehen, das Innere des Menschen überhaupt in analoger Weise zu vergegenwärtigen.

Eine entscheidende Stellung in der Geschichte des Symbolbegriffs nimmt Friedrich Creuzer ein, der sich die romantische Auffassung zu eigen gemacht und sie in seinen anthropologischen und kulturhistorischen Studien angewandt hat. Sein Werk *Symbolik und Mythologie der*

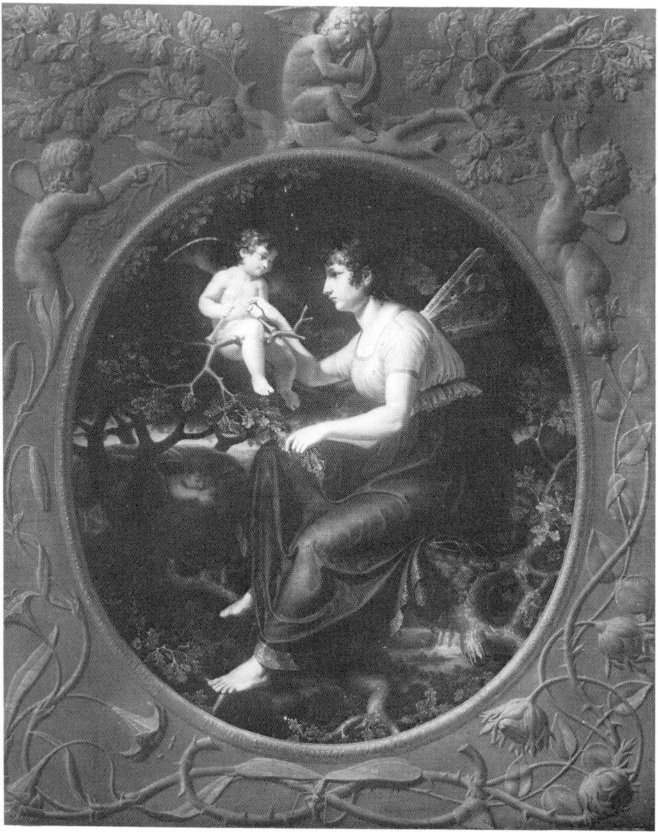

7 Philipp Otto Runge, Die Lehrstunde der Nachtigall (2. Fassung), 1804/05, Hamburger Kunsthalle. Ein poetisches, allegorisches Bild, Ausdruck einer metaphysischen Weltanschauung (Runge, Berefelt).

alten Völker, besonders der Griechen erschien zuerst 1810–12, eine völlig umgearbeitete und erweiterte Auflage folgte 1819–22, eine dritte 1836–42. Creuzers Definition und Anwendung des Symbolbegriffs sollten für die deutsche Philosophie und Ästhetik im 19. Jahrhundert verbindlich werden und haben ihre Wirkung auf die frühe Kunstgeschichte nicht verfehlt.

Im Symbol, dem *sýmbolon* der Griechen, kommt die Wahrheit, wie sie sich in einem Augenblick und einem Bild offenbart, zum Ausdruck.

Fig. 6 *Creuzer*

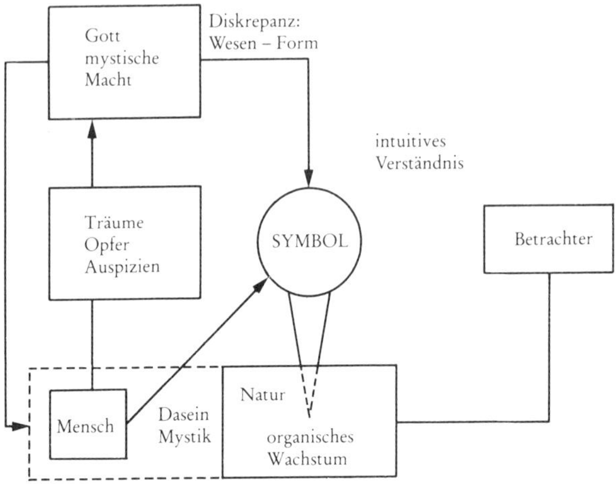

Nach Creuzer zeichnete sich das Symbol in der Frühzeit der Menschheitsgeschichte durch eine mystische Beziehung zur Welt aus. In seinen Träumen, Opfern, Auspizien oder im Wirken der Natur suchte der Mensch nach einem tieferen, göttlichen Sinn seines Daseins. Gefühl und Moral des Menschen wurden sowohl auf lebende als auch auf tote Dinge projiziert. In den dionysischen und orphischen Mysterien, durch mystische, ekstatische Erlebnisse trat der Mensch mit dem Göttlichen in Kontakt, und durch sichtbare Symbole wurden die wichtigsten Ereignisse des Daseins und die verborgenen Kräfte der Natur gebannt und beschworen. In ähnlicher Weise, wie das Dionysisch-Orphische in der griechischen Kultur von Friedrich Schlegel letzten Endes als orientalisches Erbe bestimmt wurde, ist nach Creuzer die Wurzel der mystischen oder magischen Symbolsprache im Morgenland, in Asien und Ägypten zu finden: »Mit der Kunst und der Religion muß es [das Symbol] sich zum Unendlichen und Schrankenlosen erweitern: es nimmt entweder mystischen Charakter an, oder es wird zur schönsten Frucht, zum Göttersymbol. Es sagt alles, was dieser Gattung eigentümlich ist, das Momentane, das Totale, das Notwendige, das

Unergründliche – und erhebt sie auf die höchste Stufe. Durch dieses einzige Wort ist die Erscheinung des Göttlichen und die Verklärung des irdischen Bildes bezeichnet. – Das Symbolische stellt die Wurzel des bildlichen Ausdrucks dar und bildet zugleich seine vornehmste Äußerung.« (zit. in: Schlesinger 1912, 110; vgl. auch Dittmann 1967, 85 sowie Fig. 6 und Abb. 8)

In der Symboltheorie Creuzers wird eine Reihe von Aspekten aufgegriffen, die schon im 18. Jahrhundert entwickelt worden war. Schlesinger verweist auf den Franzosen Dupuis, der eine hermeneutische Deutung der Religionen und ihrer Kulte vorgenommen hatte. Die historische Sicht und der physiognomische Ausdruck lassen an Herder, die moralische Analogie an Kant und Schiller denken. Der traumhafte Automatismus erinnert an Novalis, die Vorstellung der anthropomorphen Projektion, der mystischen Unendlichkeit und des unmittelbar sinnlich Gegebenen haben wir bei Moritz vorgefunden. Das Symbol wird weiterhin als expressive Äußerung des Menschen und Repräsentanz des Göttlichen verstanden (ähnlich wie bei Blackwell und Lowth), faßbar ist es nur durch die intuitive Anschauung (Kant). Die Polarität der morgenländischen und abendländischen Kultur, wie sie von Herder, Goethe, Schelling sowie den späteren Romantikern immer wieder betont wurde, liegt auch der Symboltheorie Creuzers zugrunde. Wenn auch manchmal Totalität und Autonomie des einzelnen Symbols hervorgehoben werden, die an Goethes Charakteristik desselben (Prägnanz und repräsentative Sprichwörtlichkeit!) gemahnen, so geht es in noch stärkerem Maße um das Unzureichende des Symbols, um die Kluft zwischen Gesagtem und Bezeichnetem, Wort und Erlebnis, Bild und Göttlichem selbst. Das Symbol zeichnet sich, wie es heißt, durch seine »Incongruenz des Wesens mit der Form – Überfülle des Inhalts in Vergleichung mit seinem Ausdruck« aus. Es ist anzunehmen, daß diese Vorstellung und dieser Wortgebrauch aus der vorangegangenen Ästhetik des Erhabenen entwickelt wurde. Bei Kant lesen wir: »Das eigentlich Erhabene kann in keiner sinnlichen Form enthalten sein, sondern trifft nur Ideen der Vernunft, welche, obgleich keine ihnen angemessene Darstellung möglich ist, eben durch diese Unangemessenheit, welche sich sinnlich darstellen läßt, rege gemacht und ins Gemüt gerufen werden.« (*Kritik der Urteilskraft*, 1790, 77). Kant, Burke und Schiller sehen das Erhabene im Gegensatz zum Schönen, später versteht Hegel es als Vorstufe des Schönen, bei der die Gestaltung sich noch nicht mit dem Begriff deckt (vgl. die Diskussion bei Szondi 1976, 387 ff.). Nach Creuzer ergibt sich die Unstimmigkeit zwischen Wesen und Form notwendig aus dem

Wesen des Symbols – seine doppelte Herkunft aus der Welt der Ideen und der der Sinne wird dadurch bezeugt, der negative Aspekt von Kants Unangemessenheit abgeschwächt.

Das Symbol ist dunkel, geheimnisvoll gärend, und die Diskrepanz zwischen Form und Inhalt läßt sich sowohl auf seine Wirkung (Kant) als auf seine Beschaffenheit (so später Hegel) zurückführen. Die Verschmelzung des Objektiven mit dem Subjektiven mag als Charakteristikum der romantischen naturphysiognomischen Tradition gelten.

1816 erschien G. H. SCHUBERTS *Symbolik des Traumes,* worin es um eine universale Naturzeichensprache geht, die von der früheren Einheit der Welt Zeugnis ablegt. Traumbilder, Metaphern, Hieroglyphen, mythische und religiöse Vorstellungen verweisen auf eine übersinnliche Ordnung, die einst als Offenbarung erkannt wurde und deren Natursprache nun erneut entschlüsselt werden muß, um die ursprüngliche Bewußtseinsstufe des Menschen wiederzuerlangen. Titzmann (1978, 185f.) hat in diesem Zusammenhang sicher mit Recht auf Swedenborg und die Tradition des Magnetismus und Mesmerismus aufmerksam gemacht. Außer der Naturphilosophie Schellings und der traumhaften Naturhieroglyphik Novalis' war bei der romantischen Interpretation des Natur- und Symbolbegriffs die neuplatonische Tradition in ihrer ganzen Breite bedeutsam, die sowohl in Deutschland als in England die Romantik geprägt hat. Sørensen erwähnt u. a. die Plotin-Vorlesungen, die Tidemand in Marburg hielt. Die Hieroglyphen wurden von jenem als substantielle, symbolische Zeichen aufgefaßt, die nur dem intuitiven menschlichen Erkenntnisvermögen zugänglich seien.

Was die Symboltheorie Creuzers betrifft, ist es in erster Linie ihre dunkle Seite, die auf die Nachwelt gewirkt hat: das Organische, Unaussprechliche der symbolischen Form, die Diskrepanz zwischen dem Gegebenen, Abgegrenzten und dem gärenden, überquellenden Inhalt. Auch für Creuzer hat der Symbolbegriff noch eine gewisse klassifikatorische Bedeutung gewahrt, zugleich geht es um Interpretation und damit verbundene hermeneutische Probleme. So wird die Symboltheorie Creuzers einer vermittelnden Position in der begriffsgeschichtlichen Entwicklung gerecht.

Unter Einwirkung Schellings und Creuzers hat sich FRIEDRICH SCHLEGELS Symbolauffassung entschieden gewandelt. Hatte er zunächst einen bewußt unnatürlichen Kunststil befürwortet, der aus mystischen Zeichen oder allegorischen Figuren bestehen sollte, sprach er sich nach seiner Konversion 1808 und in den folgenden Jahrzehnten für eine natursymbolisch ausgerichtete Kunst aus. Liselotte Dieck-

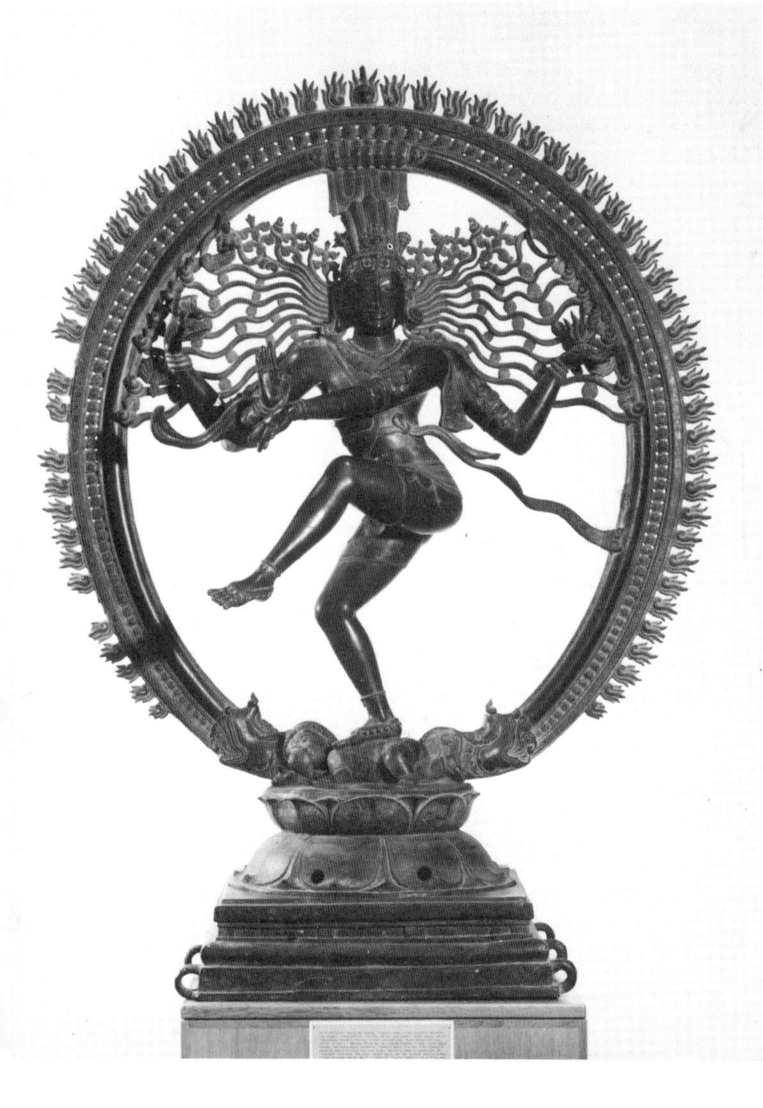

3 Shiva, Südindische Bronze, ca. 15. Jh. v. Chr., Ostasiatisches Museum, Stockholm. Ein Symbol des Unendlichen (Creuzer), »Incongruenz des Wesens mit der Form« (Creuzer, Hegel, Vischer).

mann (1959, 276–283) hat nachgewiesen, daß Friedrich Schlegel selbst bei der Herausgabe seiner *Gesammelten Werke*, Wien 1822–25, manches überarbeitet und das Wort »Allegorie« durch »Symbol« ersetzt hat. So ist z. B. im dritten Teil seiner zuerst 1800 erschienenen *Gespräche über die Poesie* die Überschrift *Rede über die Mythologie* in der revidierten Ausgabe um den Zusatz *und symbolische Anschauung* erweitert worden (*Gesammelte Werke*, V).

Nach Friedrich Schlegel soll die neue Mythologie die philosophischen Ideen und wissenschaftlichen Entdeckungen der Zeit im poetischen Gewand darstellen. Die Kreativität des Künstlers dient als Vermittlung zum Göttlichen; das Kunstwerk erscheint als Echo oder Spiegel der Natur. Im Gegensatz zur früheren Ansicht Schlegels müssen die Naturbilder nunmehr nicht als rhetorische Ausschmückung, sondern als bedeutungsträchtige Symbole verwendet werden, was den symbolischen Charakter sowohl der Kunst als auch der Natur zeigt. Dieser Positionswechsel dürfte nach Dieckmann mit dem starken Eindruck zusammenhängen, den Schellings Vorlesungen aus den Jahren 1802–05 auf Schlegel ausübten – sie wurden in Manuskriptform einem weiteren Kreis zugänglich. Auch Creuzers Abhandlung über die *Symbolik und Mythologie der alten Völker* sowie Schuberts *Symbolik des Traumes* müssen genannt werden.

Jener allumfassende Anspruch, das Leben und die Gesellschaft in ihrer Totalität widerzuspiegeln, den die »romantische, progressive und universale Poesie« stellte (vgl. *Aphorismen* 116, 1798) wird jetzt von einer mehr allgemeinen, symbolischen Deutung der Natur, des Menschen und der Kunst abgelöst. (Zur Vielfalt der Unterscheidungen Schlegels zwischen Altertum und Moderne, Orient und Okzident um die Jahrhundertwende und zum Ansatz einer Realästhetik oder echten Philosophie der Kunst vgl. Szondi 1976, 133–148.) Die Kunst verweist nicht nur auf allgemeine Ideen, sondern stellt ein »ewiges transzendentales . . . Faktum« dar. Sie widerspiegelt ein Universum, das als symbolischer Ausdruck des Göttlichen zu verstehen ist. Im neuplatonischen Geiste erscheint die natürliche, symbolische Form des Kunstwerks als Medium, um mit dem Göttlichen in Verbindung zu treten und diesem übersinnlichen Erlebnis sichtbaren Ausdruck zu verleihen.

Der universale Anspruch der Poesie in Schlegels Literaturästhetik um 1800 wird in den zwanziger Jahren somit auf die natursymbolisch ausgerichtete Kunstform schlechthin übertragen. Damit greift auch die romantische Theorie der Gesamtwirkung, die im Zusammenhang damit entwickelt wurde, auf das Symbol als analogen Ausdruck des Lebens an sich über.

Mit diesem erweiterten Symbolbegriff verwandt ist oben angesprochene Vorstellung vom »Gesamtkunstwerk«, die von den Romantikern in den ersten Jahrzehnten des 19. Jahrhunderts entwickelt wurde und von Friedrich Schlegel entscheidende Anregungen erhalten hat. Selbsterkenntnis, Ganzheitsgefühl des Ichs in bezug auf die Welt und die Zusammengehörigkeit mit dem eigenen Volk, dessen Geschichte und Kultur können als psychologische Komponenten des »Gesamtkunstwerks« angeführt werden. Hinzu kommt die Bejahung des universellen Strebens der Kunst und eine ästhetische Haltung angesichts der Welt, mit der das Gesamtkunstwerk als Bestandteil des kulturellen Lebens akzeptiert wird und seinen Platz im zeremoniellen und rituellen Gefüge der Gesellschaft erhält. Sedlmayr und Bisanz haben in diesem Zusammenhang auf Schinkel und Semper verwiesen, in England haben sich Ruskin und Morris für diese Idee eingesetzt (vgl. Bibliographie). Während das Museum als Institution eine höchste Form kollektiven ästhetischen Verhaltens repräsentiert, kann die Oper als symptomatischer Ausdruck eines Strebens nach Synthese im kulturellen Leben verstanden werden.

In Theorie und Praxis hat RICHARD WAGNER später die Idee des »Gesamtkunstwerks« verwirklicht – Bühnenkunst, bildende Kunst, Literatur und Musik sollten zusammenwirken, um den Menschen als Individuum und soziales Wesen darzustellen. Das musikalische Drama sei die universale, wahre Kunstform, der sich Architektur, Skulptur und Malerei unterzuordnen habe. Erst durch diesen Verzicht auf Spezialisierung sei die Kunst imstande, den Menschen aus den Fesseln des Utilitaristischen zu befreien. Der Zerfall habe schon zu griechischer Zeit durch die »Zersplitterung des gemeinsamen tragischen Kunstwerks« eingesetzt; die fortwährende Politisierung und Industrialisierung des Kunstschaffens seit der Renaissance bis in die Gegenwart führe zur weiteren Auflösung und zum absoluten Egoismus. Mit einem auch nach dem Schicksalsjahr 1848 ungebrochenen Optimismus verkündete Wagner, daß der ganze, integere Mensch Richtschnur zukünftiger Kunst sein solle, einer Kunst, die gemäß des Prinzips der Naturnotwendigkeit aus der Tiefe des Volkes und der Menschennatur erwachsen werde (*Die Kunst und die Revolution* und *Das Kunstwerk der Zukunft*, 1849).

Alle Vertreter der bildenden Künste sollten darauf verzichten, ihre persönliche Leistung herauszustellen, und auf das gemeinsame Gesamtkunstwerk hinarbeiten. Nach und nach könne hierdurch der Abstand zwischen Künstler und Publikum aufgehoben werden; das Kollektiv werde ein organisches Werk schaffen, das als repräsentativer Ausdruck eines Volkes und Zeitalters zu gelten habe. Wagner verwendet nicht den Begriff des Symbols, aber sein Konzept greift auf frühere Vorstellungen der aus dem Volk und seiner Kultur hervorgegangenen natursymbolischen Kunstform zurück. Im übergreifenden Gesamtkunstwerk Wagners erhält der Totaleffekt, der von Goethe, Moritz und Runge in der einzelnen Symbolform erstrebt wurde, eine dynamische Ausweitung. So ist es kein Zufall, daß sowohl Runge als auch Wagner auf symbolische und »progressive« Kunstrichtungen in der zweiten Hälfte des neunzehnten und zu Beginn des 20. Jahrhunderts befruchtend gewirkt haben: auf Baudelaire und den Symbolismus in Frankreich, auf Steiner und die Anthroposophie, später auf die Brücke, den Blauen Reiter und das Bauhaus. Aus der Gemeinschaft des Volkes entsteht das Künstlerkollektiv. Vom brüderlichen Pathos der Revolution beseelt, sucht man den schönen, starken Menschen zu erschaffen. Vom Prinzip der Notwendigkeit gelenkt, entsteht die neue Kunst der Zukunft.

Im Gegensatz zu dieser optimistischen Bewertung der Kunst und ihrer zukunftsträchtigen Aufgabe wird sie von G. W. F. Hegel in den dialektischen Prozeß der geschichtlichen Entwicklung eingereiht, in dessen Verlauf der Geist sich zu immer größerer Klarheit entwickele. Die Entwicklung schreite mit Notwendigkeit zu immer höheren Stufen des Bewußtseins und der Vernunft fort. Das Licht der Vernunft dringe auch in jene Regionen des dumpfen Gefühls und der Religiosität ein, die einmal als Nährboden für die frühesten Kunstäußerungen des Menschen gedient haben. Den Gedanken, daß die Einheit von Geist und Materie, Gefühl und Vernunft in der Frühzeit des Menschen zu einer homogenen künstlerischen Symbolsprache geführt habe, lehnt Hegel ab und meint, daß die *erste* Stufe der Kulturentwicklung weder künstlerisch noch symbolisch sei. Vielmehr handele es sich um eine Identität von Geistigem und Sinnlichem, bei der weder das eine noch das andere zu seinem Recht käme.

Auf der nächsten Stufe der *symbolischen* Kunst sucht der Geist zwar bei seiner Selbstentzifferung im Sinnlichen einen entsprechenden Ausdruck, was ihm aber nur unzureichend gelingt (Fig. 7). In der *Ästhetik* (ed. 1955, 312, 310) heißt es unter der Rubrik »Entwicklung des Ideals zu den besonderen Formen des Kunstschönen«:

»Das Symbol ... macht dem Begriffe wie der historischen Erscheinung nach den Anfang der Kunst und ist deshalb nur als Vorkunst zu betrachten, welche hauptsächlich dem Morgenlande angehört und uns erst nach vielfachen Übergängen, Verwandlungen und Vermittlungen

Fig. 7 *Hegel*

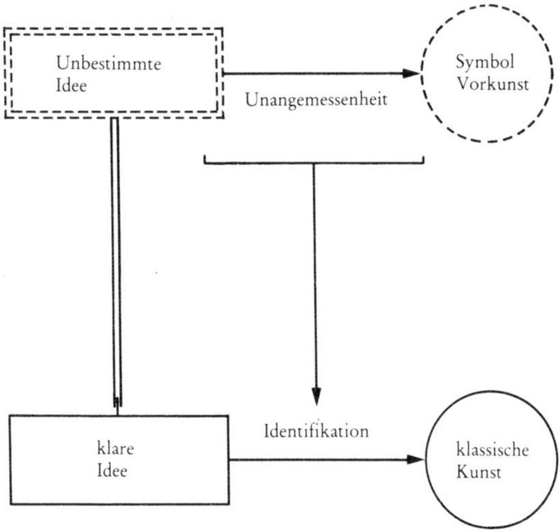

zu der echten Wirklichkeit des Ideals der klassischen Kunstform hinüberführt ... [In der symbolischen Kunstform] sucht die Idee noch ihren echten Kunstausdruck, weil sie in sich selbst noch abstrakt und unbestimmt ist und deshalb auch die angemessene Erscheinung nicht an sich und in sich selber hat, sondern sich den ihr selbst äußeren Außendingen in der Natur und den menschlichen Begebenheiten gegenüber findet ... [Die Idee kann die Gestalten] nur willkürlich ergreifen und kommt deshalb statt zu einer vollkommenen Identifikation nur zu einem Anklang und selbst noch abstrakten Zusammenstimmen von Bedeutung und Gestalt, welche in dieser weder vollbrachten noch zu vollbringenden Ineinanderbildung neben ihrer Verwandtschaft ebensosehr ihre wechselseitige Äußerlichkeit, Fremdheit und Unangemessenheit hervorkehren.«

Erst wenn die Idee ihren angemessenen Ausdruck in der Kunst gefunden hat, was nach Hegel in der griechischen Klassik der Fall war, erlischt das Symbol, hat es als Vorstufe der eigentlichen Kunst ausgedient. Anders also als bei Schelling und Solger ist die Polarität zwischen Geistigem und Sinnlichem in der symbolischen Kunstform nicht zum Ausgleich gelangt, sondern kann nur durch die Vernichtung des Natürlichen erfolgen. So rückt der Tod »ins Zentrum der symbolischen Kunst«, die uns vor allem in Ägypten in typischer Weise entgegentritt (vgl. Szondi 1976, 375 ff.). Als Gegenwelt des Lebendigen und durch Aufhebung der Zeit repräsentieren die Pyramiden das Reich des Todes, gleichnishaft erscheint die Sphinx: »Aus der dumpfen Stärke und Kraft des Tierischen will der menschliche Geist sich hervordrängen, ohne zur vollendeten Darstellung seiner eigenen Freiheit und bewegten Gestalt zu kommen ... Dieser Drang nach selbstbewußter Geistigkeit, die sich nicht aus sich in der ihr allein gemäßen Realität erfaßt, sondern nur in dem ihr Verwandten anschaut und in dem ihr ebenso Fremden zum Bewußtsein bringt, ist das Symbolische überhaupt, das auf dieser Spitze zum Rätsel wird.« (*Ästhetik*, ed. 1955, 361 f.; Abb. 9)

Aus erkenntnistheoretischer Sicht haftet dem Symbolischen das Zweifelhafte an, da Bild und Bedeutung einmal auseinanderklaffen, zweitens nicht mit Sicherheit ausgemacht werden kann, ob das Ding überhaupt über sich selbst hinaus verweist, einen tieferen symbolischen Sinn besitzt. Dieser Streit galt zur Zeit Hegels in erster Linie der Interpretation der Mythologie, der historischen bzw. der symbolischen Auffassung von ihr. In seiner *Ästhetik* hat er sich für letztere ausgesprochen und Creuzer gegen den Vorwurf verteidigt, die Bedeutung der Mythen erst nachträglich in sie hineingelegt zu haben (vgl. Szondi 1976, 368 ff.).

Was die Unstimmigkeit zwischen Ausdruck und Bedeutung im Symbol betrifft, konnte Hegel direkt auf Creuzer zurückgreifen, ebenso auf Kant, der im Zusammenhang mit dem Erhabenen auch von der »Unangemessenheit« der sinnlichen Form gesprochen hatte. Es wird kaum ein Zufall sein, daß Kant gerade an der ägyptischen Kunst diesen Charakter des Erhabenen erläutert hat, der von Hegel dann als spezifische Eigenschaft der symbolischen Kunstform verwendet wird. Die besondere »Symbolik der Erhabenheit« hat Hegel freilich nur in der Dichtung der Inder und Perser und in den hebräischen Psalmen vorgefunden, wo die Befreiung des Geistes aus dem Sinnlichen erfolgt: einmal in Form des Pantheismus in Indien und Persien, zum anderen in der alttestamentlichen Dichtung, wo die Weltschöpfung als Beweis göttlicher Güte und Gerechtigkeit von Gott abgehoben wird. In diesem Zusammenhang ist auch auf den etwas unterschiedlichen Gebrauch des Begriffes der »Unangemessenheit« bei Kant und Hegel hinzuweisen. Wäh-

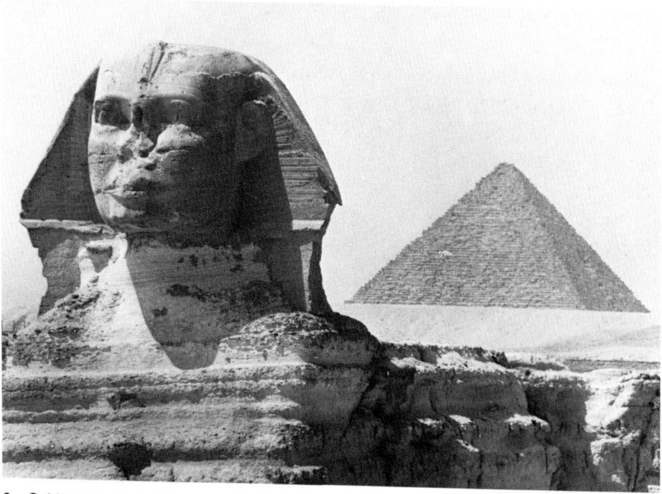

9 Sphinx von Gizeh. Eine symbolische Vorkunst, in der »die Idee noch ihren echten Kunstausdruck . . . sucht« (Hegel).

rend ersterer das Erhabene als Bewußtseinskategorie versteht, die Diskrepanz zwischen Idee und sinnlicher Erscheinung im Bewußtsein wirksam wird, hat Hegel es auf religiöse Ideen abgesehen, die einer historischen Entwicklungsphase angehören. Bei Kant ist das Erhabene ein Gegenbegriff zum Schönen, bei Hegel werden die verschiedenen Symbolformen als Vorstufen der vollendeten Kunst der griechischen Klassik verstanden.

Als letzte symbolische Kunstform bei Hegel ist noch die »bewußte Symbolik der vergleichenden Kunstform« zu erwähnen. Hier werden die verschiedenen Möglichkeiten dichterischer Gestaltung wie Metapher, Fabel, Allegorie und Parabel behandelt, bei denen Bedeutung und konkrete Erscheinung bewußt miteinander verglichen werden, sei es, daß der Dichter vom Bild, sei es, daß er von der Bedeutung ausgeht. In dieser Symbolform entfällt, wie Szondi bemerkt, der geschichtsphilosophische Bezug, wir haben es mit einer »Säkularisierung der symbolischen Kunst« zu tun, einer verflachten, prosaischen Darstellungsform, die außerhalb des historischen Prozesses steht und deshalb für Hegel keine besondere Bedeutung hat (Szondi 1976, 391ff.).

Durch die Aufhebung der symbolischen Vorkunst wird in der griechischen Klassik, wie gesagt, die Identität von Geist und sinnlicher

Erscheinung gewährleistet, die Polarität von Idee und Gestalt aufgehoben. Auf dieser Stufe der geschichtlichen Entwicklung findet der Geist in der Kunst jenen angemessenen Ausdruck, den die vorsymbolische, vorklassische Kunst noch vermissen läßt. Die Naturmächte und das Tierische werden durch die griechische Götterwelt ersetzt, die Gegenstand der Mythologie, Dichtung und plastischen Gestaltung wird. Das Geistige wiederum findet in der Gestalt des freien Menschen, sei es in der bewegten Handlung des Epos oder des Dramas, sei es in der Ruhe der Plastik, seinen unvergleichlichen Ausdruck. Die Gestalt des Menschen allein macht »den Mittelpunkt und Inhalt der wahren Schönheit und Kunst aus ... weil der Geist nur in ihr das ihm gemäße Dasein im Sinnlichen und Natürlichen erhält.« (*Ästhetik*, ed. 1955, 422, 424; vgl. Abb. 1 und 2)

Der Symbolbegriff Friedrich Theodor Vischers

Die Deutung des Symbols im Spannungsfeld von Gegenwart und Vergangenheit, Ost und West, Unbestimmtheit und klassischer Begrenzung, in seiner Diskrepanz zwischen übermächtigem, überquellendem Inhalt und endlicher, abgegrenzter Form sollte für die Verwendung des Begriffs in der zweiten Hälfte des 19. Jahrhunderts maßgebend bleiben. Diese ästhetische Auffassung lag der späteren Symboltradition in der Kunstwissenschaft zugrunde. Vermittler in dieser Phase zwischen Spätromantik und Fin de siècle ist FRIEDRICH THEODOR VISCHER, der etwas zu Unrecht im Schatten Hegels steht.

In seinem Hauptwerk, *Ästhetik oder Wissenschaft des Schönen*, das 1846–57 im Laufe seiner Vorlesungen in mehrfach überarbeiteter Form erschien, ging es um den letzten Versuch, die Kunst und das Schöne metaphysisch zu begründen. Seine frühere Vorstellung, lebensfähige Kunst sei allein im Volk und in der Nation zu suchen, war für Vischer nach dem politischen Schiffbruch 1848, an dem er persönlich beteiligt gewesen, unhaltbar geworden. Schon in einer frühen ästhetischen Arbeit, *Über das Erhabene und Komische* (1835), die sich mit der Entäußerung des Schönen im Häßlichen und Erhabenen befaßte, griff er in erster Linie auf Schelling und Solger, nicht so sehr auf Hegel zurück, dessen *Ästhetik* erst von 1835 an allgemein zugänglich wurde. Oelmüller (1959) hat nachgewiesen, daß die Ästhetik Vischers in entscheidenden Punkten von der Auffassung Hegels abweicht.

Als ein Grundproblem idealistischer Metaphysik und Ästhetik stellt sich die Frage, wie die Entzweiung des Menschen mit der Welt des

Zufalls aufgehoben, Freiheit und Notwendigkeit, Endliches und Unendliches miteinander versöhnt werden können. Im hypostasierten Begriff des Idealen und Schönen wird der Versuch gemacht, eine Brücke zu schlagen. Die Kunst fügt das zusammen, was in der Natur oder der Geschichte des Menschen gesondert erscheint. Diese Idee der organischen Einheit als Prinzip der Kunst und der Symbolform sowie der ästhetischen Haltung des Menschen wurde von Schelling entwickelt, auf den sich Vischer schon in seiner ersten ästhetischen Vorlesung ausdrücklich beruft. In der Kunst sei der erwähnte Zwiespalt überwunden, die Einheit des Idealen mit der Wirklichkeit erzielt.

Hegel hatte das Wesen der Kunst und des Schönen von der Geschichte her verstanden, als phänomenologischen Ausdruck des Geistes in einer bestimmten historischen Epoche, nämlich der klassischen Antike. Für Vischer war die Idee des Absoluten der Geschichte immanent, das Schöne nicht an eine bestimmte Epoche gebunden, sondern in den großen Kunstwerken stets aufs Neue freigesetzt, in Erscheinung tretend. In den Kunstkritiken der vierziger Jahre ist immer wieder von der »neuen Freiheit der Moderne« die Rede, die noch nicht ihre wahre Bestimmung erfüllt habe, die Idee des Schönen gemäß den Forderungen der Zeit voll zum Ausdruck zu bringen. Hieraus erhält die Historienmalerei ihre ästhetische Begründung: Die großen Augenblicke der Geschichte sollen im hohen Stile dem Volk vergegenwärtigt, dem Zufall des Geschichtlichen und der Notwendigkeit entbunden, in idealer Form verewigt werden.

Aus der logisch-dialektischen Entäußerung des Schönen (nach Solger und der »Ästhetik des Häßlichen«) gewinnen andere Gattungen der Moderne tiefere Bedeutung: die Karikatur und Satire als Ausdruck des Komischen, die Landschaftsmalerei als Ausdruck des Erhabenen. Dabei treten der Prozeß der Seelenleihung und die daraus folgende Reflexion des Subjekts in bezug auf die objektive Natur in Kraft.

In der Landschaftsmalerei geht es darum, die Analogie von Mensch und Natur sichtbar zu machen, um jenes symbolische Bewußtsein, dem wir schon in Schillers Aufsatz über *Matthissons Gedichte* begegnet sind. Vischer spricht sowohl vom automatischen »Leihen« (der Natur eine menschliche Stimmung zu unterlegen), als auch von der reflexiven Tätigkeit des Bewußtseins, welches diesen Akt der Unterschiebung als psychologischen Prozeß entlarvt. Durch dieses Zurücknehmen gehen Subjektivität der Empfindung und Objektivität der Natur in der höheren Einheit des Kunstwerks auf. Diese Verschmelzung und Versöhnung wird immer wieder durch die fortlaufende, wenn auch nicht geglaubte Projektion des Seelenzustandes seitens des Betrachters vollzogen. »Der eigentliche Inhalt des Landschaftsgemäldes ist demnach ein Widerschein des subjektiven Lebens im Reich des objektiven Naturlebens.« (*Kritische Gänge*, V, 45) In einer Kritik von 1842 an Lessings »Die tausendjährige Eiche« heißt es:

»... die Natur spricht, sie tönt uns als verhallendes Echo unsrer Seele. Es beruht aber dieses Geheimnis der landschaftlichen Stimmung auf einem Akte, der als eine Einheit zweier Momente zu fassen ist. Das erste ist ein Leihen; denn da wir uns wohl bewußt sind, daß die Natur, das stumme Reich der Notwendigkeit, nichts von den Gefühlsbewegungen des subjektiven Lebens weiß, so müssen wir ihr eine Teilnahme an diesen erst unterlegen. Nicht, als ob wir dies mit Reflexion wie ein Geschäft vornähmen; mit dem Augenblicke, wo wir die Natur von ästhetischem Standpunkt anschauen, ist sogleich auch jene Unterschiebung da, denn wir sehen in allem den Menschen. Doch fühlen wir, obzwar dunkel, recht wohl, daß dies ein bloßes Leihen sei, und dies ist das andere Moment. Wir geben aber darum dieses Leihen nicht auf, sondern wir vollziehen nun die Vorstellung, welche logisch ein Widerspruch, ästhetisch aber vom größten Reize ist, als ob die Natur zu glei-

10 Karl Friedrich Lessing, Die tausendjährige Eiche, 1837, Städelsches Kunstinstitut, Frankfurt. »Ein Widerschein des subjektiven Lebens im Reich des objektiven Naturlebens.« Bewußte Naturbeseelung durch die symbolische Kunstform (Vischer).

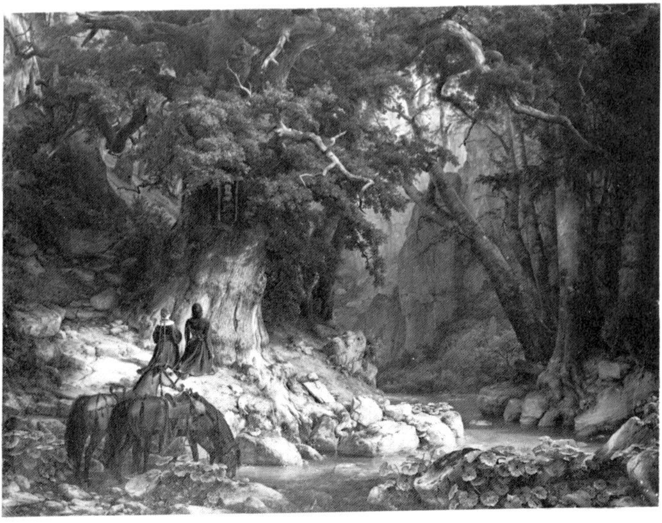

cher Zeit eine die Stimmungen des menschlichen Gemüts vorbildende oder wiederholende Seele in sich berge und dennoch in ungetrübter Objektivität und Gesetzmäßigkeit nicht um die Schmerzen des subjektiven Lebens wüßte.« (*Zustand der jetzigen Malerei,* in: *K. G.* V, 45f.; Abb. 10)

In dieser Schilderung der Seelenprojektion greift Vischer seiner späteren Definition des Symbols vor, allerdings ohne das Wort wie Schiller ausdrücklich zu verwenden. In der *Ästhetik oder Wissenschaft des Schönen* wird das Symbol in Anschluß an Creuzer und Hegel noch als Kunstform bezeichnet, die sich durch ihre »Unangemessenheit und Fremdheit«, »Überfülle des Inhaltes in Vergleichung mit seinem Ausdrucke« auszeichnet. Wie Hegel betrachtet Vischer das Symbol noch als geschichtlich unreife Ausdrucksform, ein morgenländisches Phantasieprodukt, dualistisch und ohne eigentlichen Charakter: »... die Idee [ist] zu weit, das Bild zu eng.« »Das Symbol ist ein Bild, welches für die bewußtlos verwechselnde Phantasie durch das äußerliche Band eines bloßen Vergleichungspunkts eine andere, als die ihm wirklich innewohnende Idee ausdrückt.« (*Ästhetik,* II, 495, 498)

In seiner *Danteanalyse* 1802–03 hatte Schelling eine Kunst der Moderne gefordert, die in der Lage sei, das religiöse Streben nach dem Unendlichen mit dem klassischen Ideal der geschlossenen Form zu vereinen, eine neue symbolische Kunst und eine neue Mythologie von Naturgöttern. Auch Vischer hat sich für eine neue Form der Kunst ausgesprochen, die sowohl dem endlosen Streben der Moderne als der klassischen Ästhetik Genüge leisten sollte. Im Gegensatz zur einseitig subjektiven religiösen Kunst des Mittelalters, die als romantische »Erfindung« abgetan wird, solle die Versöhnung von Mensch und Welt, von Objektivem und Subjektivem in den neuen Kunstgattungen herbeigeführt werden: in der Landschaftsmalerei mit ihrer Seelenleihung und der daraus folgenden Reflexion, im Genre- oder Sittenbild, in dem die Idee der absoluten Geschichte im realen, alltäglichen Leben manifest werde, und schließlich in der Historienmalerei, wo die ganze Welt auf einer höheren Stufe des Idealen vergegenwärtigt werde. Entgegen der romantischen Kunstauffassung und dem Streben nach dem Unendlichen, Religiösen hat Vischer Kunst und Religion scharf getrennt. Erst durch die Befreiung vom Wahn der Religion sei die neue Freiheit der modernen Kunst gewährleistet, öffne sich die Möglichkeit künstlerischen Schaffens. Die moderne Kunst wäre von dem Ballast des metaphysischen Überbaus befreit und könnte sich der zeitgemäßen Aufgabe der Historienmalerei zuwenden, bei der es um Darstellung der großen Augenblicke der Geschichte, des Volkes und der Nation gehe.

Der magische Symbolcharakter, der die unreife morgenländische Kunst ausgezeichnet habe, und die Diskrepanz zwischen Form und Inhalt der mittelalterlichen Kunst seien dadurch aufgehoben.

Der ästhetische Versuch Vischers ist an seinem inneren Zwiespalt zerbrochen. Die absolute Idee des Schönen in seiner objektiven Gestalt (*Ästhetik*, I, 1), das Naturschöne (*Ästhetik*, II, 1) erweisen sich letzten Endes doch nur als eine »Art der Anschauung« (*Kritik meiner Ästhetik*, in: *K. G.* IV, 224). Die Entwicklung der Kultur und der Gesellschaft habe zu einer Entfremdung des Menschen von der Natur geführt. Die Schönheit der Kunst erwachse ausschließlich aus der Phantasie des Menschen, so auch ihr Komplement: das Komische. Die schöne Welt, der sich Vischer nach 1848 zugewandt hatte, erwies sich 1857 als eine Scheinwelt. Der Mensch hat in der Wirklichkeit zu leben, die vom Zufall beherrscht wird und wo das Schöne sich als Schein und Wunschbild entpuppt. Der Glaube an die sittliche Vernunft und die Weltordnung, wie sie von Kant postuliert worden waren, hält Vischer dazu an, gegen die Anarchie der Natur und des Lebens zu kämpfen. Die Kunst stellt die Möglichkeit dar, eine Versöhnung des Ichs mit der Welt wenigstens im Augenblick herbeizuführen, die Entfremdung des modernen Menschen in der Welt zu überwinden. Hier ist auf Schillers *Briefe über die ästhetische Erziehung des Menschen* zu verweisen. Bezieht sich aber nach Schiller die ästhetische Reflexion auf das Ideal der Wahrheit und der Freiheit, ist bei Vischer nur vom Schein und dem Moment der Unwahrheit die Rede. Das Ästhetische erscheint als anthropologisches Phänomen. Durch den Akt der Leihung oder Projektion sucht der Mensch im Symbolischen die verlorengegangene Einheit wiederzugewinnen (vgl. *K. G.* IV, 327ff.).

Über diesen neuen Charakter der Kunst und die symbolische Funktion des Bewußtseins hat sich Vischer nach 1857 dreimal theoretisch geäußert; ihren Niederschlag haben diese Gedanken in den Kunstkritiken der sechziger Jahre und um 1880 gefunden, die 1887 zusammengefaßt in *Das Symbol* erschienen.

In dem Aufsatz *Das Verhältnis von Inhalt und Form in der Kunst* (1858) wird zunächst das Wesen der politischen Tendenzkunst in der nachhegelschen Zeit beschrieben, wo Ideologie auf Kosten der künstlerischen Form entwickelt, der Inhalt nicht im Volk, sondern im Ideologischen gesucht würde. Dieser Zustand habe zu der unglücklichen Entzweiung von Stoff und künstlerisch-technischer Bewältigung geführt: »Es gibt keinen Stoff, der nicht in sein Innerstes Form wäre.« (*K. G.* IV, 202) Wenn die Tendenz sich nicht mit dem Stoff organisch vermischt, erfolgt eine Zersetzung von Idee und Bild, der zufolge die

Schönheit aufgehoben wird. Entscheidend ist die Durchdringung der äußeren Form mit dem Geistigen, wodurch das Gefühl gleichsam aus dem dunklen Grund des Daseins in den Lichtkreis des Bewußtseins gerückt wird. Hierzu heißt es: »Die Kunst hat entdeckt, daß vermöge einer tieferen, dunklen Symbolik Stein, Holz, Farbe u.s.w. unter der bildenden Hand des Menschen zur Nachbildung der höheren Formen sich verwenden läßt, welche die Seele, der Charakter als Äußeres seines Innern hervorbringt.« (*K. G.* IV, 203) Aus diesem expressiven Charakter der Form als physiognomischer, symbolischer Ausdruck des Gefühls erhält die Kunst ihren eigentlichen Sinn. Dies gilt auch für rein auf Form beschränkte Kunstarten wie die Ornamentik und die Musik. Während Vischer in seiner Ästhetik noch Sempers Erklärung der Ornamentik aus der mechanisch-schmückenden Technik des Mattenflechtens oder Teppichwirkens beipflichtet, heißt es nun, daß »das abstrakte Linienspiel in der Dekoration nur durch die dunkle Symbolik erfreut, vermöge deren bei ihrem Anblick bei uns Windungen und Lösungen, Labyrinthe und Entwicklungen alles Lebens vorschweben.« (*K. G.* IV, 208; vgl. *Ästhetik,* III, § 573) In ähnlicher Weise hatte sich Vischer allerdings schon in der Ästhetik anerkennend über Hanslicks Interpretation des Musikalisch-Schönen geäußert, wo zwischen einem konkreten Gefühlsinhalt und Tonfiguren unterschieden, Musik als reine Dynamik verstanden wird (vgl. *Ästhetik,* V, 19ff. u. 52).

Die dunklen, organischen Kräfte der Natur und des Seelenlebens selbst wirken demnach auf die Ratio des Menschen ein und können über die symbolischen Formen auch anderen vermittelt werden. Interesselos ist die ästhetische Freude an den reinen Formen der bildenden Kunst und den tönend bewegten der Musik. So wird, wie bei Schopenhauer, der allerdings nicht genannt wird, die Befreiung des Ichs von der Welt des Interesses durch das ästhetische Erlebnis gewährleistet.

Eingedenk des Gesagten ist der Wert des Kunstwerks nicht vom Stoff zu trennen, aber auch nicht vom Inhaltlichen, das vom Künstler ganz mit Begeisterung umfaßt werden muß, damit ein Ganzes und Gefestigtes nach Vischer entstehe. Die höheren Gattungen, insbesondere die Historienmalerei, verlangen diesbezüglich größeres Einfühlungsvermögen und besondere Charakterstärke des Künstlers. Auch beim Symbolprozeß darf von verschiedenen Stufen der Artikulation gesprochen werden. Zum Landschaftsbild sagt Vischer: ». . . nur unentwickelten, im Dunkel des Gefühls, der Stimmung zurückgehaltenen Geist kann der Landschaftsmaler in sein Objekt, das ihm wie durch eine ahnungsvolle Symbolik die Anregung dazu gibt, niederlegen.« (*K. G.* IV, 220) Der Historienmaler sieht sich vor die Aufgabe gestellt,

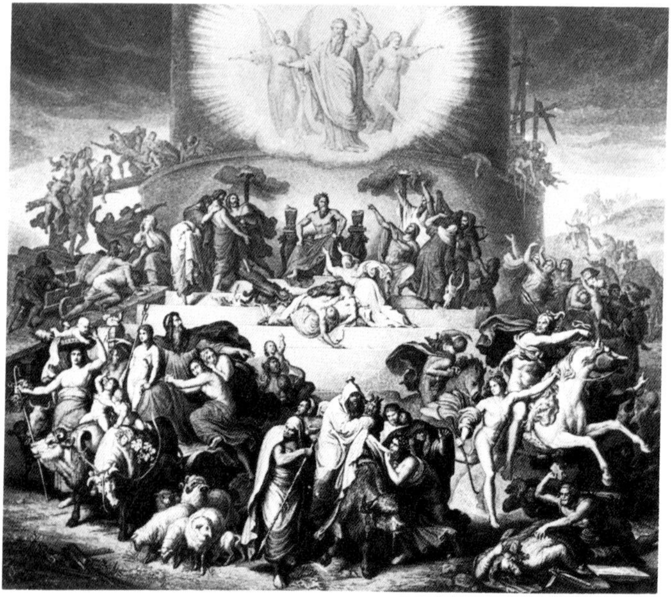

11 Kupferstich (1869) nach: Wilhelm von Kaulbach, Der Babelturm. Fähigkeit, sich in den historischen Mythus zu versetzen, lebensvolles Phantasiegebilde und Fiktion (Vischer).

sich in eine ganze Welt der Empfindungen und Affekte hineinzuversetzen. Erst durch das Studium der Geschichte tut sich ihm diese Welt auf, und darüber hinaus muß noch die Architektur- und Landschaftsmalerei hinzugezogen werden. So steht die Historienmalerei für Vischer »mit der Historie und der Philosophie ... auf der Höhe objektiver Betrachtung.« (*K. G.* IV, 220; in diesem Zusammenhang ist auch auf Jacob Burckhardt zu verweisen, mit dem Vischer seit den fünfziger Jahren in Kontakt stand.)

In einer späteren Besprechung von J. Meyers *Geschichte der modernen französischen Malerei* (1866, *K. G.* V, 247–260) stellt Vischer die Frage nach dem Zusammenhang zwischen Stoff und Stilwahl einer Zeit und ihrer Weltanschauung. Diese sei es letzten Endes, die zum Streben des sog. »Realismus« und dessen »völligem Schein der Wirklichkeit« geführt habe. Nicht die Schönheit des Einzeldinges, sondern die Gesamtstimmung, die »Totalität des Ausdrucks« sollte durch den realistischen Stil verwirklicht werden. Infolge der Verschränkung von Stoff und

Form, sei es dessen Aufgabe, nicht eine ideale mythische Gedankenwelt, auch nicht eine phantastische Geisterwelt zu schildern, sondern die Wirklichkeit in ihrem tiefsten Grund zu erfassen. Darin läge der wahre Sinn der Historienmalerei (*K. G.* V, 250f.).

Allzu einseitig, meint Vischer, hätte er selbst früher den Weg der gestaltenden Phantasie vom Einzelnen zum Allgemeinen vertreten: »Es ist das ›Aufquellenmachen‹ eines gegebenen realen Stoffes statt der Erinnerung eines Bildes vom Gedanken aus. Das letztere Verfahren nennt er (Schiller) selbst ein symbolisches – ›mein Verstand wirkt eigentlich symbolisierend, und so schwebe ich als eine Zwitterart zwischen dem Begriff und der Anschauung.‹« (*K. G.* V, 257) Beim zweiten Weg der Gestaltung geht der Künstler vom Gedanklichen aus. Dabei wird zwischen zwei Arten der Symbolik unterschieden: »... unmittelbarer, gefühlter, naturvoller Symbolik, und ... einer solchen, die vom Verstand ausgehend, die Phantasie sekundär in den Dienst nimmt, zum gedachten Begriffe das Bild sucht.« (*Kritik meiner Ästhetik*, in: *K. G.* IV, 311–329) Die »intuitive Symbolik« ist immer noch imstande, den alten Gestalten Wärme und Leben einzuhauchen, die gedankliche Symbolik führt zur kalten Allegorie. Zur ersteren heißt es zusammenfassend: »Synthetisch ... ist jede freie Erfindung göttlicher, heroischer Personen und der entsprechenden, das Naturgesetz übersteigenden Handlungen, analytisch im engeren Sinne ist jede Reproduktion von Stoffen desselben Charakters, die der Künstler von der Volksphantasie schon geschaffen vorfindet.« (*K. G.* V, 257f.) Ebensowenig wie die moderne Weltanschauung von der wunderlosen Wirklichkeit lassen kann (die Historienmalerei müsse ihr Augenmerk auf die reale Geschichte richten), ebensowenig läßt sich die Malerei »das Mythische, Sagenhafte, Poetische, lebendig Symbolische« nehmen (*K. G.* V, 259). Entgegen seiner früheren Anschauung, in der das Symbol nur Ausdruck einer unreifen magischen oder religiösen Phantasie war, erscheint es jetzt als künstlerische Gestaltung und als Zeichen ästhetischen Bewußtseins (Abb. 11).

Im Rahmen der Naturreligionen oder des Christentums vollzog sich nach Vischer eine Verwechslung von Bild und Bedeutung, Ding und Begriff. Sie wurden miteinander identifiziert und erhielten dadurch im Bewußtsein des Gläubigen eine magische Kraft. In diesem Bereich der magischen Verstrickung sei keine Freiheit in geistigem oder ästhetischem Sinne zu erzielen (Fig. 8 A).

Im Gegensatz zum Magischen befindet sich das Allegorische; bei ihm geht es um die logische Verknüpfung eines gegebenen Zeichens oder einer entsprechenden Konstellation mit einem Begriff (dem Referenten

Fig. 8 *Vischer*

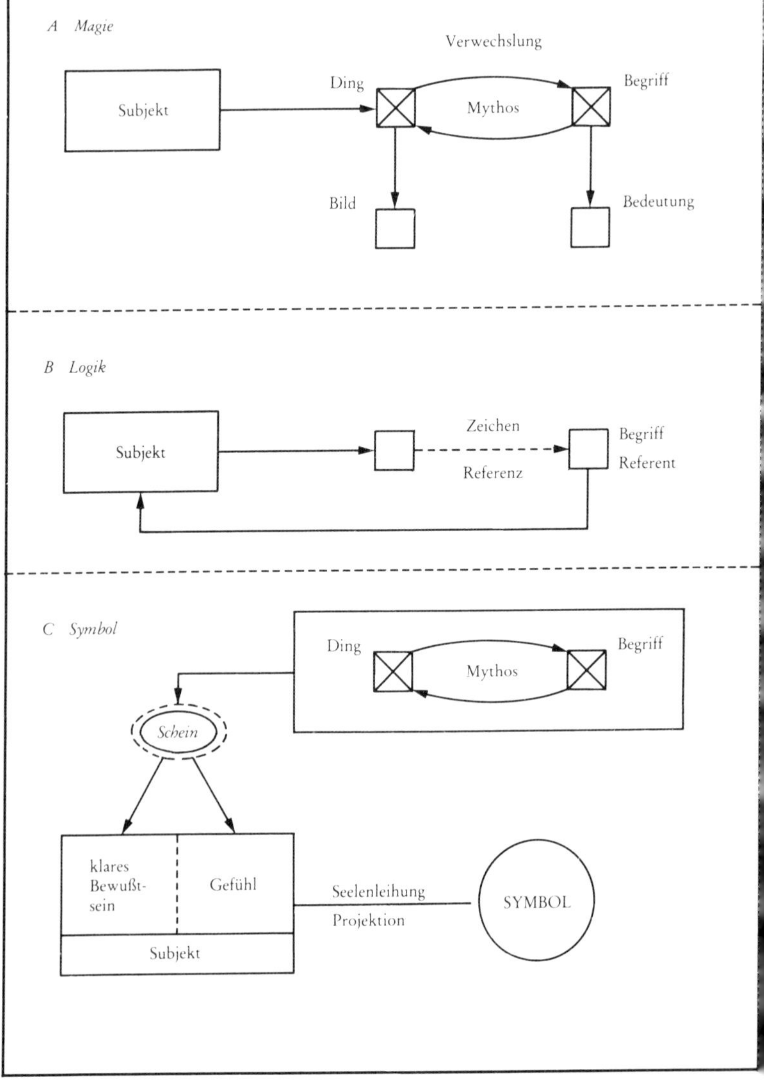

im heutigen Sprachgebrauch). Der Bezug zwischen Zeichen und Bedeutung wird ausschließlich auf dem Wege der Logik hergestellt, nicht durch jene Verschmelzung verwirklicht, die dem magisch-religiösen Bild und dem Glauben zu eigen war (Fig. 8 B). Eine dritte Art menschlichen Bewußtseins wird von der symbolischen Anschauungsform vertreten, die in erster Linie in der antiken griechischen Mythologie und dem Erlebnis der Natur zum Ausdruck gekommen war. Sich der herkömmlichen Interpretation und Charakteristik der griechischen Mythologie und Kunst als unmittelbar, naiv, einheitlich und begrenzt anschließend, vertrat Vischer die Meinung, daß die Mythologie in wunderlicher Weise imstande gewesen sei, den Dualismus von Wort und Bedeutung, Bild und Idee aufzuheben. Symbolisch im eigentlichen Sinne sei die Kunst jedoch erst, wenn der Abstand oder Zwiespalt von Gestalt und Idee wenigstens im Bewußtsein gewahrt bleibe (Fig. 8 C).

So geht es bei der neuen Begriffsbestimmung Vischers um die Entstehung und Funktion des Symbols im ästhetischen Bewußtsein des Menschen. Die Diskrepanz in der künstlerischen Form ist dort gegeben, wo der Künstler sich des mythologischen Stoffes bedient, ohne ihm Glauben zu schenken. Er versetzt sich in die Lage des Gläubigen und sucht den alten Gestalten neues Leben einzuhauchen. Der Mythos ist demnach letzten Endes eine symbolische Ausdrucksform der menschlichen Seele: »Jeder lebendige Geist vollzieht heute und in aller Zukunft den Akt, dem die Götter der Religionen ihr Dasein verdanken; der Unterschied ist nur, daß die Geschöpfe unserer Phantasie uns nicht mehr wirkliche Wesen sind. Um so weniger kann dem wahren Künstler und Dichter sowie dem sinnigen Beschauer die Kraft versagt sein, auch die nicht wirklich geglaubten Gestalten des historischen Mythus noch einmal neu zu beleben, den schon vollzogenen Akt ihrer Schöpfung zu wiederholen.« (*Kritik meiner Ästhetik,* in: *K. G.* IV, 324; vgl. Abb. 11)

Später wird die »Versetzungsfähigkeit« des Künstlers, um die es bei der Historienmalerei ging, auf den mythischen Themenkreis bezogen. Entscheidend ist der *poetische* Glaube, woraus einst der mythologische Stoff entstanden war: »Für *jenen* [den Mythusgläubigen] sind Götter – wirkliche Wesen, ihre Handlungen, Erlebnisse sind Geschichte, für *diesen* [den Aufgeklärten] nicht, ... aber er versetzt sich gern in den Mythusgläubigen, er weiß ganz, daß nur durch solchen Glauben so lebensvolles Phantasiegebilde entstehen konnte; dieses Versetzen nennen wir poetischen Glauben, aber der poetische Glaube ist kein eigentlicher, kein historischer, neben oder hinter ihm bleibt das helle Bewußtsein bewahrt, daß diese Gebilde Phantasiewerke sind.« (*Das Symbol,* 161f.)

Mit dem Begriff der »schönen Natur« verfährt Vischer wie mit dem Mythischen. Schon in den vierziger Jahren hatte er von dem »leihenden Akt« der Menschenseele gesprochen. In der *Kritik* und in *Das Symbol* wird dieser Gedanke systematisiert und auf die symbolische Kunstform bezogen: »Es ist die unwillkürliche und dennoch freie, unbewußte und im gewissen Sinne doch bewußte Naturbeseelung, der leihende Akt, wodurch wir dem Unbeseelten unsere Seele und ihre Stimmungen unterlegen.« (*K. G.* IV, 431f.) Künstler und Betrachter leben in dieser Welt des schönen Scheins, die, wenn auch nicht geglaubt, dennoch genossen werden kann. Man befindet sich in einem schwebenden Zustand zwischen der realen Welt und jener der traumhaften Bilder und Formen. Das Kunstwerk erscheint im Rahmen dieser Wesensbestimmung zunächst von der Realität losgelöst, dem Leben der Zeit entfremdet. Im Museum und in Kunstausstellungen fristet es sein Dasein als bleibender, symbolischer Ausdruck der menschlichen Seele. Dem Ästhetiker und dem modernen Geist erschließt es sich als »objektiver, wissenschaftlich bestimmbarer Stoff«, in dessen Gegenwart der Betrachter vom ästhetischen Gefühl beherrscht wird. Ästhetischer Gegenstand und ästhetisches Gefühl – beide können von der positivistischen Bestimmung und der Psychologie in den Lichtkreis des hellen Bewußtseins gerückt werden. Die fiktive Welt des Kunstwerks, dessen »Schein«, mag als Merkmal der modernen Kunst und Bewußtseinslage schlechthin verstanden werden – Ersatzbefriedigung und Traum stellen sich der zeitgenössischen Psychologie und Philosophie als Aufgaben.

Die Naturnotwendigkeit, mit der die dritte »symbolische« Anschauungsform beim Menschen in Funktion tritt, wird insbesondere aus dem Erlebnis der Natur ersichtlich, bei dem der Seelenzustand des Menschen in die Landschaft projiziert wird. Wir haben gesehen, wie Vischer schon in den vierziger Jahren von Begriffen wie »Seelenstimmung«, »Einfühlung« und »Leihen« Gebrauch gemacht hat. Dittmann (1967, 90) hat einige treffende Sätze aus Vischers *Das Schöne und die Kunst. Zur Einführung in die Ästhetik* (1898, 70) zusammengestellt, um den Sachverhalt zu veranschaulichen: »Einfühlung erwächst aus dem Halbbewußtsein, ist ›dunkle Symbolik des Gemüts‹. Creuzers ›Dämmerndes‹, Hegels ›Drang‹ leben hier weiter ... Dieses Leihen, dieses Unterlegen, dieses Einfühlen der Seele in unbeseelte Formen ist es, um was es sich in der Ästhetik ganz wesentlich handelt.« Abgesehen von dem Hinweis auf Creuzer und Hegel darf gesagt werden, daß der romantische Organismusgedanke als Ganzes Nährboden solcher Definitionen einfühlender Vorstellungskraft und künstlerischen Schaffens war – eine Tradition, zu der Young, Coleridge, Herder, Moritz, Jean Paul und Novalis Entscheidendes beigetragen hatten. Auf Schiller ist schon mehrmals verwiesen worden. Nach Moritz und Herder hatte die Kunst einen naturphysiognomischen Charakter erhalten. Durch die halbbewußte Einfühlung im ästhetischen System Vischers wird auch ein Wandel von Natur zu Kunst im Gemüt des Betrachters vollzogen. Mit Jean Paul kann Vischer den Standpunkt vertreten, daß das Unbewußte die stärkste Macht im Inneren des Dichters darstellt.

Die Automatik des Wachstums, das Traumhafte und Halbdunkle als Quelle für die Einbildungskraft sowie Ansätze einer gestaltpsychologischen Theorie sind immer wiederkehrende Momente in der ästhetischen Debatte des 19. Jahrhunderts. Der Traum und das Unbewußte sind nicht nur von Deutschen wie NOVALIS *(Heinrich von Ofterdingen)* oder SCHUBERT (*Symbolik des Traumes*, 1814) erörtert worden, sondern auch von den englischen Romantikern: Wordsworth, Coleridge und JOHN KEBLE, dessen präfreudianische Schrift über die seelenheilende Funktion der Poesie *De poeticae vi medica* 1844 erschienen ist.

BAUDELAIRE, der große Initiator des französischen Symbolismus, beschreibt in seinem *Salon* aus dem Jahre 1863 den künstlerischen Schöpfungsprozeß als das Ergebnis vieler Bilder und Träume, die einander überdecken. Das Weltall, der Mensch und die Natur werden in seinem berühmten Gedicht *Correspondances* (aus *Les Fleurs du Mal*) als organische, unauflösliche Einheit geschildert, die im Kunstwerk auf dem Wege der Analogie das Allgefühl des Menschen ansprechen. Solche Vorstellungen, die sowohl vom Organismusgedanken als auch von neuplatonischen Ideen geprägt waren, dürften zu dieser Zeit in der Nachfolge der Romantik so weit verbreitet gewesen sein, daß die Beziehung Vischers zum französischen Symbolismus und dessen Korrespondenzlehre nicht zwingend erscheint. Dennoch hat er vermutlich diese wichtige literarische Strömung in Frankreich zur Kenntnis genommen. 1886, ein Jahr bevor Vischers Symbolaufsatz erscheint, wird *Das Manifest* des Symbolismus von MORÉAS veröffentlicht (*Figaro*, 18.9.1886).

Das Symbol wird in den symbolistischen Zeitschriften als die einzig treffende Art und Weise des poetischen Ausdrucks bezeichnet: »... comme le seul mode adéquat de l'expression poétique, comme unique moyen par lequel on puisse rendre les beautés du monde des apparences sans trahir le nouvel ideálisme.« (Duthie 1933) Das Symbol stellt somit das unentbehrliche Bindeglied zwischen Idee und Wirklichkeit dar. Es ist so alt wie die Sprache und die Dichtung selbst. Der Symbolist hat die

Absicht, in seiner Seele das Leben in seiner Gesamtheit und Tiefe, in seinem Rhythmus und seiner Schönheit widerzuspiegeln. Auf dem Wege der Analogie und der Suggestion sucht er beim Menschen die Idee des Schönen, die durch die vergänglichen Formen des unvollkommenen Daseins beeinträchtigt worden ist, wieder wachzurufen (vgl. *Blätter für die Kunst,* 1892 u. 1894). Die formale Perfektion des Versmaßes und des Reims wurde insbesondere von den älteren Symbolisten in Anschluß an Mallarmé und Baudelaire gepflegt.

Eine bemerkenswerte Parallele zwischen VISCHER und BAUDELAIRE besteht übrigens in ihrer Beurteilung der modernen Graphik. Nach Vischer vermag Gavarni den Geist der französischen Gesellschaft in geschwinden Zeichnungen zu fassen, das Spritzige und Frivole des Großstadtlebens festzuhalten. Er sei ein Künstler, der »in der Spitze eines Augenblicks eine Vergangenheit und eine Zukunft zusammenfaßt«, Gavarni entwerfe in seinen satirischen Zeichnungen »ein Gemälde der modernen Gesellschaft.« (*Satirische Zeichnung. Gavarni und Töpffer, Jb. d. Gegenwart,* 1846 in: *K. G.* V, 277f.) In eben diesem Geiste wird Constantin Guys von Baudelaire in einem Artikel 1859/60 als »le peintre de la Vie Moderne« gerühmt (erschienen 1863 und 1869 in *L'Art romantique,* III).

Es dürfte auch kein Zufall sein, daß Vischer bei seiner neuen Definition des Symbolbegriffs nach 1857, 1866 und zusammenfassend 1887 die Funktion des Symbols in erster Linie auf die Beschaffenheit der menschlichen Psyche zurückführt, die sich mit Notwendigkeit dieses Ausdrucksmittels bedient. In der *Kritik meiner Ästhetik* (in: *K. G.* IV, 323) heißt es: »Wir können mit unserer Symbolik irren, wo wir sie zu formulieren suchen, aber dies kann uns nicht hindern, symbolisch aufzufassen, denn wir müssen.« Auf die Wegbereiter der traumpsychologischen Forschung ist schon hingewiesen worden. 1826 hatte JOHANNES MÜLLER die Grundlage zur positivistischen Erforschung der Reaktion, der sog. »Irritabilitätslehre« geschaffen, die in den vierziger Jahren noch weiter ausgebaut wurde. Die Molekularbiologie SCHWANNS (1839) bürgte für die Solidität der elementaren Empfindung. 1879 wird das erste Labor für experimentelle Psychologie von WUNDT in Leipzig eingerichtet, und zur gleichen Zeit werden in Paris tiefenpsychologische Studien unter CHARCOT und Traumdeutung von LASALLE betrieben.

In seinem einflußreichen Buch *De l'Intelligence* (1870) beschreibt HIPPOLYTE TAINE in ähnlicher Weise wie Vischer die Automatik des Traumes und der Phantasie, das Uneigentliche der Phantasiebilder und ihre Gegensätzlichkeit zum Willen und zur Vernunft. Gerade das Unbewußte oder Halbbewußte fließt ein in jene Bilder (Symbole), die als Ersatz für traumatische Erinnerungen des Individuums oder größerer Volksgruppen erscheinen (so Brandell 1970, mit besonderem Hinweis auf Haeckel und Roux). Die Vorstellung von der Unangemessenheit der symbolischen Form mit ihrem Zwiespalt von Idee und Gestalt wird in der psychoanalytischen Interpretation der Kunst und der Kultur aufgegriffen. Hier ist auch auf das bedeutende Werk Eduard von Hartmanns hinzuweisen: *Philosophie des Unbewußten*, 1869.

Wir können in der Ästhetik Vischers eine Verschiebung vom objektiven, harmonischen Ideal zu einer Beschreibung widerstreitender Kräfte im Rahmen der symbolischen Anschauungsform beobachten. Eine ähnliche Verlagerung findet in der zeitgenössischen Psychologie (Ribot) statt. Während man in der Romantik (z. B. bei Schelling) noch von der Versöhnung von Geist und Materie gesprochen hatte, geschieht diese Aussöhnung bei Vischer (d. h. die Projektion des Seelenzustandes auf die sichtbare Welt) nur im Augenblick des ästhetischen Bewußtseins. Die Einheit, die daraus erwächst, ist deshalb nur ein »Schein«: »Die Einheit von Natur und Geist, dessen Bürge Kunst, aesthetische Stimmung sind, ist Illusion, ›bloß symbolisch‹.« (Dittmann 1967, 91) Durch den naturnotwendigen Symbolisierungsprozeß, der mit dem ästhetischen Erlebnis der Welt verbunden ist, wird eine fiktive Welt geschaffen, deren unwahrhafter Charakter dem Bewußtsein stets gewärtig bleibt. Dennoch bleibt der Mensch mit jenem irrationalen Bereich, den Vischer mit dem Ausdruck »dunkle Symbolik des Gemüts« beschreibt, verbunden. So entsteht eine Spannung zwischen Vernunft und Gefühl, der logischen und der ästhetischen Stellung zur Welt, dem rationalen Zeichen und dem Scheinbild der Kunst. Die tragische Spaltung und Antinomie im Seelenleben des modernen Menschen, die sich auch in seinem Verhältnis zur Umwelt, Tradition und zu den Normen spiegelt, kann als Merkmal des Bewußtseins selbst verstanden werden. Es ist möglich, die »naturnotwendige Projektion« der seelischen Gefühlslage auf die sichtbaren Dinge und die Welt im Sinne von Schopenhauers unglückseligem Lebenswillen, als Objektivierung und Selbstoffenbarung des Ichs zu interpretieren. Wie bei ihm erscheint die so geschaffene Scheinwelt in jenen kurzen Augenblicken ästhetischer Betrachtung als Realität, die nur zu dem Zweck entstand, das reflexive Bewußtsein des Ichs zufriedenzustellen. Sowohl Schopenhauer als auch Vischer konnten hierbei auf die Subjektivierung der Ästhetik und ihre Funktion als regulatives Prinzip zwischen Verstand und Gefühl bei Kant und Schiller zurückgreifen.

Der Wahrheitsanspruch der Kunst wird in der Spätphase Vischers im ontisch-realen Sinne eingeschränkt, im Hinblick auf das Seelenleben des Menschen sowie die künstlerischen Ausdrucksmöglichkeiten hat er sich erweitert. Frühere Forderungen an das einzelne Kunstwerk, was die Einheit von Stoff und Form, die Wahl des Inhalts und seine überzeugende Durchbildung betrifft, bleiben gewahrt, so auch die Freiheit des Künstlers, das Schöne in seiner idealen Bestimmung zu gestalten.

So wird deutlich, was Vischer, seiner symbolischen Theorie zum Trotz, von der Kunst erhofft. Obwohl sie zum Teil notwendig aus dem Unbewußten und Irrationalen schöpfen mag und dem Betrachter eine wunscherfüllende Phantasiewelt vortäuscht, geht es dennoch um Bewußtseinsgestaltung. Nur aus der echt künstlerischen Interpretation des Lebens in all seinen Erscheinungen und seiner historischen Bedingtheit kann der Künstler jene Schönheit verwirklichen, die auf den Einzelnen und die Gesellschaft ihren heilsamen Einfluß auszuüben vermag. Wie es das Ziel der Wissenschaft ist, aufklärend zu wirken, »das Unbewußte ins Bewußtsein zu heben« (unveröffentlichtes *Vorwort zur Ästhetik* 1867, zit. v. Oelmüller 1959, 181), so hat die Kunst die Aufgabe, die unbewußte Stimmung der Zeit ins Bewußtsein der Menschen zu rücken, dem Volk das zu geben, was ihm nur vage vorschwebt. Die Erhöhung des Wirklichen in die Sphäre des Schönen und Idealen ist ebensosehr notwendiger Bestandteil des Seelenlebens, wie der Glaube im religiösen oder mythischen Bereich. Der entfremdete, reflexive Charakter der Kunst und der Ästhetik widerspiegelt den positivistischen und historischen Geist des 19. Jahrhunderts. Der Geschichte und Philosophie tritt die Ästhetik zur Seite, die in Vischers reflexiver Ausformung und Umdeutung des Symbolbegriffs zur Selbsterkenntnis des Menschen ihren Beitrag leistet und der Aufklärung dient.

In seinem frühen Werk *Der Symbolbegriff in der neuesten Ästhetik* (1876) hat sich Johannes Volkelt der Symbolauffassung Vischers angeschlossen. In noch stärkerem Maße wird bei ihm die Verbundenheit des Menschen mit den verborgenen Kräften der Natur und die Verwurzelung des Seelenlebens im Dunklen und Bewußtlosen hervorgekehrt. Auch im Zustand des aufgeklärten hellen Bewußtseins weiß der Mensch nicht von diesen Kräften, die ihn zum Rätsel seiner selbst machen. Diese Bindung des Menschen an die Urkräfte der Natur und die Notwendigkeit dieses Umstandes treten am stärksten in der symbolisch-ästhetischen Anschauung zutage, wo die Menschenseele sich in der Naturgestalt widerspiegelt und erkennt. Wiewohl diese Einbindung mit blinder Naturnotwendigkeit erfolgt, ist die schaffende Phantasie dennoch in ästhetischer Hinsicht frei. Der Unterschied zur religiös und magisch bedingten Abhängigkeit im Sinne von Hegels und Vischers Ästhetik (die, wie wir gesehen haben, letzterer selbst korrigiert hat) wird bei Volkelt explizit hervorgehoben: »Dies allgemein menschliche Symbolisieren hat mit jener einer bestimmten Culturstufe angehörigen Form desselben das Dunkle, Bewußtlose, Unwillkürliche, Sichere, Innige in der Ineinsfühlung von Bild und Inhalt gemeinsam, unterscheidet sich aber von ihr wesentlich durch das Fehlen der religiösen Gebundenheit, durch das ästhetisch *Freie* in seinem Verfahren.« (*Der Symbolbegriff*, zit. v. Dittmann 1967, 92) Wie Dittmann betont, geht es in Volkelts Studie um das Grenzgebiet zwischen Geist und Natur, wobei nicht so sehr die Vergeistigung der Natur, sondern eher die Rückbindung des Geistigen im Naturgrund ins Zentrum der Darstellung rückt. Diesem Geheimnisvollen und Rätselhaften gilt es auf die Spur zu kommen, was, wie oben erwähnt, auch auf dem Gebiet der Psychologie dieser Zeit versucht wurde.

Wenn Thomas Mann die Theorien Freuds als »Naturwissenschaft gewordene Romantik« bezeichnet, so gilt dies auch für Freuds Vorgänger in der zweiten Hälfte des 19. Jahrhunderts, die sich auf dem Gebiet der Traumdeutung hervorgetan haben. In einer Besprechung in der *Augsburger Allgemeinen Zeitung* 1875 äußert sich Vischer sehr positiv über Johannes Volkelts *Die Traumphantasie* (vgl. *K. G.* IV, 459–483). Erwähnt werden in diesem Zusammenhang auch Scherner, *Das Leben eines Traumes*, 1861, und Strümpell, *Die Natur und Entstehung der Träume*, 1874.

Gerade im Traum, dem Un- oder Halbbewußten, wird die symbolschaffende Tätigkeit der menschlichen Seele offensichtlich, erscheint sie selbst als Verlängerung der Natur. Was Novalis und die anderen Romantiker in visionärer Weise beschrieben hatten, wird nun Gegenstand wissenschaftlicher Erforschung. Dennoch bleibt nach Volkelt auch beim aufgeklärten Individuum der Zeit, das sein Ich, sein Denken und Fühlen zu erkunden sucht, ein Rest des Geheimnisvollen, Unbegreiflichen zurück. Es ist dem Menschen versagt, das eigene Wesen in allen Tiefen auszuloten und vollständige Klarheit zu erlangen. So erlangt jene ägyptische Sphinx, die Hegel als »Symbol des Symbolischen« und Rätselhaften gegolten hatte und für ihn noch auf der Stufe des unfreien, halbbewußten Drängens des Geistes aus dem Reich des Animalischen stand, bei Volkelt eine andere Bedeutung: Die Sphinx dient als Symbol der überzeitlichen, unabänderlichen Bindung des Menschen an die Natur. Körper und Seele werden gleichermaßen von ihren dunklen Kräften gespeist.

Die organische, natursymbolische Auffassung, wie sie von den Romantikern entwickelt und in der Ästhetik in der zweiten Hälfte des 19. Jahrhunderts angewandt wurde, hat besonders die Kunsthistoriker im deutschsprachigen Raum beeinflußt. Auch in der symbolisch ausgerichteten bildenden Kunst in Deutschland und Skandinavien ist auf die enge Verknüpfung der angeführten Theorien mit der Praxis hinzuweisen. Versuche sind gemacht worden, einen Wesensunterschied zwischen französischem und deutschem Symbolismus in der Malerei und Graphik der achtziger und neunziger Jahre herauszustellen (wobei man Munch dem germanisch-nordischen Kreis zugeordnet hat).

Im Einklang mit der symbolistischen Theorie wird seitens der Franzosen insbesondere auf die Analogie der künstlerischen Form zu den sichtbaren Dingen verwiesen; synthetische oder gefestigte Formen verleihen dem Werk einen objektiven, mikrokosmischen Charakter, der mit der Vorliebe für die prägnante, abgeschliffene Form, sei es in der Malerei, sei es in poetischen Metaphern, im Einklang steht. In diesem Zusammenhang sei auch an die »objektive Symbolauffassung« im ausgehenden 18. Jahrhundert erinnert.

Die deutsche Symboltradition im 19. Jahrhundert ist auch von der idealistischen Philosophie geprägt worden, bei der »das Ich« im Zentrum des Universums steht, die Welt als Ausweitung des Ichs verstanden und Identifikation erstrebt wird. Gegen den geschlossenen, synthetischen Stil der französischen symbolischen Bilder mit ihrem allgemeinen Inhalt, stehen deutsch-nordische Werke, die als Visualisierung subjektiver Gefühle gedeutet worden sind. Ihre manchmal offene Bildstruktur lädt den Betrachter zur Identifikation oder Projektion ein, ihre Botschaften sind meist irrational, vage und gefühlsbeladen. Wenngleich manche Künstler, wie Moreau und Redon, sich formal nicht ohne weiteres in ein solches Schema fügen lassen, ist der Versuch einer Wesensbestimmung nicht ohne weiteres von der Hand zu weisen. Geht es doch, wie Rossholm bemerkt hat, um Tendenzen und Kulturtraditionen, nicht um Nationalcharaktere. Man sollte auch dem jeweiligen *Medium* Aufmerksamkeit schenken, wie z.B. beim Vergleich zwischen Odilon Redons »Ausbrütung« in *Dans le rêve,* 1879, und den Radierungen eines Klinger. Wir gehen kaum zu weit, wenn wir sagen, daß die Sphäre des Dämmernden, Halbbewußten und des Traumes, die durch die Auslegung des romantisch-expressiven Symbolbegriffs in der psychologischen Ästhetik Vischers und Volkelts eine so große Rolle spielt, einen ebenso wichtigen Bereich dichterischer Eingebung wie bildkünstlerischer Gestaltung in den letzten Jahrzehnten des 19. Jahrhunderts ausmacht.

II Der Symbolbegriff in der Ästhetik und Kunstwissenschaft

Expressive Tendenzen

Die ästhetischen Theorien und die Auslegung des Symbolbegriffs bei Vischer und Volkelt machen sich auch in den frühesten Schriften Heinrich Wölfflins bemerkbar, *Prolegomena zu einer Psychologie der Architektur* (1886) und *Renaissance und Barock* (1888), in denen er noch eine inhaltlich ausgerichtete Ausdrucksästhetik und Interpretation vertritt. Bildende Kunst und Architektur gelten ihm als Ausdruck der menschlichen Seele, die von konstanten Lebensgefühlen beherrscht wird (bei Guido von Kaschnitz-Weinberg sollen sie in formtypischen Prägungen wieder auftauchen). Die Projektion des Seelischen auf das Sichtbare, Vischers »Seelenleihung« und die traumhafte Automatik des Schaffensprozesses bei Volkelt bilden hier die psychologischen Voraussetzungen für das Kunstwerk, von denen aus es beurteilt wird. Die Gefühlsregungen, die das Kunstwerk beim Betrachter hervorruft, können auf psychologischem Wege untersucht werden. Das Verständnis für die »Physiognomie« des Kunstwerks und seine Stellung im historischen Kontext ist eng mit der Deutung desselben als expressive, symbolische Form verbunden. Gerade im Hinblick auf die konstanten Lebensgefühle, die sich nach Wölfflin in der Kunst manifestieren, ist es verständlich, daß die Stilveränderung in der bildenden Kunst und der Architektur eine Herausforderung darstellte und zu einem Kernproblem seiner späteren Schriften wurde.

Mit der physiognomisch-projektiven Deutung der Kunst konnte das Augenmerk auf die Gestaltung des menschlichen Körpers gerichtet werden – auch für die Vorromantiker und Romantiker (z. B. Herder, Moritz, Schelling) war ja die Vorstellung des »Natursymbols« im Kunstwerk mit der normativen Ästhetik der klassischen Antike verknüpft worden. Die menschliche Figur diente Wölfflin als primärer

Gegenstand der bildenden Kunst, die Schöpfungen der klassischen Perioden als Richtschnur der Beurteilung auch jener Perioden, die vom Ideal abgewichen waren.

1893 erschien Adolf Hildebrands Schrift *Das Problem der Form in der bildenden Kunst.* Der Bildhauer wandte sich darin gegen die Interpretation der Kunst als Projektion ursprünglicher Lebensgefühle und befürwortete statt dessen, die besonderen formalen Probleme künstlerischer Gestaltung, deren Sinn und optische Wirkung auf den Betrachter zu beachten. Wie viele seiner Zeitgenossen, wurde auch Wölfflin von dieser Schrift stark beeinflußt. So hat er sich in seinen späteren bahnbrechenden Schriften von der Interpretation der Kunst im Sinne eines expressiven physiognomischen Ausdrucks abgewandt und eine formalästhetische Richtung eingeschlagen.

Wie wir gesehen haben, wurden Begriffe wie »Einfühlung« und »Seelenleihung« von Friedrich Theodor Vischer dazu verwendet, den Symbolprozeß der künstlerischen Tätigkeit und Interpretation zu charakterisieren. Auf den romantischen Ursprung dieser Begriffe sowie auf ihre Bedeutung in der Psychologie des ausgehenden 19. Jahrhunderts ist wiederholt hingewiesen worden. In Robert Vischers *Über das optische Formgefühl* (1873) wurden sie mit dem Prozeß der Wahrnehmung in Verbindung gebracht. Eine Beschränkung auf die Seheindrücke erfolgte durch Konrad Fiedlers *Über den Ursprung der künstlerischen Tätigkeit* (1887) und zuvor in Robert Zimmermanns Schrift *Allgemeine Ästhetik als Formwissenschaft* (1858–65). Dittmann hat auf einen Passus Volkelts verwiesen, in dem die gegensätzlichen Positionen der »Gehalts-« und der »Formästhetik« verdeutlicht werden: »Der Symbolbegriff ist es, wodurch der ›Gehaltsästhetik‹ zum Siege über den ästhetischen Formalismus verholfen wird.« (*Der Symbolbegriff in der neuesten Ästhetik,* zit. v. Dittmann 1967, 92f.) Von einem Sieg kann allerdings vorerst nicht die Rede sein. Fiedler geht sogar so weit, nicht nur die Bedeutung des Inhalts, sondern auch die des Gefühlslebens überhaupt für das Kunstschaffen zu verneinen. Die durch Selektion losgelösten Eindrücke werden im Gedächtnis des Künstlers gespeichert, um zu gegebener Zeit als Formeln hervorgeholt zu werden, an welche die neuen Wahrnehmungen und der Schaffensprozeß angepaßt werden können. (Im Zusammenhang mit Boas' »typischen Formen« wird noch einmal auf Fiedlers Kunsttheorie eingegangen; vgl. Fig. 15.) Das Kunstwerk wurde dementsprechend von seinem innewohnenden Prinzip der »inneren Notwendigkeit« gesteuert – ein Begriff allerdings, den auch die Vertreter der Gehaltsästhetik in Anspruch genommen haben.

Nach F. Th. Vischer waren gerade Symbol- und Einfühlungsbegriff geeignet, zwischen der Analyse der sichtbaren Form und der inhaltlichen Interpretation zu vermitteln. In der späteren psychologisch ausgerichteten Ästhetik Theodor Lipps (*Grundlegung der Ästhetik,* 1903) und Volkelts *System der Ästhetik* (1905) ging es denn auch bei der Bewertung der sichtbaren Form seitens des Betrachters um »Erlebnis« und »Einfühlung« – ebenfalls in bezug auf die expressive Funktion des Kunstwerks als inhaltlicher Bedeutungsträger.

So wurden gewisse Elemente der späteren gestaltsymbolischen Tradition auch von der formal ausgerichteten Kunstgeschichte und Ästhetik vorweggenommen, wie z. B. die Anerkennung der Notwendigkeit einfühlender Verhaltensweise bei jeglicher ästhetischen Tätigkeit oder der automatische Ablauf beim künstlerischen Schaffensprozeß.

Alois Riegl

Für den Stilbegriff und die damit verbundene Vorstellung des »Kunstwollens« wird der inhaltsträchtige Charakter der Stile selbst im Sinne des Symbolisch-Verweisenden de facto interpretiert, wenngleich nicht explizit verwendet. So ist es Alois Riegl möglich, den Stil als Erscheinung des vorherrschenden Zeitgeistes zu verstehen und den Ausdruckscharakter des einzelnen Kunstwerks auf ihn zu beziehen. Auch wenn Riegl in seinen metaphysischen Absichten nicht so weit wie Hegel gegangen ist, sondern sich darauf beschränkt hat, den gesetzmäßigen Ablauf der Kunststile und der sich darin bekundenden wahrnehmungspsychologischen Verhaltensweisen auf ein übergeordnetes, unsichtbares Gesetz zurückzuführen, mündet seine Darstellung dennoch in eine *Erklärung* des Stiles, deren eigentlicher Sinn freilich nur in der Naturnotwendigkeit selbst zu suchen ist. Zwischen den beiden Polen der »objektiven« haptischen und der »subjektiven« optischen Betrachtungsweise pendelt das einzelne Kunstwerk im dialektischen Entwicklungsgang der Stil- und Weltgeschichte, aus ihnen gewinnt es seinen eigentlichen Sinn. Da Riegls Theorien spätere Kunsthistoriker wie Panofsky und Kaschnitz-Weinberg, die sich zugleich ausdrücklich des Symbolbegriffs bedienen, entscheidend beeinflußt haben, werden sie im folgenden erörtert.

Den Stil eines Kunstwerks hatte man im ausgehenden 19. Jahrhundert hauptsächlich auf zwei Faktoren zurückgeführt: einmal auf die Technik, die gewisse Formen, insbesondere im Bereich des Ornamentalen, hervorgebracht habe, zum anderen auf den Instinkt der Naturnachahmung, der dem Menschen eingegeben sei. Gegen diesen Versuch, die Kunst durch die Einwirkung *externer* Faktoren zu erklären, hat sich Alois Riegl 1893 in seinem Buch *Stilfragen, Grundlegungen zu einer Geschichte der Ornamentik* gewandt (vgl. Fig. 9). Es geht darin um die organische *immanente* Entwicklung der Pflanzenornamentik, wie sie sich von Ägypten aus über den Vorderen Orient zu den Griechen, Römern, in Byzanz und im islamischen Kulturkreis durchgesetzt hat. Entgegen früheren Erklärungsversuchen, die Stilveränderungen in der Ornamentik mit Technik oder Naturnachahmung zu begründen suchten, hat Riegl sie als autonomen kunsthistorischen Vorgang erklärt. Die Naturobservation sei nicht Ursache künstlerischer Erneuerung, sondern Mittel, um immanent künstlerische Probleme zu lösen. Die ägyptische Palmette hat sich später bei den Griechen in der naturalistischen Darstellung der Akanthusranke dreidimensional weiterentwickelt. Die naturalistische Darstellung wird demnach nicht als *Grund*, sondern als *Folge* der räumlichen Projektion verstanden, wie Nordenfalk in seiner Besprechung von Riegls Buch bemerkt hat (*Acta Arch.* V, 1934, 260). Die Beschränkung Riegls auf die Ornamentik, die vom Erzählerisch-Stofflichen befreite »reine« Form, macht deutlich, daß er es auf die Klärung jener primär ästhetisch wahrzunehmenden Form abgesehen hatte, um die es dem Künstler in erster Linie bei der Gestaltung gehe und die letzten Endes den Kern eines jeden Kunstwerks bilde. In diesem Sinne hat auch Pächt das Anliegen Riegls in einem Vortrag 1963 gewürdigt und sich prinzipiell zu ihm bekannt. Die individuelle Wahrnehmung, der vorherrschende Stil und die historische Situation – dies sind nach Riegl die Faktoren, die das »Kunstwollen« des Einzelnen, darüber hinaus auch das der jeweiligen Gruppe oder Nation konstituieren. Dieses »Kunstwollen« wiederum ist aus den beiden gegensätzlichen Möglichkeiten der Wahrnehmung abzuleiten: aus dem Tastsinn, wodurch die Gegebenheit der in der Welt vorhandenen Dinge evident wird, und aus der »optischen« Schau, wodurch die Fülle der Außenwelt in ihrer Vielfalt und ihrem trügerischen Schein auf den Betrachter einwirkt. Zwischen dem »objektiven« Tastsinn, dem freilich auch eine subjektive »Beimischung« von Denkprozessen nicht abgesprochen werden kann, und der »subjektiven« optischen Wahrnehmung bewegt sich der Künstler und seine Zeit. Welche Sehweise in einer bestimmten Epoche überwiegt, Isolierung der plastischen Form oder Verflüchtigung des Dinglichen in das Gesamte der Erscheinungen, hängt schließlich mit der grundsätzlichen Haltung des Individuums zur Welt zusammen – Abgrenzung vom Objektiven, stofflich Gegebenen bzw. Einverleibung des Gesehenen

Fig. 9 *Riegl*

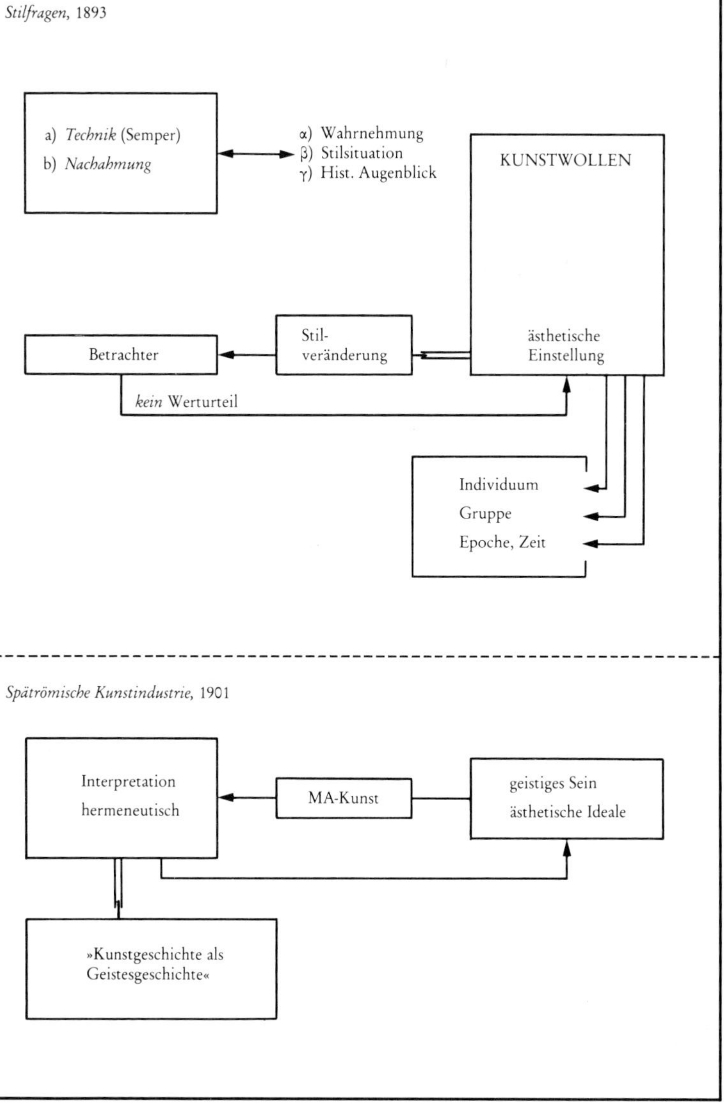
Stilfragen, 1893
a) *Technik* (Semper)
b) *Nachahmung*
α) Wahrnehmung
β) Stilsituation
γ) Hist. Augenblick
KUNSTWOLLEN
ästhetische Einstellung
Stil-veränderung
Betrachter
kein Werturteil
Individuum
Gruppe
Epoche, Zeit
Spätrömische Kunstindustrie, 1901
Interpretation
hermeneutisch
MA-Kunst
geistiges Sein
ästhetische Ideale
»Kunstgeschichte als Geistesgeschichte«

durch den Gesichtssinn und das damit verbundene, stets wachsende geistige Bewußtsein. Diese Vorstellungen wurden von Riegl in der *Spätrömischen Kunstindustrie* (1901, 26 ff. u. 60 ff.) entwickelt. Zur kritischen Beurteilung von Riegls Stilbegriff siehe Dittmann (1967, 16–49); positiver, mehr auf den pragmatischen Nutzen Riegls ausgerichtet, äußert sich Pächt 1963 (in: *Methodisches zur Kunsthistorischen Praxis,* München 1977, 141–152).

Die ästhetische Einstellung des einzelnen Künstlers und seiner Zeit wird somit als treibende Kraft und Ursache der stetigen Stilveränderung postuliert. Die nachträglich feststellbare Neuorientierung dient als Beleg eines veränderten »Kunstwollens«, das neuer künstlerischer Problemlösungen bedarf. Im Gegensatz zur früheren evolutionistischen Betrachtung, nach der sich die Kunst zu immer höheren Formen der naturalistischen Darstellung bis hin zum klassischen Ideal entfalte, wird nun gerade die Auflösung der klassischen Normen als Voraussetzung der Weiterentwicklung verstanden. So läuft Riegl in der *Spätrömischen Kunstindustrie* Gefahr, alle Kunsterscheinungen kritiklos hinzunehmen. Da das »Kunstwollen« als überindividuelle stilbildende Macht vorausgesetzt wird, erscheinen alle Manifestationen desselben als legitim. Das perzeptive Urteil wird durch die vorweggenommene ästhetische Prämisse monokausal begründet. Riegl enthält sich bewußt ästhetischer Werturteile.

Weiterhin liegt in der Annahme eines übergreifenden, im Ästhetischen wurzelnden Kunstwollens der Trugschluß nahe, daß alle Erscheinungen des kulturellen Lebens in gleicher Weise davon getroffen und bestimmt werden. Was der Einzelne im großen Gefüge des historischen Bezugssystems instinktiv geleistet hat, kann nachträglich vom Historiker und Stilanalytiker erkannt und erklärt werden. Die analytisch festgestellte Veränderung des Stils wird als grundlegende Mutation desselben interpretiert – anders gesagt: der Stilwandel dient als Indikation und Symptom eines allgemeinen Gesinnungswandels. Neue ästhetische Ideale erhalten in der Stilentwicklung der Kunst ihren sichtbaren Niederschlag.

Bleibendes Verdienst Riegls ist es, besonders in der *Spätrömischen Kunstindustrie,* mit der herrschenden Lehrmeinung, die fast sämtliche Kunstrichtungen an der klassischen Kunst und ihren Normen gemessen hatte, gebrochen zu haben. Die mittelalterliche Kunst, deren Rang ja schon in der Kunstbetrachtung des 18. Jahrhunderts von manchen erkannt und gewürdigt worden war, konnte nun von der stilgeschichtlich ausgerichteten Kunstwissenschaft her in ihrem Ausdruckscharakter erfaßt werden. Wichtig erscheint auch der Umstand, daß Riegl jenes

»Kunstwollen« doch nicht als automatisch ablaufenden Prozeß des »blinden ästhetischen Triebes« behandelt, sondern ihn zur geistigen Situation der Epoche in Beziehung setzt. In der künstlerischen Mentalität spiegeln sich andere Formen des geistigen Seins, wie es Pächt in seinem wichtigen Riegl-Aufsatz sagt. Aus dieser Einstellung heraus hat sich später die Richtung entwickelt, die unter dem Motto »Kunstgeschichte als Geistesgeschichte« in dem Wiener Max Dvořák ihren prominentesten Vertreter finden sollte. Auch ist hier auf Panofsky und Kaschnitz-Weinberg zu verweisen, die die Kunst im weitesten Sinne als symbolischen Ausdruck geistiger Verhältnisse interpretiert haben, sei es aus der strukturellen Beschaffenheit des Kunstwerks, sei es aus der inhaltlichen Bestimmung desselben. Wiewohl Riegl sich nicht des Symbolbegriffs bedient, ist seine Interpretation für jene Kunsthistoriker bedeutsam geworden, die in der Kunst einen phänomenologischen, symbolischen Ausdruck geistiger Zusammenhänge suchten.

Auf die Unzulänglichkeiten in Riegls System ist so oft hingewiesen worden, daß darüber sein Verdienst vernächlässigt wurde. Zusammenfassend sollen einige Aspekte seines Denkens noch einmal kritisch umrissen werden:

- Der Mangel an ästhetischen Urteilskriterien, dem zufolge zwischen einem Meisterwerk und einem einfachen Produkt nicht unterschieden wird.
- Das Fehlen von Normen bei der Beurteilung der technischen Leistung.
- Die apriorische Annahme eines überindividuellen Kunstwollens, das dem perzeptiven Urteil zugrunde gelegt wird und zur Wertfreiheit führt.
- Die Annahme, daß *alle* Werke und Tendenzen einer Zeit auf *einen* Grund zurückzuführen seien. (Diese Prämisse wird später insbesondere der geistesgeschichtlich ausgerichteten Kunstwissenschaft zum Vorwurf gemacht.)
- Die deterministische Eingliederung des einzelnen Kunstwerks in den automatisch ablaufenden Entwicklungsgang, der vom Historiker nachträglich »erklärt« wird.

Beim letzten Punkt sollte, wie Pächt betont hat, nicht vergessen werden, daß Riegl sein System nicht von jenen apriorischen Begriffen her entwickelt hat, sondern aus dem täglichen Umgang mit den Kunstwerken selbst, ja, daß er eine Monumentenkenntnis ungewöhnlichen Ausmaßes besessen hat. (Die dritte Annahme wird demnach abgeschwächt.)

Besonders problematisch erscheint der Versuch Riegls, den Ablauf der Stilgeschichte als notwendigen Vollzug eines immanenten Kunstwollens zu begreifen, dem der einzelne Künstler unterstellt ist. In diesem Zusammenhang wird auch oft der Vorwurf erhoben, dem Künstler sei dadurch die schöpferische Freiheit genommen. Die Lösung dieses historischen Problems, das mehr oder weniger stark bei jeder Theoriebildung auftritt, ist m. E. schon von A. W. Schlegel in seinen *Vorlesungen über schöne Literatur und Kunst* zu Beginn des 19. Jahrhunderts aufgezeigt worden. Jeder Künstler sei imstande, in der ihm eigenen Sphäre ein Höchstes zu leisten. Die historische Gebundenheit beeinträchtigt nicht seine historische Größe. Alles ist eben nicht zu allen Zeiten möglich, wie Schlegel – Wölfflin vorwegnehmend – sagt. Bei seinem Versuch, Riegl vor diesem Vorwurf zu rechtfertigen, weist Pächt (1977, 152) darauf hin, daß die geschichtlich bedingte Stilveränderung nicht die Möglichkeit der freien Wahl ausschließt. Vielmehr sei es ein Merkmal der kreativen Persönlichkeit, in einer gegebenen Situation eine vom künstlerischen her erforderliche, gültige Lösung zu wählen. Den Gestaltpsychologen W. Metzger zitierend heißt es: »Die wahre schöpferische Freiheit ist nur eine gebundene Freiheit«.

Welcher Nutzen konnte nun in ästhetischer und kunsthistorischer Sicht aus der Kunstanschauung Riegls gezogen werden?

- Das Augenmerk wurde auf die Bewältigung primär künstlerischer Probleme, die auf Gestaltung von Stoff und Form zielen, gerichtet.
- Die Struktur des Kunstwerks wurde als Gestaltung einer Bewußtseinslage gewertet und der künstlerischen Absicht (oder dem »Kunstwollen«) eine primäre Rolle zugesprochen.
- Riegls Studien zur Spätantike und frühchristlichen Zeit haben zu einer vorurteilsloseren Bewertung »unklassischer« Kunststile im Allgemeinen geführt.
- Der Entwicklungsgang der sich ablösenden Kunststile wurde in erster Linie als eine Reihe von Lösungsversuchen spezifisch *künstlerischer* Problemstellungen gewertet, d.h. das Einzelwerk als Glied in der Traditionskette zugleich als dynamisch fortwirkender Bestandteil derselben gewürdigt.

Aby Warburg

Ebenso wie Riegl sah sich Aby Warburg vor das Problem gestellt, den naturnotwendigen Ablauf der Gestaltung (oder mit Vischer: die Notwendigkeit des Symbolisierens), die rein persönliche Formauffassung mit der jeweils vorherrschenden Stiltradition zu verbinden. In größerem Ausmaß als Riegl betonte Warburg den expressiven Charakter des

Einzelwerkes. In Riegls System wurde der ursprüngliche Konflikt zwischen Geist und sichtbarer Welt, Vernunft und Gefühl, Inhalt und Form durch die Einsicht des Betrachters in den dialektischen Prozeß der Stilgeschichte harmonisch aufgehoben. Nach Warburg blieb das Individuum stets im Spannungsfeld zwischen Geist und Natur, aufgeklärtem Bewußtsein und gebundenem Gefühl, das von Anfang an die Entwicklungsgeschichte der Menschheit geprägt hatte. Formal wie inhaltlich wird das Kunstwerk als Ausdruck dieser Gegensätze und des Strebens nach deren Ausgleich gedeutet – es wird, wie schon die objektive Symbolform bei Moritz und Goethe, von jener Polarität bestimmt, in die es vermittelnd hineingestellt ist. Dieser Aspekt des Symbolbegriffs im ausgehenden 18. Jahrhundert findet hier eine Fortsetzung.

Was die Verwendung des Begriffes selbst betrifft, knüpfte Warburg direkt bei Vischer an. Wie bei ihm wird das magische, durch den Glauben wirksame Ding, in dem Erscheinung und Bedeutung unauflöslich miteinander verquickt sind, gegen das diskursive, allegorische Zeichen gestellt, das sich rein logisch auf die dahinterliegende Idee bezieht. Zwischen diesen beiden Polen des Naturverbundenen, Dunklen, Halbbewußten und dem freien, aufgeklärten Bewußtsein steht das Symbol. Es ist zwar noch mit den unergründlichen lebensspendenden Kräften der Natur verbunden, aber dennoch durch das ästhetische und moralische Bewußtsein des Menschen von jenem Wust magisch-religiöser Vorstellungen befreit, der um die sichtbaren Dinge gesponnen wurde. Das Bild (oder die literarische Metapher) hat zwar nicht mehr die Kraft, den Menschen zur kultischen Handlung zu bewegen, aber seine Wirkung bleibt doch so groß, daß die sinnliche Form nicht durch den geistigen Gehalt abgeschwächt wird. Warburgs Symbolauffassung wird folgendermaßen von seinem späteren Schüler Edgar Wind beschrieben (in: Kaemmerling 1979, 175):

»Das Kunstschaffen, das diesen mittleren Zustand ... im ›Scheinbilde‹ festhält, und das Kunstgenießen, das in der Betrachtung des ›Scheinbildes‹ diesen mittleren Zustand nachschaffend erlebt, nähren sich beide – so lehrt Warburg – aus den dunkelsten Energien des menschlichen Lebens und bleiben ihnen selbst dort verhaftet und durch sie bedroht, wo ein harmonischer Ausgleich – vorübergehend – geglückt ist. Denn auch der harmonische Ausgleich ist Produkt einer Auseinandersetzung, in der der ganze Mensch mit seinem religiösen Verleibungsdrang und seinem intellektuellen Aufklärungsstreben, seinem Aneignungstrieb und Entfernungswillen beteiligt ist.«

Die Polarität von Geist und Materie, Aufklärung und magischer Unfreiheit dient Warburg nicht nur als Grundlage seiner Symboltheorie, sondern hat auch seine Auffassung von der Entwicklungsgeschichte des Menschen entscheidend geprägt. So kam es, daß er gewisse Zeitabschnitte der Geschichte im selben »symbolischen« Sinne wie einzelne Kunstwerke interpretiert hat. Als Kulturhistoriker hat sich Warburg mit Vorliebe jener Übergangszeit zugewandt, die am klarsten eine verhängnisvolle Spaltung im Seelenleben des Menschen hervortreten ließ, nämlich der Renaissance als Brücke zwischen Mittelalter und Neuzeit.

Nach E. H. Gombrich (vgl. Bibliographie) wurde Warburg während seiner Studienzeit in Bonn um 1887 von Carl Justi und dem Historiker Karl Lamprecht beeinflußt. Letzterer suchte in seiner gigantischen *Deutschen Geschichte* den Verlauf der Geschichte in soziologische und psychologische Begriffe zu fassen. Gemäß dem evolutionistischen Modell entsprach die früheste Entwicklungsstufe der Menschheit einem primitiven »symbolischen« Zustand (vgl. Hegels geschichtliche Zuordnung des Begriffs). Denken und Anschauung waren zu dieser Zeit noch *eins*. Später würde sich zwischen Verstand und Gefühlsleben, logischer und eidetischer Anschauung eine Kluft auftun. Andere Gedankengänge Lamprechts, die Warburg in fruchtbarer Weise weiterentwickeln sollte, betreffen die Interpretation der Gestik im Kunstwerk, die Bedeutung auch unscheinbarer Werke als Phänomene ineinandergreifender Kulturbereiche sowie den Wert der klassischen Antike für die spätere Kultur des Abendlandes. Das Nachleben der Antike stellte für Warburg nicht nur ein kulturgeschichtliches Phänomen dar, sondern auch, wie wir sehen werden, ein psychologisches Rätsel, dem Schillers Begriffspaar des Naiven und Sentimentalischen Vorschub geleistet hatte. Aus kulturgeschichtlicher Sicht dürfte Warburg auch von Anton Springers *Über das Nachleben der Antike im Mittelalter* (1867) sowie von Burckhardts Renaissancestudien und Georg Voigts *Die Wiederbelebung des classischen Alterthums* (1859) angeregt worden sein. Die dionysische Seite der griechischen Kultur war schon von Friedrich Schlegel angesprochen worden – ihre volle Geltung hatte sie dann in Nietzsches *Die Geburt der Tragödie aus dem Geiste der Musik* 1871 erhalten. Dieser Aspekt der antiken Kultur war es dann, um deren psychologische und kunstgeschichtliche Deutung sich Aby Warburg sein Leben lang bemühen sollte.

In der Nachfolge Nietzsches stellte Warburg die apollinische Klarheit des Bewußtseins gegen den dionysischen Lebensrausch und die magische Wiedervereinigung von Mensch und Natur. In neuattischen Reliefs und Sarkophagskulpturen suchte er nach Zeugnissen der letzten Lebenshaltung (Abb. 12). Heftige Bewegungen und das »bewegte Beiwerk« der Gewänder schienen dieser vitalen Übersteigerung und

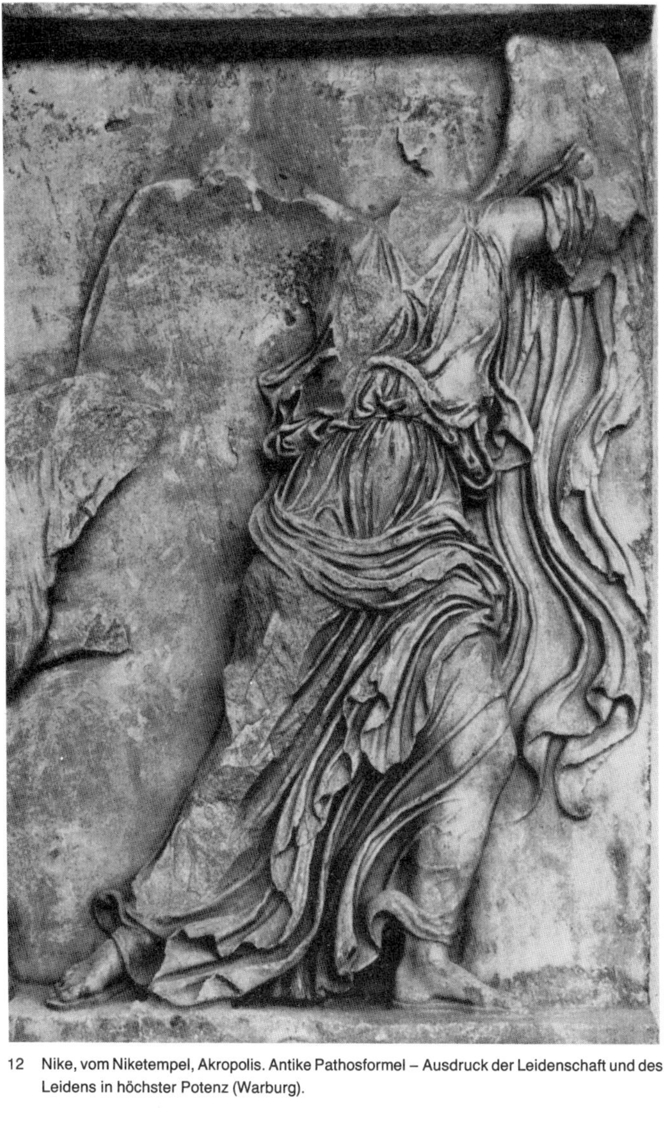

12 Nike, vom Niketempel, Akropolis. Antike Pathosformel – Ausdruck der Leidenschaft und des Leidens in höchster Potenz (Warburg).

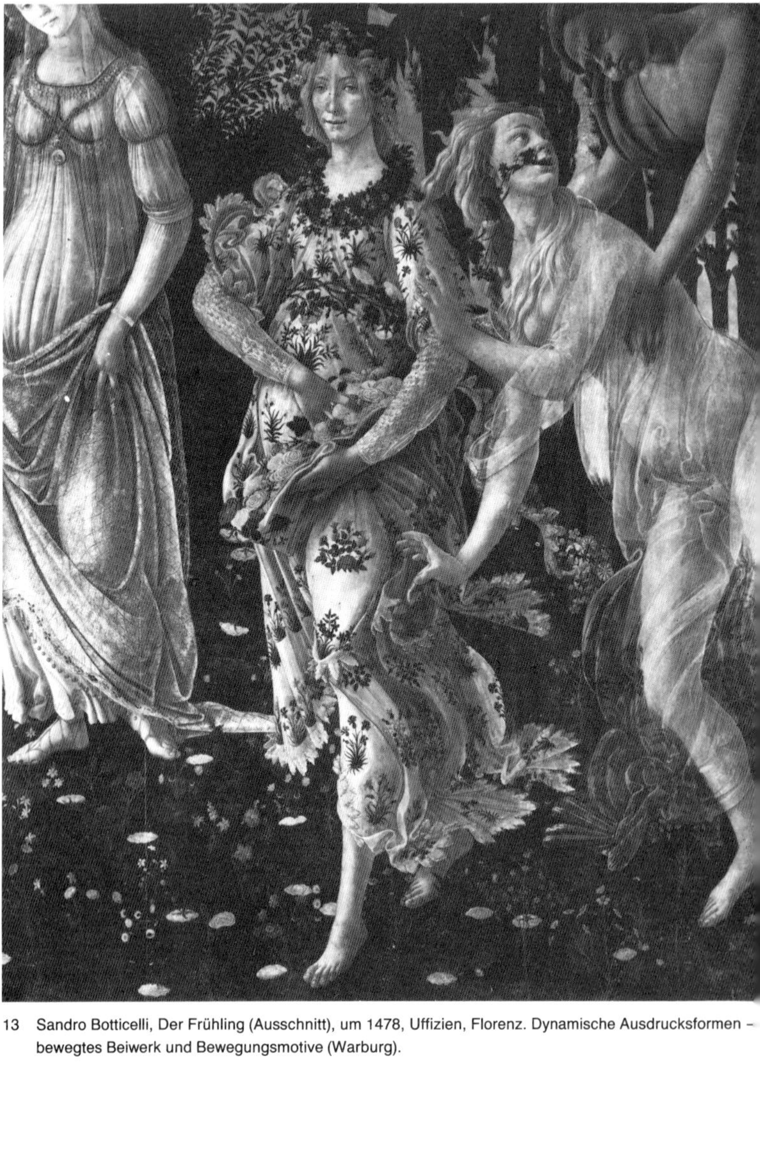

13 Sandro Botticelli, Der Frühling (Ausschnitt), um 1478, Uffizien, Florenz. Dynamische Ausdrucksformen – bewegtes Beiwerk und Bewegungsmotive (Warburg).

Gemütslage zu entsprechen. In der florentinischen Kunst des 15. Jahrhunderts fand er sie wieder. Die »Einfühlung« der Florentiner dient somit als Grundlage der Antikenrezeption und als stilbildende Macht. Um dieses Problem ging es in Warburgs Dissertation *Sandro Botticellis ›Geburt der Venus‹ und ›Frühling‹. Eine Untersuchung über die Vorstellung von der Antike in der italienischen Frührenaissance* (1893). Bewegung, Haar und Gewänder standen dem Künstler in der Antike als unmittelbare, dynamische Bilder der sichtbaren Wirklichkeit vor Augen, die er in seinen Werken festzuhalten suchte. In der menschlichen Psyche hätten sich diese Bilder seitdem eingeprägt (als *Engramme*) und seien weitervererbt worden. So war es dem Renaissancekünstler möglich, gleichsam wiedererkennend sich des antiken Formenschatzes zu bedienen, wenn es darum ging, einen starken psychischen und physischen Ausdruck zu gestalten. Aus dem Halbdunkel der Erinnerung wächst das ursprüngliche Bild hervor, um dann in seiner idealisierten Gestalt automatisch in die künstlerische Ausdrucksform projiziert zu werden (Fig. 10, Abb. 13).

Nachdem Warburg in seiner Botticellistudie nur von Bewegungsmotiven und »bewegtem Beiwerk« der Gewänder gesprochen hatte, ging er in seinen späteren Schriften dazu über, die antiken vorbildlichen Motive als *Pathosformeln* zu bezeichnen – Prägungen von gesteigerten Gefühlen beim Menschen, Leiden und Leidenschaft in höchster Potenz. Noch einmal wird die Diskussion um die angemessene Deutung der Laokoongruppe (Abb. 1), wie wir sie von Winckelmann, Lessing und Goethe her kennen, angeregt. Im Gegensatz zu Lessing vertrat Warburg die Ansicht, daß die Skulptur ebenso wie die Dichtkunst imstande sei, physische und psychische Bewegung und Veränderung auszudrücken. In der antiken Pathosformel sei der Gegensatz zwischen äußerem Bild und innerem Gefühlsleben aufgehoben – man könnte sagen, der »naive« griechische Künstler im Sinne Schillers erscheine hier im neuen Lichte von Nietzsches Darstellung des Orgiastischen und Dionysischen in der Antike. Entgegen dem ausgewogenen, harmonischen Schönheitsideal des Neuklassizismus wird die Rezeption der Antike in der Renaissance von Warburg als Zeugnis künstlerischen Strebens nach gesteigertem seelischen und körperlichen Ausdruck interpretiert.

Immer wieder kommt Warburg in seinen Schriften auf die Frauenfiguren mit den fliegenden Haaren und den wallenden Gewändern bei Ghirlandajo, Botticelli und Filippino Lippi zu sprechen. Sie gelten ihm als Repräsentanten einer geschwundenen Zeit, als Sinnlichkeit und Leidenschaft noch den ganzen Menschen in Besitz genommen hatten.

Fig. 10 *Warburg*

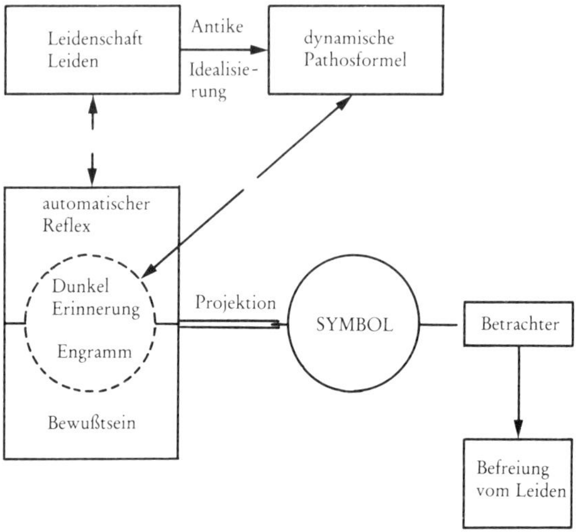

In unübertroffener Weise sei diese Realität durch die antiken Pathosformeln symbolisch zum Ausdruck gebracht worden. Im Anschluß an Taines Beschreibung der Dienerin in Ghirlandajos Fresko »Geburt Johannes'« in der Chorkapelle von S. Maria Novella nannte er sie *Nympha* (Abb. 14). In starkem Kontrast zum bürgerlichen Rahmen und zu den Porträtgestalten der Florentiner Gesellschaft erscheint die Nympha (die Dienerin) als frisches Sinnbild körperlicher Freiheit und geistiger Vitalität. Die antike Pathosformel ist wirksames Symbol der Befreiung sowohl des Künstlers als auch des Auftraggebers, gleichsam ein Sicherheitsventil, durch das der aufgestauten psychischen Energie freier Lauf gewährt wird. (In derselben Weise sollte Jung später die Be-

14 Domenico Ghirlandajo, Geburt Johannes' des Täufers (Ausschnitt), 1486–90, S. Maria Novella, Florenz. Dienerin als *Nympha* – Verkörperung heidnischer Lebenslust und Energie (Taine, Warburg). ▷

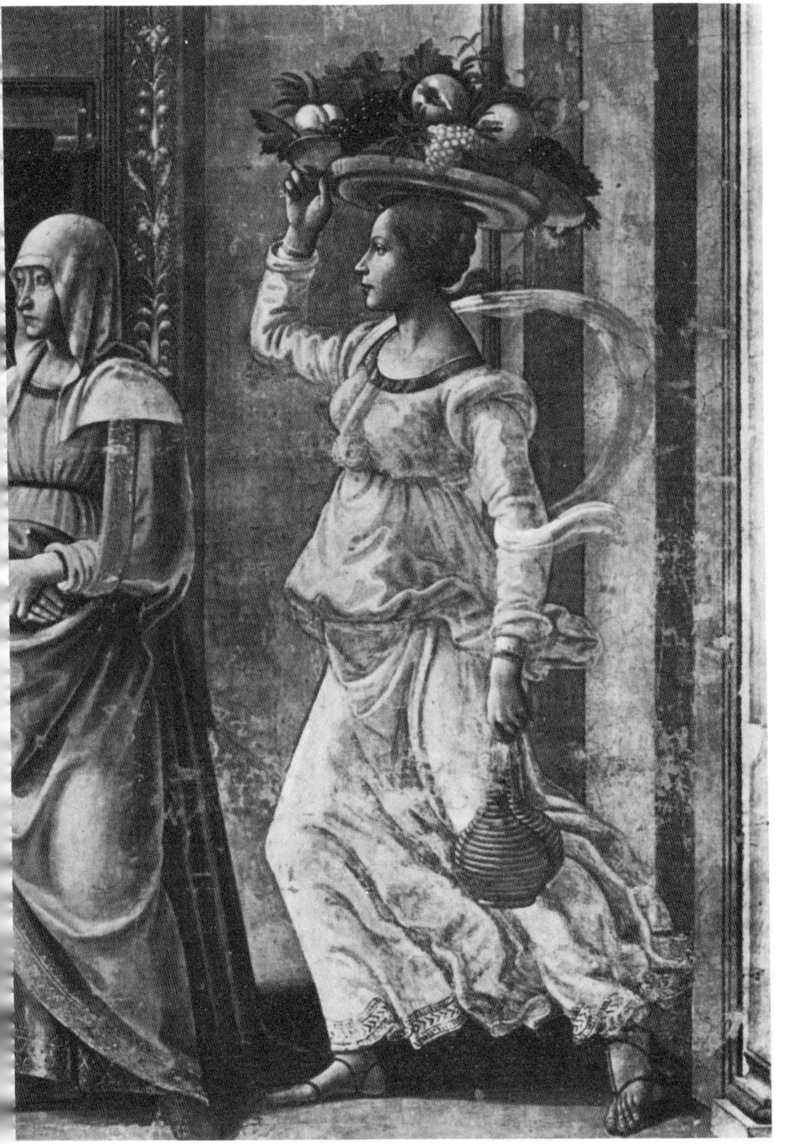

deutung der künstlerischen Symbolform für das Gleichgewicht der menschlichen Psyche interpretieren.)

Die Zurückhaltung, die nach Warburg das Mittelalter bei der Darstellung des Gefühlslebens in der bildenden Kunst geübt hatte, wurde durch die Assimilierung antiker Ausdrucksformen in der Renaissance aufgehoben. Im Laufe seiner Studien zur florentinischen Kunst und ihres sozialen Milieus sollte Warburg diese Anschauung modifizieren. Religiosität und Traditionsbewußtsein, Gefühlsleben und Sensualismus erschienen nun eher als polare Kräfte in der Psyche des Menschen. In den astrologischen Studien der Jahre 1908–14 suchte er diese psychodynamische Theorie zu belegen. Die geschaffenen symbolischen Formen dienten dazu, die animalischen Kräfte zu zügeln und dem Aberglauben entgegenzuwirken, der Verstand und Freiheit des Individuums gefährdet – dies gelte nicht nur für das psychische Gleichgewicht des Einzelnen, sondern auch für »den geistigen Haushalt des Menschenlebens« im ganzen. So heißt es zu Botticellis »Die Geburt der Venus« und »Der Frühling« in *Italienische Kunst und internationale Astrologie in Palazzo Schifanoja zu Ferrara* (1912), daß diese Werke der während des Mittelalters in doppelter Hinsicht, mythographisch und astrologisch, gefesselten Göttin (der Venus) ihre olympische Freiheit wiedergegeben hätten. Dürer erscheint als Vorkämpfer der geistigen und religiösen Befreiung des modernen Menschen:

»Der recht eigentlich schöpferische Akt, der Dürers ›Melencolia I‹ zum humanistischen Trostblatt wider Saturnfürchtigkeit macht, kann erst begriffen werden, wenn man diese magische Mythologie als eigentliches Objekt der künstlerisch-vergeistigenden Umformung erkennt. Aus dem kinderfressenden, finsteren Planetendämon, von dessen Kampf im Kosmos mit einem anderen Planetenregenten das Schicksal der beschienenen Kreatur abhängt, wird bei Dürer durch humanisierende Metamorphose die plastische Verkörperung des denkenden Arbeitsmenschen ... So darf man die ›Melencolia‹ in Stoff und Form als Symbol der humanistischen Renaissance ansprechen.« (*Heidnisch-antike Weissagung in Wort und Bild zu Luthers Zeiten*, 1920, in: *Ges. Schr.*, II, 528 u. 530, Anm. 1; vgl. Abb. 15)

Hieraus geht hervor, daß der Symbolcharakter des Kunstwerks in erster Linie mit dem Inhalt des Werkes und dessen Botschaft in Beziehung gesetzt wird. Wie später bei Erwin Panofsky ist das Werk sowohl Monument wie Dokument, in dem sich die geistige Lage der ganzen Epoche offenbart. Dem Betrachter erschließt sich die Symbolfunktion des Kunstwerks nicht mehr auf direktem, intuitivem Wege; erst der Gebildete, dem der Inhalt als angemessener Ausdruck und zugleich seelisches Heilmittel einer historischen, diskursiv faßbaren Situation erscheint, findet Zugang zu ihr. Warburg ging in seinen Studien weit über die herkömmlichen Gebiete der Kunstgeschichte hinaus. Er ist eher als Kulturhistoriker mit Neigung zur zeitgenössischen Psychologie zu bezeichnen. Das Symbol, mit seinen formalen Wurzeln der

15 Albrecht Dürer, Melencolia I, 1514, Staatliche Museen Preußischer Kulturbesitz, Kupferstichkabinett, Berlin. »Plastische Verkörperung des denkenden Arbeitsmenschen«, »Symbol der humanistischen Renaissance« (Warburg).

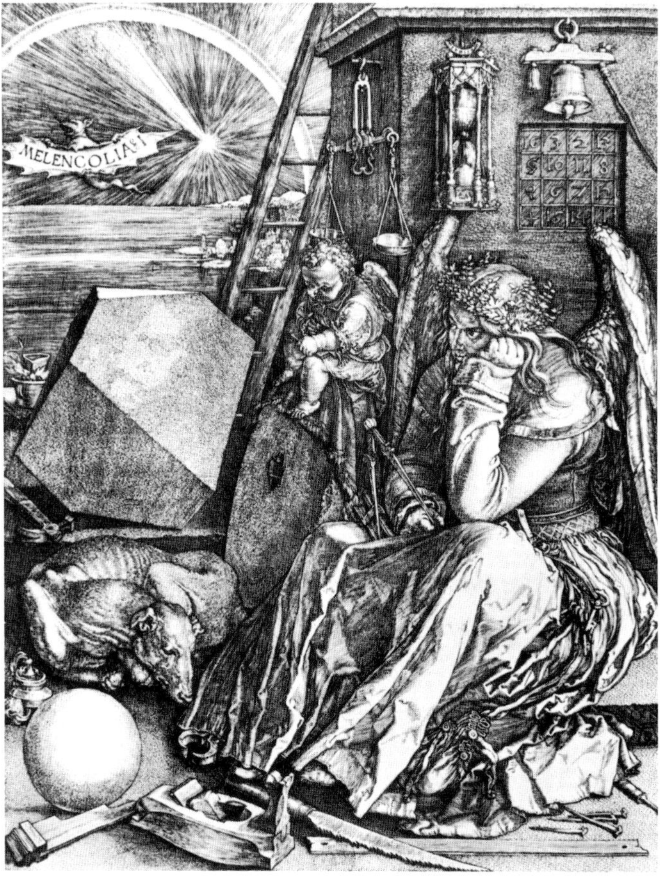

Antike verbunden, wird nun als Produkt des rationalen Bewußtseins begriffen, dient als Ausdruck des menschlichen Strebens nach Klarheit. Es mag für eine ganze Epoche, wie z. B. die des Reformationszeitalters, an der Scheide zwischen praktischer Magie und kosmologischer Mathematik stehend, als verbindlich gelten. Die Gegenwartsbezogenheit wird zugleich durch den Zusatz »Von der Unfreiheit des abergläubigen modernen Menschen« angezeigt (*Ges. Schr.*, II, 490).

Während einer langen Zeit seelischer Störungen (1918–23) sollte Warburg die Tyrannei unkontrollierter Gefühle und Ängste am eigenen Leibe erfahren. Das Erlebnis der künstlerischen Symbole mit ihrer Möglichkeit der diskursiven Beschreibung und Inhaltsdeutung bot sich als Weg zur Wiederherstellung des seelischen Gleichgewichts und zur psychischen Heilung an. Aber wie C. G. Jung warnt Warburg vor der Gefahr eines allzuweit gehenden Rationalismus und einer Entmythologisierung und Technisierung der Natur: »Das mythische und symbolische Denken schaffen im Kampf um die vergeistigte Verknüpfung zwischen Mensch und Umwelt den Raum als Andachtsraum oder Denkraum, den die elektische Augenblicksverbindung raubt, falls nicht eine disziplinierte Humanität die Hemmung des Gewissens wieder einstellt«, heißt es 1923 in einem Vortrag über das Schlangenritual der amerikanischen Oraibi-Indianer. Wie aus diesem Zitat hervorgeht, scheint Warburg, gleich seinem Zeitgenossen Ernst Cassirer, auch das diskursive Denken als eine Art »Symbolform« zu begreifen. Die Erfahrung der sichtbaren Welt und die Symbolwelt des Denkens (»gerichteter Denkraum«) entsprechen jener psychischen Aktivität, die Jung mit dem Begriff des »gezielten Denkens« umschreibt.

Die Vitalität und Bedeutsamkeit der Symboltheorie Warburgs wird durch ihre dialektische Spannung gewährleistet, die sie mit der der Romantiker teilt. Mit Naturnotwendigkeit schöpft der Künstler durch seine Imagination Bilder und Energien aus den dunklen, irrationalen Bereichen seiner Seele. Aus dem Dämmerzustand des Halbbewußten werden die Erinnerungsbilder (jene »Engramme« im Sinne Richard Semons) ans Licht gehoben und, manchmal mit Hilfe antiker Pathosformeln, zu künstlerisch prägnanten Formen umgewandelt. Mit dem Triebleben der Natur und den Wahnvorstellungen der Religion befinden sich Logik, Aufgeklärtheit und Humanität in ständigem Kampf. In gleicher Weise wie das Symbol bei Jung dient das Kunstwerk als Vermittler zwischen Chaos und Ratio; das Schaffen und der ästhetische Genuß gehören derselben Sphäre an: »In der Mitte zwischen dem Chaos der leidhaften Erregung und vergleichend ästhetischer Tektonik ereignet sich das Künstlerschicksal.« (*Notiz* 1928, zit. in Gombrichs

Monographie 1970, 253; vgl. ebenfalls Warburg: *Ikonologie des Zwischenraumes. Kunsthistorisches Material zu einer Entwicklungspsychologie des Pendelganges zwischen bildhafter und zeichenmäßiger Ursachensetzung,* 1929) Bei seiner Deutung des Kunstwerks und seiner Symbolfunktion tritt der Historiker gleichsam an die Seite des Künstlers, erscheint mit ihm seelenverwandt. In seiner Charakteristik Jacob Burckhardts als Mensch und Historiker greift Warburg auf die Metapher des Turmes zurück, den jener gebaut und zu dem er seine Zuflucht genommen habe, als die dunklen Mächte drohten. Hier ist auf die Parallele in Jungs Beschreibung des archetypischen Turmbaues des frühchristlichen Mystikers Hermas zu verweisen (*Burckhardt-Übungen,* 1929; Gombrich 1970, 255f.; Jung, *Psychologische Typen,* 1921, 315ff.).

In prägnanten Sätzen wie z.B. »Athen will ... immer wieder neu aus Alexandrien zurückerobert sein« (*Ges. Schr.,* II, 1932, 534) wird der alte Gegensatz zwischen Ost und West wieder angesprochen und die unentbehrliche Mission des Aufklärers verkündet, wenn es darum geht, die kulturelle und ethische Tradition des Abendlandes zu erhalten. Seit Mitte des 18. Jahrhunderts hatte man den mythologischen Stoff sowie das hebräische und morgenländische Erbe im primitivistischen Sinne als Ausdruck unreflektierter Gemütsbewegungen interpretiert. In der Symboltradition der Romantiker und den spekulativen Systemen des 19. Jahrhunderts wurde jener Kulturkreis, das Christentum einbegriffen, fast durchweg mit dem Dunklen, Gefühlsträchtigen und Formlosen identifiziert. Es ist offensichtlich, daß Warburg sich in seiner 1926 erschienenen Studie *Orientalisierende Astrologie* immer noch zu solch einer Kulturanschauung bekennt. Ohne die Bedeutung des Morgenlandes für jenen dialektischen historischen Prozeß zu leugnen, der zur abendländischen Kultur geführt habe, wird diese Komponente im Grunde als notwendiges Übel dargestellt. Die verhängnisvolle, aber notwendige Bindung des Kunstsymbols an die unbewußten Kräfte des Natur- und Seelenlebens entspricht dem Kultursymbol, das sich stets aus der Irrationalität morgenländischer Herkunft zu befreien sucht. In diesem Sinne erscheint das Symbol als tragischer Ausdruck eines unlösbaren Konflikts, der sowohl in der Psyche des einzelnen Menschen, als auch in der abendländischen Kultur insgesamt ausgetragen wird.

Psychologisierende Ästhetik

In der psychologisch ausgerichteten Ästhetik um die Jahrhundertwende und in der Auseinandersetzung um das Kunstwerk als Ausdruck der Künstlerpersönlichkeit nahm das Problem des Typus eine zentrale Stellung ein. In THEODOR LIPPS' *Grundlegung der Ästhetik* (1903) wird die »Einfühlung« als Verlagerung des Ichs in ein externes Objekt beschrieben. Die Apperzeption desselben löst beim Betrachter das Gefühl aus, etwas zu empfangen, was darin schon enthalten war. Jene Prozesse, die der Betrachter wahrnehmend erlebt, werden unbewußt in das Objekt projiziert (vgl. z. B. die Einfühlung bei Vischer und Volkelt). So tritt eine Beseelung des Dinges oder des Kunstobjekts ein. In der analytischen, freudianischen Psychologie wurde dieser Prozeß der »Übertragung« als eine Art der Extraversion verstanden.

WORRINGER hat in seinem von Lipps' Theorien stark geprägten Buch *Abstraktion und Einfühlung* (1908) Extraversion oder Einfühlung mit ästhetischem Genuß gleichgesetzt, einem Zustand des »interesselosen Wohlgefallens« des Subjekts. Diese Einstellung zum Typus und zur Aufgabe der Kunst sei nach Worringer seit der griechisch-römischen Epoche mit ihrer auf Natur und Nachahmung ausgerichteten Kunst vorherrschend gewesen. Durch sie war die Grundlage einer einfühlenden, sympathetischen Betrachtung gegeben. Nur das Organische und Lebendige, das *Leben* schlechthin, sei imstande, das Vermögen des nach außen gerichteten Menschen zu ästhetischer Einfühlung zu wecken und als Stilmerkmal sein glückliches Verhältnis zur Natur und Umwelt zu bezeugen.

Im Gegensatz zur naturalistischen Kunst stehe die ornamentale oder expressive, die nach Worringer entweder als Ausdruck elementarer Lebensangst zu verstehen ist oder im religiösen Zusammenhang als Ausdruck transzendenter Ideen dient. Während der »extravertierte« Künstler sucht, der äußeren Form organisches Leben einzuflößen, schützt sich der »introvertierte« vor der magischen Macht der sichtbaren Dinge, indem er sich vor ihnen verschließt und seine seelischen Kräfte gegen sie zu aktivieren sucht. Diese Haltung widerspiegele sich unbewußt in der abstrakten Kunst. Der extravertierte Künstler nähere sich wie Schillers »naiver« Künstler unbefangen dem sichtbaren Objekt, das in seiner Kunst erhöht oder vermenschlicht erscheine. Beim Introvertierten haben wir es mit einer Abwertung der sichtbaren Welt zugunsten des Ichs zu tun. Die abstrakte, anorganische Form ersticke jene ungezügelten Kräfte, die seiner Meinung nach im sichtbaren Objekt wirksam sind.

Die Ursache dieser beiden ästhetischen Verhaltensweisen ist nach Worringer im Bedürfnis des Menschen nach Entfremdung zu suchen – entweder verliert er sich an das Abstrakte, Statische oder Absolute, oder an die Dinge der sichtbaren Welt.

Die ausdrückliche Betonung des Zusammenhangs zwischen organischer Kunstform und bejahendem Lebensgefühl des weltoffenen Menschen ist zu dieser Zeit nicht verwunderlich. Einmal ist auf die lange Tradition in der Nachfolge Schillers und Herders zu verweisen. Zweitens tritt in den ersten Jahrzehnten des 20. Jahrhunderts eine Reihe von deutschen »Lebensphilosophen« auf, die in der Struktur der Kunstwerke eine spezifische Weltanschauung nachzuweisen suchten. 1894 erschienen Wilhelm Diltheys *Ideen über eine beschreibende und zergliedernde Psychologie* (*Ges. Schr.*, V), 1913 folgte Simmels *Goethe*-Studie und 1916 dessen *Rembrandt*-Buch. In der Form des Kunstwerks spiegeln sich Leben und Bewegung. Sie besitzt zugleich allgemeingültigen Charakter, der sich vom Alltäglichen abhebt. Die Lebenshaltung und das Verhältnis des Künstlers zur Umwelt ist für Dilthey und seine Nachfolger für den künstlerischen Stil entscheidend. Dilthey ging nicht wie Worringer von psychologisch begründeten Typen aus, sondern von »historisch gegebenen Stellungnahmen zum Leben und zur Umwelt«, wobei zugleich Rücksicht auf die führende Rolle des Verstandes bzw. des Gefühls im Seelenleben des Einzelnen zu nehmen sei.

Hermann Nohl wollte in seiner Studie *Stil und Weltanschauung* (1920) diese historisch bedingten Typen auf die bildende Kunst anwenden und gelangte zu drei Grundtypen: der von der Natur getrennte, subjektive Idealismus, der die Identität von Mensch und Welt betonende objektive Idealismus (oder Pantheismus) sowie der naturalistisch ausgerichtete, die beiden anderen Typen verbindende Idealismus. So entspricht der transzendente oder idealistische Typus bei Dilthey und Nohl gewissermaßen dem introvertierten oder primitiven Menschentypus bei Worringer und Jung, dessen Kunst abstrakt ist. Der objektive, pantheistische Typus steht dem einfühlenden, extravertierten Menschen nahe, während der dritte »naturalistische« Typus keine Entsprechung findet. Seine Grundhaltung zur Welt könnte als extravertiert, jedoch ohne gefühlsmäßige Bindung, d. h. als »diskursiv« bezeichnet werden.

In einer späteren Schrift, *Die mehrseitige Funktion der Kunst* (1924), sucht Nohl die verschiedenen Bedürfnisse zu klären, die durch die Kunst befriedigt werden. (Hier ist auf die vorzügliche Zusammenfassung Henrik Cornells, *Karakteriseringsproblemet i konstvetenskapen*, Uppsala 1928, 151ff., zu verweisen.) Der Formalismus entspricht dabei dem Abstraktionstrieb, die »Einfühlung« dem Ausdruckswillen. Hinzu kommen das Bedürfnis nach Naturnachahmung und solche Bilder, die unsichtbaren, geistigen Bedeutungsinhalten sichtbaren Ausdruck verleihen. Diese Kategorien der menschlichen Bedürfnisse sind alle vom Willen und zielgerichteten Denken gesteuert – auch die Ausdrucksfunktion, die eine Sonderstellung einnimmt und als spezifische »Kunstform« bezeichnet wird, bleibt auf die inhaltliche Aussage beschränkt, »zu sagen, was man erleidet«. So scheint es gerechtfertigt, sowohl diese Kategorie als auch die »symbolische Funktion« der Kunst, die nur im engen, religiösen Sinn begriffen wird, zu jener diskursiven Verhaltensweise zu zählen, die von Jung als »psychologisch-semantische« Funktion der menschlichen Psyche eingegrenzt wird.

1927 versuchte Friedrich Kainz die Typenlehre Diltheys und Nohls zu systematisieren *(Strukturen und Typen der Kunsteinstellungen)*. Auch für ihn war die Einstellung des Menschen zur Welt und zum Leben für die Bevorzugung von Seele oder Körper, Geist oder Materie, einer idealistischen bzw. einer naturalistischen Darstellung der Welt entscheidend. Von diesen Grundtypen ausgehend, verbindet er die von Wölfflin (z.B. in den *Kunstgeschichtlichen Grundbegriffen*, 1915) entwickelten optischen Sehweisen und die Kunstfunktionen Nohls, um das Phänomen der Stilveränderungen sowie die sich im Typus des Kunstwerks manifestierende Weltanschauung zu ergründen. Zum symbolischen Aspekt der Kunst nimmt er jedoch nicht Stellung, vielmehr klammert er gerade diesen Funktionstypus Nohls aus.

Auf die psychologisch ausgerichtete Typenlehre, wie wir sie bei Lipps und Worringer kennengelernt haben, greift schließlich Emil Ermatinger zurück, wenn es darum geht, das Verhältnis zwischen Individuum und Umwelt zu bestimmen (*Das dichterische Kunstwerk*, 1921). Der extravertierte Dichter gibt sein Ich angesichts der Dinge oder der Tradition und der Normen leicht auf. Der introvertierte schirmt sich von der Welt ab und sucht hierdurch seine Persönlichkeit zu wahren. In diesem Spannungsfeld zwischen Ich und Welt, magischer Bindung und seelischer Isolation ist das Kunstwerk Mittler. Die Gegensätze werden darin versöhnt, ihm wird eine seelenheilende Funktion zuteil, wie wir von Warburg wissen und bei C. G. Jung noch kennenlernen werden.

Obwohl der Symbolbegriff in den hier angeführten Varianten der psychologisierenden Ästhetik und in den Typenlehren keine entscheidende Rolle spielt, stehen diese Theorien hinsichtlich Methode und Absicht jenen nahe, die sich in diesen Jahrzehnten ausdrücklich des Symbolbegriffs bedienen. Die heuristische Interpretation des Kunstwerks als Ausdruck einer bestimmten Einstellung zur Welt, der Versuch, eine Analogie zwischen Form und innerer Haltung zu ermitteln, sowie die Funktion des Werkes im Seelenleben des Menschen – dies sind alles Aspekte, von denen auch die zeitgenössischen Symboltheorien geprägt sind. Gewiß haben die genannten Autoren ihren Beitrag dazu geleistet.

Natur und Geist

Das oben Gesagte gilt auch für die kunsttheoretische Diskussion, die in Deutschland während der ersten Jahrzehnte des 20. Jahrhunderts von den Mitgliedern der Künstlergruppen in Berlin, München und Weimar geführt wurde. Die in der Tradition der romantischen Ästhetik verankerten Symboltheorien dieser Zeit mit der fortwährenden Diskussion um eine nonfigurative Kunstsprache – beim STURM, beim BLAUEN REITER und später im BAUHAUS – sind geradezu Parallelerscheinungen. Sie konnten auf Gedanken der Vorromantiker und Romantiker zurückgreifen, die es auf eine Analogie zwischen künstlerischer Form und Strukturen der Natur abgesehen hatten. So wurden diesbezügliche Theorien und Farbenlehren von Runge, Friedrich Schlegel, Steffens, Tieck, Novalis, Jean Paul, Schelling und Goethe von Künstlern wie Marc, Kandinsky, Klee, Schlemmer, Schreyer und Itten theoretisch erörtert und praktisch geprüft (vgl. Lankheit 1951, Ringbom 1966, Berefelt 1969 sowie H. Wingler, *Das Bauhaus, Weimar, Dessau, Berlin 1919–1933,* Wiesbaden 1962). Eine Übereinstimmung bestand nicht nur in diesen theoretischen Fragestellungen, es herrschte auch eine allgemeine Gefühlsverwandtschaft im Bewußtsein der jungen Generation, Wegbereiter neuer Grundlagen für Kultur und Gesellschaft zu sein: die Forderung nach einer »neuen Kunst« für Gegenwart und Zukunft, der Bruch mit herkömmlichen Stilauffassungen und Geschmacksnormen, die Verherrlichung des Primitiv-Ursprünglichen, das Bedürfnis nach einer zeitgemäßen künstlerischen Sprache, Mythologie und Symbolik als Voraussetzungen zukünftiger Kunst.

Dem Gedanken einer abstrakten, nonfigurativen Bildsprache sind wir bereits in der romantischen Kunsttheorie begegnet (bei Runge, Schelling, Novalis und Goethe). Er stellte einen Bruch mit der mimetischen Zielsetzung dar, die für die bildenden Künste und die Ästhetik des 18. Jahrhunderts richtungweisend war. Was man ersehnte, war eine grundsätzliche künstlerische Gestaltung der in der Natur wirksamen Kräfte sowie der Verbundenheit des Individuums mit ihnen. Das

Kunstwerk vermittelte zwischen dem Geistigen, der sinnlichen Welt und dem Betrachter, und seine Symbolfunktion trat auf unmittelbarem, analogem Wege in Kraft. Berefelt (1969, 8) hat auf einen Ausspruch RUNGES (1803) verwiesen, der von SCHLEMMER in einem Brief aus dem Jahre 1924 zitiert wird: »Die strenge Regularität sey grade bey den Kunstwerken, die recht aus der Imagination und der Mystik unserer Seele entspringen, ohne äußeren Stoff oder Geschichte, am allernotwendigsten.« (vgl. Abb. 6 und 7)

Der dynamische, projektive und organische Aspekt, der die romantische Symboltheorie auszeichnet, gelangt bei den Vertretern des BLAUEN REITERS und des BAUHAUSES zu neuer Aktualität. Exzesse expressiver Art wurden (schon von Runge erwähnten) strengen Gestaltungsprinzipien unterworfen, die den Strukturstudien und den Versuchen, das Wesen der Dinge wieder zu erschaffen, zugrunde lagen. Der Gedanke der Analogie von Kunstwerk und Natur entspricht SCHELLINGS Definition der Kunst als »Natur in einer zweiten Potenz« – eine Vorstellung, die übrigens eine lange Vorgeschichte im Topos des Künstlers als *creator* bzw. der *natura naturans* aufweisen kann. Die Erkenntnisse der Naturwissenschaften, der Zerfall des mechanischen Weltbildes und die Verschiebung des Augenmerks auf die innere Struktur der Dinge, dann die wachsende Einsicht in die Relativität der physikalischen Größen hinterließen einen tiefen Eindruck bei KLEE, KANDINSKY und anderen Künstlern. Auch der Romantik waren umwälzende Erkenntnisse vorangegangen. Kant hatte die Grenzen der menschlichen Vernunft und Urteilskraft aufgezeigt, und schon im ersten Teil seines bahnbrechenden Werkes *Die Welt als Wille und Vorstellung* (1818) hatte SCHOPENHAUER den trügerischen Charakter der sichtbaren Welt und der Existenz des Menschen den Lesern vor Augen gehalten. Der Einfluß Schopenhauers ist freilich erst in der zweiten Hälfte des 19. Jahrhunderts voll zum Tragen gekommen.

F. Th. VISCHER ist in dieser Darstellung als wichtiger Mittler zwischen der Romantik und der späteren Symboltradition in der Kunstwissenschaft gewürdigt worden. Auch für den BLAUEN REITER und das BAUHAUS mag er als Anreger gewirkt haben. Die Unterscheidung Vischers zwischen »äußerem Sehen« und »innerem Schauen« läßt sich bei KLEE nachweisen, seine Theorie der »symbolischen Einfühlung« hat, wie der Symbolismus des ausgehenden 19. Jahrhunderts überhaupt, Marc, Klee, Kandinsky und den Gedanken der symbolischen Funktion der »reinen Form« beeinflußt.

Entsprechungen in der Ästhetik dieser Zeit und künstlerischen Zielsetzungen der frühen Romantik haben zuweilen den Charakter direkter Beeinflussung – dies wird insbesondere bei GOETHES und RUNGES Farbenlehren deutlich. Die Symbolisten sowohl in Frankreich als auch in Deutschland haben unmittelbar auf bestimmte Romantiker zurückgegriffen. Das Geistige als eigentlicher Gegenstand bildkünstlerischer Darstellung, das Streben nach Einheit und der Eskapismus in den unverdorbenen, primitiven Urzustand der Menschheit gehörten zu den Elementen des symbolistischen Gedankengebäudes, das auch von Theosophie und Okkultismus durchdrungen war.

Als wichtiger Fürsprecher, wenn es darum ging, die Ideen der Romantik im Zeitalter des Positivismus zu verteidigen und insbesondere das Erbe Goethes, seine Ästhetik und Farbenlehre, zu verbreiten, ist hier RUDOLF STEINER zu nennen. In einer Reihe von Schriften verkündet er den heuristischen Charakter der Kunst und deren Aufgabe, die verborgenen Prinzipien der Natur zu offenbaren (S. Ringbom, *Art in ›the Epoch of the Great Spiritual‹* – JWCI 1966). JAWLENSKY und KANDINSKY nahmen später mit ihm Kontakt auf, und auch FRANZ MARC dürfte sich mit ihm befaßt haben. Ebenso KLEE, der jedoch bestreitet, mit dem Anthroposophen etwas gemein zu haben. 1923 erschienen seine *Wege des Naturstudiums.* Der Künstler wird darin aufgefordert, in die Geheimnisse der Natur einzudringen und deren innerstes Leben aufzuspüren. Der Mensch sei integrierter Bestandteil des Organischen (Klee spricht von »irdischer Verwurzelung«), aber dennoch durch seinen Intellekt imstande, das tätige Prinzip in seinem Inneren und in der Natur zu verstehen und zu formulieren (*Das bildnerische Denken;* vgl. Abb. 16). Derselbe Gedanke taucht in der zeitgenössischen Symboltheorie bei JUNG auf – letzten Endes können wir ihn bis GOETHE zurückverfolgen, der die Fähigkeit, aus der inneren Erfahrung auf das Leben der Natur zu schließen, praktiziert hatte. Im Organismusbegriff der Romantik findet dieser Gedanke eine Fortsetzung und Erweiterung. Eingedenk seiner Rückbindung an diese Symbolfunktion zu Beginn des 20. Jahrhunderts und in der Bauhaus-Tradition, ist es nicht verwunderlich, wenn KLEE 1923 einen »Magus« als Lehrer am Bauhaus herbeiwünscht: »ja, man müßte am Ende einen Philosophen berufen, einen Magier!« (1971, 70) Schon während der Renaissance wurde der schaffende Künstler von den Neuplatonikern (z. B. Ficino) mit einem Magier verglichen, der imstande sei, durch die Symbolik seiner Bilder die tiefere Wahrheit der Welt zu entdecken. Die ästhetische Einfühlung, die bei dieser Tätigkeit nach den pädagogischen Prinzipien der Waldorfschule und des Bauhauses in Funktion tritt, wurde schon von SCHILLER in seinen *Briefen über die ästhetische Erziehung des Menschen* angesprochen. F. Th. VISCHER hat die Einfühlung als eine Conditio sine

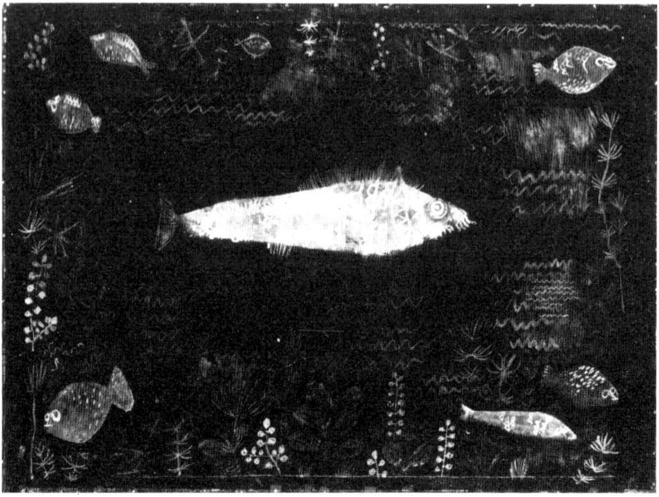

16 Paul Klee, Der goldene Fisch, 1925, Hamburger Kunsthalle. Im Bild wird das organische Prinzip in der Natur und im Menschenleben zur Anschauung gebracht (Goethe, Klee, Jung).

qua non des Symbolprozesses in seine späte Ästhetik eingegliedert, und in der psychologisch ausgerichteten Ästhetik spielt sie eine führende Rolle.

Auch C. G. Jung war von Schiller ausgegangen, als er die Rolle des künstlerischen Symbols im seelischen Leben des Menschen und für die Kultur als Ganzes zu klären suchte. Bevor seine Verwendung des Symbolbegriffs dargestellt wird, ist es jedoch notwendig, die Bedeutung des Symbols im System der Psychoanalyse zu erörtern. Die romantische Tradition geht darin mit der positivistischen Strömung, die sich in der zweiten Hälfte des 19. Jahrhunderts so stark entwickelt hatte, eine bezeichnende Verbindung ein. In Sigmund Freuds *Traumdeutung* (1900) erscheint das Erbe der Romantik in neuem Gewand – die Spekulation ist zur Gewißheit geworden, Dämmerzustand und Ahnung sind dem klaren Licht des Bewußtseins gewichen.

Psychoanalytische Symboldeutung

Sigmund Freud hat nie eine ausführliche Studie über die spezifisch künstlerische Symbolform oder über die Anwendung der psychoanalytischen Methode bei deren Deutung geschrieben. Freuds Interpretationsversuche auf diesem Gebiet zeichnen sich durch bewußte Selbstbeschränkung aus, wenn es darum geht, künstlerische Form und ästhetische Wahrnehmung zu charakterisieren. (Siehe hierzu *Der Witz und seine Beziehung zum Unbewußten*, 1905.) Das Kunstwerk wird aus drei Aspekten geschildert: als Objekt der ästhetischen »Vorlust«, hinsichtlich des spezifischen Charakters des künstlerischen Mediums (des Materials) und in bezug auf die psychologische Funktion. Letztere wird aus dem Trieb erklärt, der in der sublimierten, sozial angemessenen Form des Kunstwerks zum Ausdruck kommt. Nur dieser letzte Aspekt interessiert Freud im Grunde. Etwas zu Unrecht hat man deshalb seinen Kunstinterpretationen Einseitigkeit bescheinigt – hat er doch selbst wiederholt auf die Grenzen der psychoanalytischen Methode hingewiesen, wenn mit ihr das »Künstlerische« einer Person oder die spezifisch »ästhetische« Qualität eines Kunstwerks definiert werden sollte. Einmal soll er die Bitte um die psychoanalytische Deutung eines Œuvres mit der Begründung abgeschlagen haben, ihm fehle das bei dieser Methode unumgängliche biographische Material. In einigen seltenen Fällen, wo genügend Angaben vorlagen, hat Freud jedoch Kunstwerke nach denselben Grundsätzen interpretiert wie die Traumsymbole in seinem ersten Buch, *Die Traumdeutung*.

Die psychoanalytische Methode, die er darin entwickelt hat, ist auch für die Kunstwissenschaft wichtig geworden, wobei man ihre Grenzen kritisch vor Augen haben sollte. Sie wird hier in kurzen Zügen erörtert.

Die im Menschen angestauten Aggressionen und sexuellen Impulse treten in Form von Träumen, Bildern und Symbolen zutage. Die primären Äußerungen des biologisch bedingten Seelenlebens führen zu sekundären Bewußtseinsprozessen, die sich in den Gedanken und logischen Schlüssen des Verstandes mitteilen. Diese entsprechen den gesellschaftlichen Normen und bilden das »Über-Ich«, das als oberste Instanz das Bewußtsein des Menschen steuert. Zensierend nimmt das Über-Ich Stellung zu den primären Wünschen und Bildern, die an die Oberfläche des Bewußtseins dringen. Die Konfrontation von Normsystem und Triebleben erzeugt einen Konflikt im Ich, bei dem jene Bilder und Wünsche verdrängt werden, die als verboten gelten. In den Symbolformen des Traumes nehmen sie jedoch wieder Gestalt an und gelangen an die Schwelle des Bewußtseins. Der Psychoanalytiker überläßt es dem

Fig. 11 *Freud*

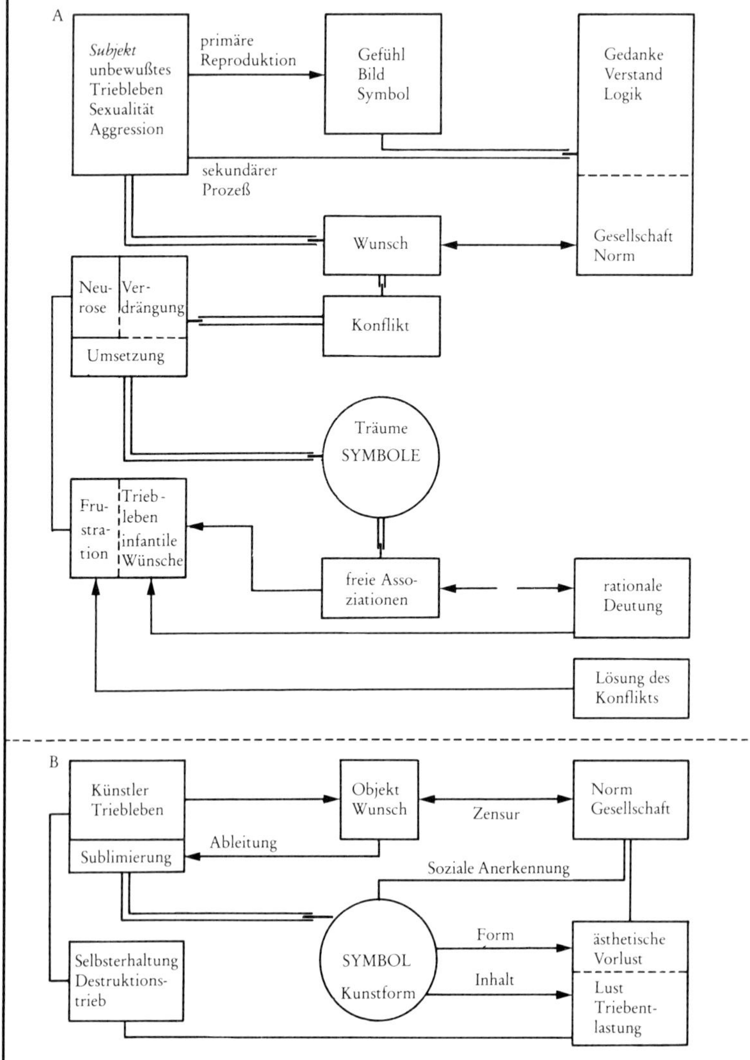
A
Subjekt
unbewußtes
Triebleben
Sexualität
Aggression
primäre
Reproduktion
Gefühl
Bild
Symbol
Gedanke
Verstand
Logik
sekundärer
Prozeß
Wunsch
Gesellschaft
Norm
Neu-
rose
Ver-
drängung
Umsetzung
Konflikt
Träume
SYMBOLE
Fru-
stra-
tion
Trieb-
leben
infantile
Wünsche
freie Asso-
ziationen
rationale
Deutung
Lösung des
Konflikts
B
Künstler
Triebleben
Sublimierung
Objekt
Wunsch
Zensur
Norm
Gesellschaft
Ableitung
Soziale Anerkennung
SYMBOL
Kunstform
Form
Inhalt
ästhetische
Vorlust
Lust
Triebent-
lastung
Selbsterhaltung
Destruktions-
trieb

Patienten, seinen Assoziationen um diese Bilder freien Lauf zu lassen, wobei ihre wirkliche Bedeutung dem Geschulten offenbar wird. Fast ohne Ausnahme handelt es sich um sexuelle Störungen und infantile Wünsche, die aus Frustration oder durch unglückliche Umstände in der frühesten Kindheit des Individuums entstanden sind. Der Traum erscheint als »Symbol«, Ausdruck verdrängter Impulse und neurotischer Seelenzustände. Durch genaue Rekonstruktion der Kindheit und früherer Lebensumstände des Individuums kann das Symbol geklärt und der verborgene Komplex bloßgelegt werden. Danach hat das Symbol seine eigentliche Bedeutung und Funktion für das psychische Eigenleben der Person verloren (Fig. 11A).

Freud faßt auch das Kunstwerk als Symbol oder Symptom für verdrängte Wünsche des Urhebers auf. Es steht also repräsentativ für das unbewußte Seelenleben. Der Konflikt zwischen verbotenen Wünschen und gesellschaftlichen Normen in der Psyche des Künstlers führt zur Ableitung, »Sublimierung«: Die Energie des Individuums wird auf ein neues Objekt gerichtet, welches unbefriedigte Gefühle und das Wunschobjekt ersetzt. Die künstlerische wie auch jedwede geistige Aktivität erscheint als Surrogat für die eigentlichen Objekte des Trieblebens. In der Gestalt des Kunstwerks erhalten diese eine Form, die von der Gesellschaft akzeptiert werden kann. Das Kunstwerk erfüllt demnach eine doppelte Funktion: Es dient einmal der interesselosen, ästhetischen »Vorlust«, die den eigentlichen biologischen Inhalt (wie z. B. Sexualität oder Aggressivität) verbirgt. Ohne den Schein der ästhetischen Befriedigung aufzugeben, wird es dem Betrachter ermöglicht, seine Hemmungen abzubauen und seinen geheimen, verbotenen Gefühlen nachzugehen. Der Genuß, den er dabei empfindet, macht die eigentliche Lust aus, die mit dem Bewußtsein einhergeht, daß die Zensur in diesem Augenblick außer Kraft gesetzt ist. Der Grund des ästhetischen Lebens wird demnach im Biologischen gesehen: ». . . es ist die Hauptfunktion des seelischen Mechanismus, das Geschöpf von den Spannungen zu entlasten, die durch Bedürfnisse in ihm erzeugt werden.« (*Eine Kindheitserinnerung des Leonardo da Vinci,* 1910) Eine ähnliche Kunstauffassung finden wir auch bei Warburg und Jung; aber bei Freud liegt in diesem Vorgang der Sublimierung die eigentliche Triebfeder oder der Zweck des Kunstschaffens und des Kunstgenusses. Allein schon die Unterscheidung zwischen ästhetischer »Vorlust« und eigentlicher, inhaltlich begründeter Lust läßt die Verschiebung zugunsten der letzteren erkennen. So wurde Freud auch bald gerade in diesem Punkt von dem englischen Kunsthistoriker ROGER FRY angegriffen. Er hob die künstlerische Form als wahres Anliegen des Künstlers hervor – eine Macht, die bei Riegl fast zu einer metaphysischen Größe wurde. In den zeitgenössischen Kunsttheorien (so auch bei Wölfflin und Worringer) wird der Stilwille als entscheidender Faktor bei jeder künstlerischen Tätigkeit angesehen (Fig. 11B).

Im Gegensatz zum Traumsymbol sind das Kunstwerk und das geistreiche Wort (Witz) nicht nur für den Urheber bezeichnend; darüber hinaus eignen sie sich, ihrer ästhetisch ansprechenden Form zufolge, zur Kommunikation. Die eigentliche Botschaft ist weder formaler noch geistiger Natur, sondern drückt sich in der Funktion aus, den Menschen aus der Zwangslage zu befreien, in die ihn jene primären Triebe versetzt haben, die seiner Existenz zugrunde liegen. Die vage Vorstellung von der Verwurzelung des Symbols in der Natur, im Organischen, Traumhaften und Unbewußten, die seit der Romantik vorherrschte, weicht in Freuds System endgültig der rationalen Erklärung. Was früher intuitiv behauptet wurde, ist jetzt Resultat einer positivistischen Untersuchung der biologischen Mechanismen des Menschen und ihrer Äußerungen. Von Novalis und später Nietzsche wurden Selbsterhaltungstrieb und Selbstzerstörung als polare Mächte dargestellt, innerhalb deren Wirkungsbereich sich das unbewußte Triebleben abspielt. So auch bei Freud, dessen Libido-Lehre THOMAS MANN als eine »der Mystik entkleidete, Naturwissenschaft gewordene Romantik« charakterisiert hat (1965, 12).

In dem Augenblick, wo das Kunstwerk als Symptom (oder Symbol) psychischer Konflikte erkannt und »erklärt« wird, ist sein Sinn und seine eigentliche Funktion aufgehoben. Das Symbol wird durch die logische Ausdrucksform des Bewußtseins ersetzt, der Zusammenhang von Ursache und Wirkung aufgedeckt. Gegen die Auffassung von schicksalhafter biologischer Bedingtheit wendet sich die Psychoanalyse, deren erklärtes Ziel es ist, Befreiung durch Einsicht zu erlangen. In diesem Streben erscheinen Freud, sein Schüler C. G. Jung und auch Aby Warburg als Aufklärer und Wegbereiter. Bei letzteren stehen geistiger Inhalt und Bewußtsein in explizitem Gegensatz zum Biologischen und zum Triebleben. Freud hingegen sieht die biologischen Mechanismen sowohl für das Gefühlsleben als auch für das geistige Leben des Menschen bestimmend. Warburg stand in seiner Symboltheorie vor dem ähnlich tragischen Faktum, daß das Kunstwerk, unbeschadet seiner befreienden Wirkung, zugleich von jenen dunklen Kräften genährt wurde, die es bekämpft und beschworen hatte. Diese ambivalente Bindung gilt in Freuds System dem rational ausgerichteten Bewußtsein: Seine Funktion ist zwar eine unentbehrliche Voraussetzung für die geistige und soziale Entwicklung des Menschengeschlechts, aber

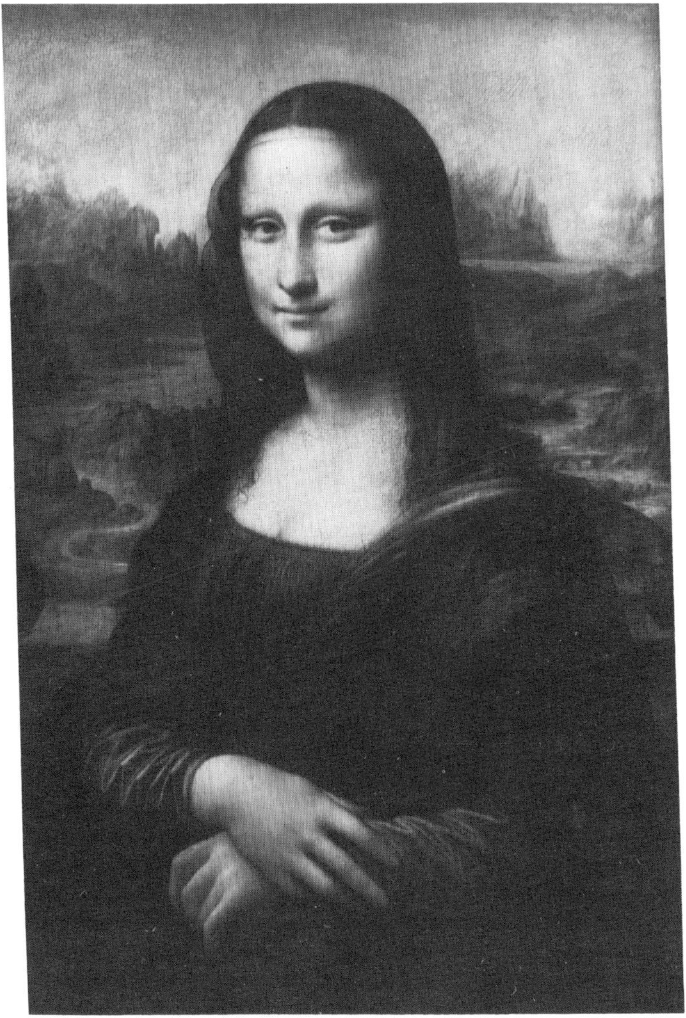

17 Leonardo da Vinci, Mona Lisa, um 1503, Louvre, Paris. Ausdruck der Mutterfixierung und verdrängter Wünsche, Ergebnis der Sublimierung (Freud).

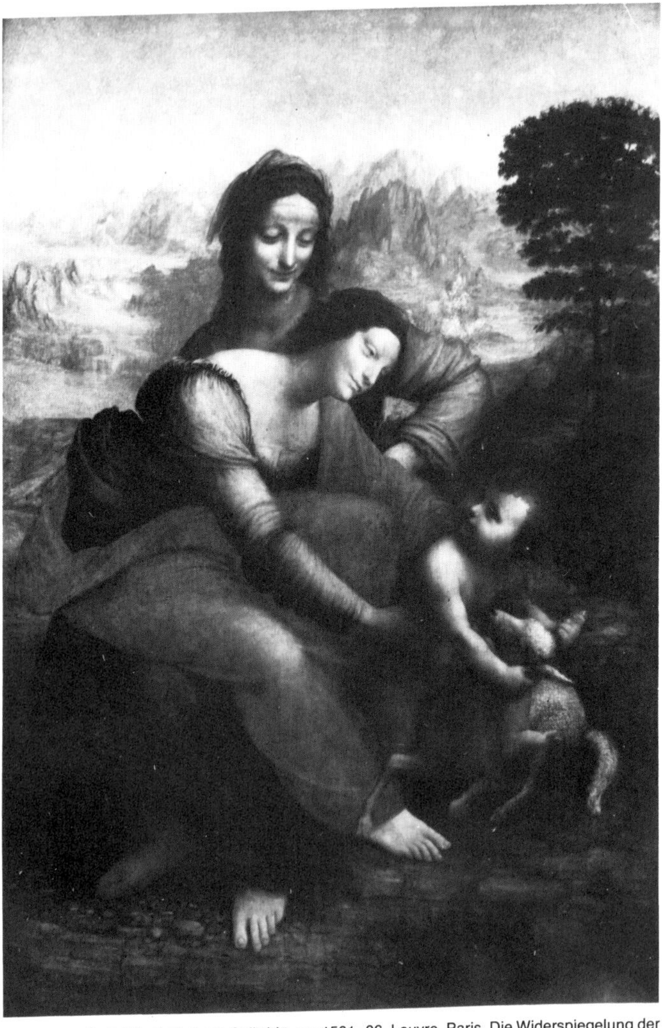

18 Leonardo da Vinci, Hl. Anna Selbdritt, um 1501–06, Louvre, Paris. Die Widerspiegelung der gestörten Kindheit des Malers (Freud).

dies kann nicht darüber hinweg täuschen, daß alles menschliche Streben in fataler Weise auf das biologische Ziel der Fortpflanzung und Selbsterhaltung ausgerichtet ist. Im Grunde stehen wir vor einer pessimistischen Weltauffassung, wie sie schon Schopenhauer vertreten hat. Von Darwin war sie in biologischer und von Spencer, Haeckel und Roux in sozialer Richtung positivistisch untersucht und systematisch ausgebaut worden. Im zweiten Buch von Schopenhauers *Die Welt als Wille und Vorstellung* ist vom Willen als finsterem, animalischem Drang die Rede, der *nur* als Trieb zum Leben und zum Leib bezeichnet wird.

In seinen späteren Schriften schildert Freud die Kultur an sich im selben Geiste wie das einzelne Kunstwerk oder Symbol als Symptom eines ungelösten Konflikts oder einer Neurose (*Das Unbehagen in der Kultur*, 1930). Die Harmonie der Gegenwart bestehe nur scheinbar, sie entspreche dem neurotischen Krankheitsbild, bei dem der Kranke sich mit seinem Zustand und dessen pathologischen Symptomen abgefunden hat. Nicht die Kultur, sondern die richtig gestellte Diagnose sei imstande, den Circulus vitiosus zu unterbrechen. Einzig das aufgeklärte Bewußtsein gewährleiste Freiheit, sei in der Lage, den labilen, nur notdürftig von scheinbarer kultureller Harmonie überdeckten Zustand der abendländischen Gesellschaft zu verändern.

Freud hat in seiner Studie *Eine Kindheitserinnerung des Leonardo da Vinci* (1910) ein Beispiel zu geben versucht, wie mit der psychoanalytischen Methode ein Künstler und sein Werk beurteilt werden können. Meresjkovskis romantische Schilderung der Kindheit Leonardos lieferte Freud den Stoff, in dem er jene Störungen aufgespürt hat, die Leonardos spätere Komplexe verursacht hätten. Ein Übermaß an Liebe von der verstoßenen Mutter und Gleichgültigkeit seitens des Vaters bewirkten nach Freud eine lebenslange Fixierung an die Mutter und Neigungen zu Homosexualität, Gefühlskälte und Sublimierung, die in der wissenschaftlichen und künstlerischen Tätigkeit Leonardos zum Ausdruck kommen sollten. Das rätselhafte und zugleich ominöse Lächeln der Mona Lisa, das schon von Gautier und Pater als ein Zeichen verdrängter Wünsche, unbewußten Trieblebens und traumhaften Daseins gedeutet worden war, galt Freud als Bestätigung seiner Hypothese von Leonardos unglückseliger Mutterbindung (Abb. 17). Freud sah seine Deutung durch Leonardos Darstellung des recht seltenen Anna-Selbdritt-Motivs gestärkt. Die Beziehung des Kindes zu den beiden Frauengestalten des Gemäldes widerspiegele die Situation aus Leonardos Kindheit, als er unter dem Schutz sowohl der Mutter als auch der Stiefmutter aufwuchs (Abb. 18).

Die psychoanalytische Deutung von Kunstwerken als Symbole (oder besser: Symptome) für das Seelenleben und etwaige Störungen desselben beim Künstler wurde schon bald Gegenstand heftiger Kritik (Fry, Jung; in jüngerer Zeit Meyer Schapiro, Gombrich). Erstens hat man darauf hingewiesen, daß das Kunstwerk eine neue strukturierte Wirklichkeit ist, nicht ein trügerisches Mittel, in dem der Künstler seine libidinösen Wünsche zum Ausdruck bringe. Zweitens hat sich die Methode als fast undurchführbar erwiesen, da nur selten soviel biographische Daten eines Künstlers verfügbar sind, wie für eine stichhaltige psychoanalytische Deutung seiner Person und seines Werkes benötigt werden. Drittens laufe der Analytiker Gefahr, eigene Gefühle in die jeweiligen Kunstwerke zu projizieren. Freud selbst hat einmal gesagt, daß ein gewisses Gefühl für einen Künstler und sein Werk Voraussetzung für tieferes Verständnis sei. Das Verhältnis Freuds zu Leonardo ist in Ernest Jones Monographie über seinen Lehrmeister als ›selfdescription‹ charakterisiert worden (1953–57, II, 480; vgl. Freud 1910, VIII, 202).

Ein Beispiel der Identifikation von Künstler und Interpret ist Freuds Deutung von Michelangelos »Moses« (1914, X, 257–286). Nach Freud wird der Prophet im Zustand höchster Erregung, die er gerade meistert, dargestellt, er scheint hin- und hergerissen zwischen seinem Impuls, die Gesetzestafeln zu zerschlagen, und der Selbstbeherrschung, die sein Über-Ich ihm eingedenk seiner prophetischen Mission auferlegt (Abb. 19). Freuds Betonung dieser übermenschlichen Selbstbeherrschung entspricht nicht der biblischen Erzählung – (er ergrimmte) »mit Zorn und warf die Tafeln aus seiner Hand und zerbrach sie unten am Berge« (2. *Mose* 32, 19). Ernest Jones und Hanns Sachs haben darauf aufmerksam gemacht, daß diese Studie nach dem für Freud so schmerzhaften Bruch mit Jung entstanden war. So scheint die Deutung von Michelangelos »Moses« eher die Projektion und Sublimierung eines ungelösten Konflikts des Psychoanalytikers zu sein.

Identifikation und Illusion stellen ein Kernproblem der Ästhetik dar, wenn es darum geht, die Beziehung zwischen Künstler, Werk und Publikum zu erfassen. Nach Ernst Kris, dem bedeutendsten Vertreter der psychoanalytischen Methode in der Ästhetik und Kunstwissenschaft, erlaubt sie ein intensives Studium der künstlerisch-schöpferischen Aktivität sowie der nachschöpferischen seitens des Betrachters. Die Psychoanalyse könne durchaus zu einem größeren Verständnis für das Schöpferische wie auch für den ästhetischen Genuß als seelisches Phänomen beitragen.

In seinem Buch *Psychoanalytic Explorations in Art* (1952) betont Kris, daß die Psychoanalyse nicht als statisches System zu verstehen sei, sondern eher als dynamische Methode, geeignet, sich selbst zu korrigieren und sämtliche Aspekte des Seelenlebens zu berücksichtigen. Der schöpferische Akt des Künstlers erscheint als spezifische Fähigkeit, Impulse des Trieblebens umzuwandeln und zu sublimieren *(transformation, neutralisation)*. Wie Jung, aber mit wesentlich höherem Anspruch, was die Präzision und Verfeinerung der analytischen Methode betrifft, richtet Kris das Augenmerk auf den seelischen Mechanismus, der den Ablauf vom Triebimpuls bis zur strukturierten Form in der Psyche des Künstlers steuert. Dabei sei auch die Verschiedenheit der künstlerischen Medien zu berücksichtigen. Die seelenheilende Wirkung des Kunstwerks lasse sich nur psychoanalytisch klären, wenn auch dem Stilphänomen in der Kunst Beachtung geschenkt werde: »... what psychoanalysis may have to offer will probably depend on our ability to view the phenomena of style in art at least in terms of the processes of discharge which they stimulate in artist and public.« (1952, 22) Die Nähe dieses Gedankens zu Aby Warburg tritt hier zutage – zu dessen Fragen nach der Entstehung der antiken Pathosformeln und ihrer späteren Anwendung wie auch nach jenen Spuren im Gehirn (Engrammen), die psychischen Entladungen zugrunde liegen sollten.

Wie Ernst Kris steht Ernst H. Gombrich in der Tradition der Wiener Schule der Kunstgeschichte. Er äußert sich jedoch sehr skeptisch über die Eignung der Psychoanalyse zur Erklärung der komplizierten Zusammenhänge, die zur Entstehung eines Kunstwerkes führen und seinen Stil ausmachen. Ihm erscheinen die Kunstwerke eher als Zeugnis der Fähigkeit des Menschen, die Impulse, die aus der Tiefe seines unbewußten Seelenlebens (dem *Id)* drängen, bewußt zu meistern: »They are symbols, not symptoms, of such control« – sie beweisen die Möglichkeit des Individuums, sich von der Tyrannei des Über-Ichs und auch vom Zwang der Triebe zu befreien (1963, 44).

Trotz aller Vorbehalte gegenüber der Psychoanalyse als Methode, um den symbolischen Inhalt und die Funktion des Kunstwerks zu erklären, ist besonders zu würdigen, daß sie das romantische Erbe, das bis dahin die Ästhetik und insbesondere die Symboltradition entscheidend geprägt hatte, zu entmythologisieren half. Dies hat jedoch auch zu einer Auseinandersetzung unter den Psychoanalytikern geführt und dürfte zum Bruch zwischen Freud und Jung beigetragen haben.

Vielleicht am eindringlichsten von allen Psychoanalytikern hat C. G. Jung den Symbolcharakter des Kunstwerks hervorgehoben und ihm

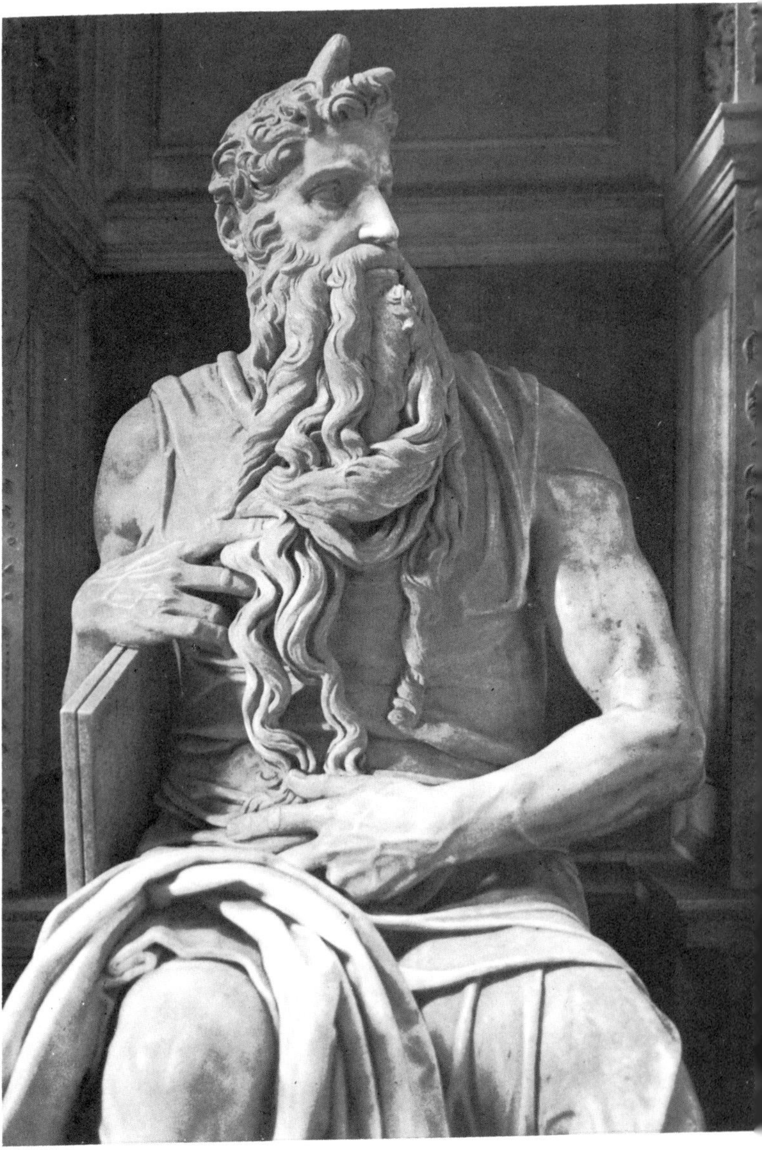

eine Funktion zuerkannt, die weit über das rein Ästhetische hinausgeht. Das Symbol, als Traumbild oder in der Form des Kunstwerks, ist ihm notwendiger Faktor und Garant für die psychische Stabilität des Individuums und der Gesellschaft .

Bei seiner Charakteristik des *Kunst*symbols, um das es hier geht, greift Jung auf Gedanken zurück, die einst von SCHILLER erörtert wurden. In der Einleitung zu dessen *Briefen über die ästhetische Erziehung des Menschen* ist von der unheilbaren Wunde die Rede, die sich die Menschheit seit dem Zeitalter der klassischen Antike selbst zugefügt habe: Intuition und diskursiver Verstand erscheinen in der Psyche des Menschen als entgegengesetzte Pole. Das frühere Gleichgewicht des Seelenlebens wurde gestört und drohte, sich zu entzweien. Die Kultur der Klassik und die spätere Kollektivierung des Daseins hätten zu einer verhängnisvollen Spezialisierung und Entwicklung der rationalen Seite des Menschen geführt. Hatte sich die klassische Antike noch durch eine hochentwickelte Individualkultur ausgezeichnet, war die Kollektivierung später, insbesondere im christlichen Mittelalter, entschieden gefördert worden, wodurch eine Dichotomie zwischen Verstand und Gefühl entstand. Im schönen Kunstwerk haben jedoch, nach Schiller, Geist und Materie wieder zueinander gefunden. Beim Vernunftakt der ästhetischen Reflexion wird die Schönheit des Kunstwerks (im Anschluß an die von Kant vertretene Auffassung) als Analogie zum Moralischen, Sittlich-Guten verstanden. Das ästhetische Objekt erhält infolge seiner symbolischen Funktion eine dialektische Struktur – es verweist einmal als Analogon auf die unendliche Idee, ist aber zugleich imstande, eine spezifische Funktion im Seelenleben des Einzelnen zu erfüllen. Das Kunstwerk dient als Mittler zwischen dem geistigen und dem irdischen Sein. Diese Sonderstellung verleiht ihm eine wichtige seelenheilende Funktion, um Tendenzen des Zerfalls im seelischen Leben des Menschen und der Gesellschaft entgegenzuwirken.

Diese seelenheilende Funktion des ästhetischen Lebens, wie sie von Schiller entwickelt wurde, steht der späteren Theorie JUNGS sehr nahe. Als Psychiater ging es Jung vor allem um diesen Aspekt des Kunstsymbols und um die Prozesse in der Psyche des Menschen, die mit der symbolschaffenden Aktivität verbunden waren.

Bei seiner Beschreibung des schöpferischen, autonomen Bereichs sowie der Rolle des Kunstwerks im Rahmen der Psyche konnte Jung

◁ 19 Michelangelo, Moses, um 1513, S. Pietro in Vincoli, Rom. Ausdruck der Frustration und übermenschlichen Beherrschung (Freud) – eine Beschreibung des eigenen Seelenzustandes?

sich also auf die »romantische« Tradition berufen. Im Zeitalter der Aufklärung hatte man, von einigen wichtigen Ausnahmen abgesehen, die Auffassung vertreten, daß der künstlerische Akt darin bestehe, auf dem Wege der Imitation und Spiegelung der sichtbaren Wirklichkeit einer Idee Ausdruck zu verleihen; zugleich sollte im Kunstwerk mittels klassischer Normen das Ideal der Schönheit angestrebt werden. Die Generation des Sturm und Drang sowie der Romantik hat die Bedeutung der Gefühle, der Spontaneität und des unbewußten Seelenlebens für das Kunstschaffen in den Vordergrund gestellt. Der Gefühlsinhalt verleihe der künstlerischen Form und auch dem Erlebnis der sichtbaren Natur ihr Gepräge. Im Begriff des »Erhabenen« wird der subjektive Aspekt dieses Prozesses, wie er von Kant in der *Kritik der Urteilskraft* formuliert wird, besonders deutlich. Die expressive Symboldeutung der Romantik hatte es im neuplatonischen Geiste auch auf die didaktische, offenbarende Funktion des Kunstwerks und seines Urhebers abgesehen. Bei Vischer haben wir gesehen, wie diese beiden Seiten des Symbolbegriffs nochmal Bedeutung gewinnen. So auch in dem System Jungs. Das künstlerische Symbol erhält seine Kraft aus der Natur, dem Dunklen und Unbewußten. Es wächst aus Bildern, Mythen und Träumen und wirkt dadurch Sterilität und Dürre entgegen, die Folge der einseitigen Entwicklung des rationalen Bewußtseins sind. Aber zugleich ermöglichen verstandesmäßige Deutung und kritische Beobachtung des Symbols die Abgrenzung des Ichs von ungestalten, dunklen Mächten. Das Kunstsymbol bewirkt Ausgleich und Festigung in der Psyche, wo unbewußte und bewußte Kräfte sich die Waage halten.

Bevor hier die besondere Bedeutung des Kunstsymbols für Jung erörtert wird, in dem sich bereits viele Aspekte der kunsttheoretischen Auseinandersetzung des 20. Jahrhunderts spiegeln, soll sein Symbolbegriff von seiner herkömmlichen Verwendung in der Psychoanalyse abgegrenzt werden.

Freud war der Lehrer Jungs gewesen, aber schon vor 1913 und dem Bruch zwischen beiden hatte Jung seine Theorie des »kollektiven Unbewußten« entwickelt, die seiner späteren Interpretation des Symbols zugrunde lag.

Jung hielt Freud für allzu einseitig auf die Sexualität und die damit zusammenhängenden Libido-Prozesse in der Psyche ausgerichtet. Alle Kulturerscheinungen wurden im Rahmen dessen positivistisch begründeten, biologischen Systems als Produkte von Neurosen und Komplexen, als Kompensation verdrängter biologischer Bedürfnisse

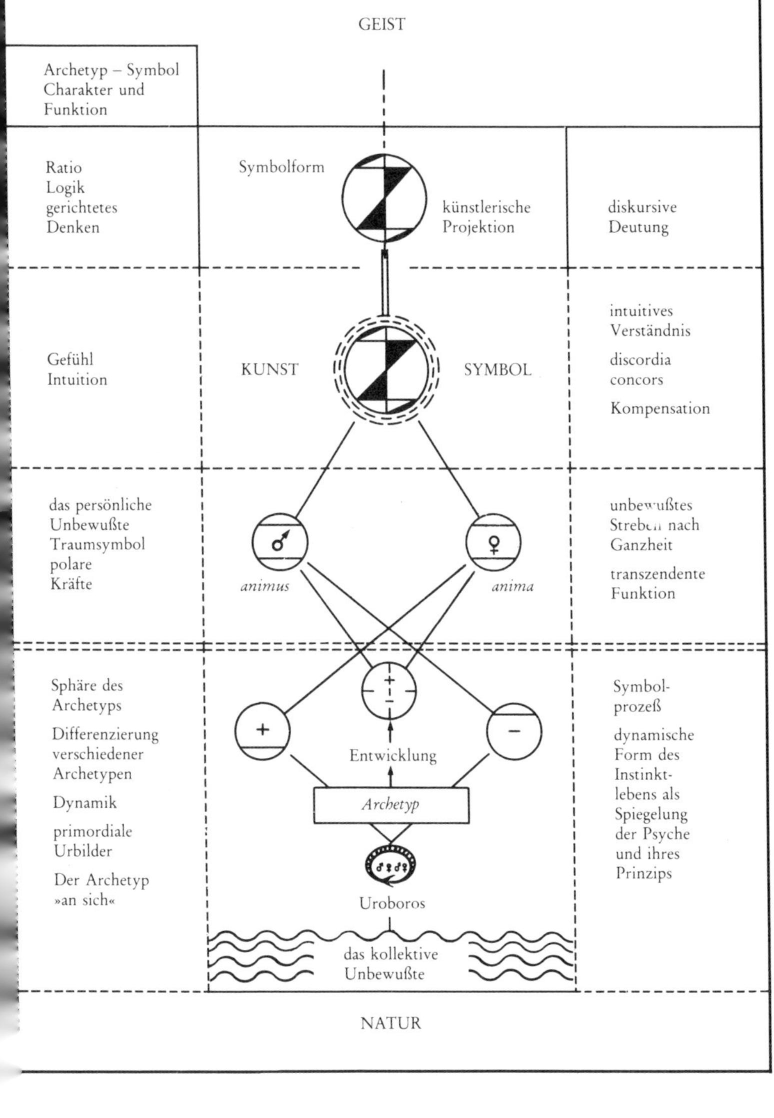

Fig. 12 *Jung – Neumann*

interpretiert. Nichtdiskursive Äußerungen des Menschen wurden zu Symptomen, Blockierungen und Verdrängungen des Seelenlebens reduziert, das Seelenleben in seiner Gesamtheit der Natur unterstellt. Durch genaue Darlegung der Lebensumstände sollte das Symbol als »Symptom« des inneren Zustandes gedeutet werden können. Das Symbol wird zu einem Zeichen, dessen Bedeutung schwindet, indem man es erklärt und die dahinterliegende Neurose behebt.

Hingegen behauptet Jung, daß weder physische noch psychische Äußerungen als alleiniger direkter Ausdruck des persönlichen Unbewußten verstanden werden können. Das »Symbol« dürfe auch nicht mit dem »Zeichen« der Semiotik verwechselt werden, das immer auf etwas Bekanntes verweise. Es sei eher ein Ausdruck für etwas intuitiv Faßbares, »die bestmögliche Ausdrucksform eines psychisch komplexen Verhältnisses, das zunächst von dem Bewußtsein noch nicht klar erfaßt worden sei.« (*Die transzendente Funktion,* 1916) Dieses Noch-nicht-Bekannte habe durch ein gewisses Maß an psychischer Energie, das über die rein biologischen Bedürfnisse hinausgeht (die »Exzeß-Libido«, die nicht der Natur, sondern einer anderen, stärkeren Macht unterworfen ist), zu einer besonderen Art des Fühlens und Formens geführt, die allen Menschen gemein sei. Die diesen psychischen Prozessen entstammenden »primordialen« Urbilder oder »Archetypen« gehören nach Jung jener allgemein verbindlichen Schicht an, die er das »kollektive Unbewußte« nennt. Nicht die einzelnen Bilder oder Mythen werden über die Jahrhunderte hinweg vererbt, sondern der Drang des Individuums, instinktiv gewisse gleichbleibende Vorstellungen, die einem bestimmten Thema zugehörig sind, zu entwickeln – symbolische Bilder, deren Grundmuster unveränderlich bleiben. Die Symbole lassen sich nicht auf ein bekanntes Faktum zurückführen, aber gerade deshalb scheinen sie den einzig möglichen Weg zur Kenntnis jener irrationalen und unbewußten, deshalb jedoch nicht minder wirklichen Sphäre der menschlichen Natur zu eröffnen. Dieser heuristischen Interpretation gemäß erscheint das Symbol nicht nur notwendig für das Gleichgewicht im seelischen Leben des Individuums und in der Gemeinschaft, sondern es dient ebenso der instinktiven Orientierung in Zeit und Raum. Durch seinen allgemeingültigen Charakter kann das archetypische Symbol auch eine große Bedeutung für eine Gruppe und gar eine Epoche erlangen – es wird zu einem lebendigen Symbol der Gesellschaft. Wie beim Einzelnen, so kann es im Allgemeinen dazu beitragen, zwischen den widerstreitenden rationalen und irrationalen Kräften in der Gesellschaft einen Ausgleich zu schaffen, zu jener *Ganzheit* führen, die das Leben und Streben des Menschen auszeichnet. Da das Symbol

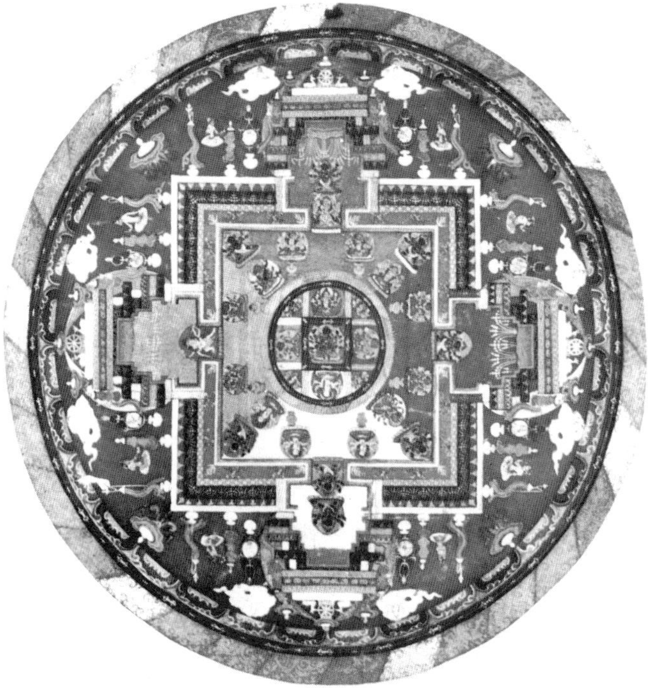

20 Tibetanische Mandala, Nationalbibliothek, Paris. Ein Symbol der Einheit und der Harmonie des Daseins (Jung).

der bestmögliche Ausdruck für etwas Unbekanntes ist, würde es nach Jung seine eigentliche Lebenskraft und Funktion verlieren, wenn es in diskursiven Termen vollends erklärt werden könnte. Das »Symbolische«, etwa der Kunst, bestehe nicht darin, der Persönlichkeit des Künstlers Ausdruck zu verleihen, sondern drücke sich in jenen allgemeingültigen, archetypischen Vorstellungen und Bildern aus, die durch sie in die Sphäre des Bewußtseins erhoben würden (Fig. 12, Abb. 20).

In seinem Buch *Psychologische Typen* (1921, 315 ff.) erläutert Jung den Prozeß der Transformation, der bei der symbolisierenden Tätigkeit der Psyche in Kraft trete. Mit dem Begriff der »transzendenten Funktion« sei kein metaphysischer Akt gemeint, sondern die Fähigkeit der Psyche, Gegensätze zu einer neuen Einheit in der Form des Symbols zu verschmelzen. Als Beispiel verweist er u. a. auf die spätantike Hirtenschrift des *Hermas* (um 140 n. Chr.). Hermas verwandelt im Traum den Gegenstand seiner erotischen Sehnsucht (Rhoda) in das latente, primordiale Bild einer Göttin, in ein göttliches Seelenbild (anima). (Gemäß dem der Psyche innewohnenden Streben nach Ganzheit ist die weibliche *anima* Ergänzung der männlichen, der *animus* die der weiblichen Psyche.) Auf der zweiten Stufe wird Rhoda in ein altes Weib (die Kirche) verwandelt, das dem Hermas die Poenitenz auferlegt, wodurch er von seinen bisherigen sündigen Begierden gereinigt und befreit werden soll. Unter anderem erhält er den Auftrag, zusammen mit tausenden anderen Männern einen hohen Turm zu bauen. Die unwiderstehliche Kraft der Traumsymbole bewirkt eine Selbstregulierung in seiner Psyche: Die ursprünglich begehrte Person wird von dem Idolbild getrennt. Kirche und Turm ersetzen die Geliebte. Die psychische Ener-

21 Maria, Terra und Mare, Miniatur, 12. Jh., Nationalbibliothek, Paris. Der Archetypus des Mütterlichen und der Fruchtbarkeit, Symbol der geistigen Erlösung durch die Kirche (Jung, Neumann).

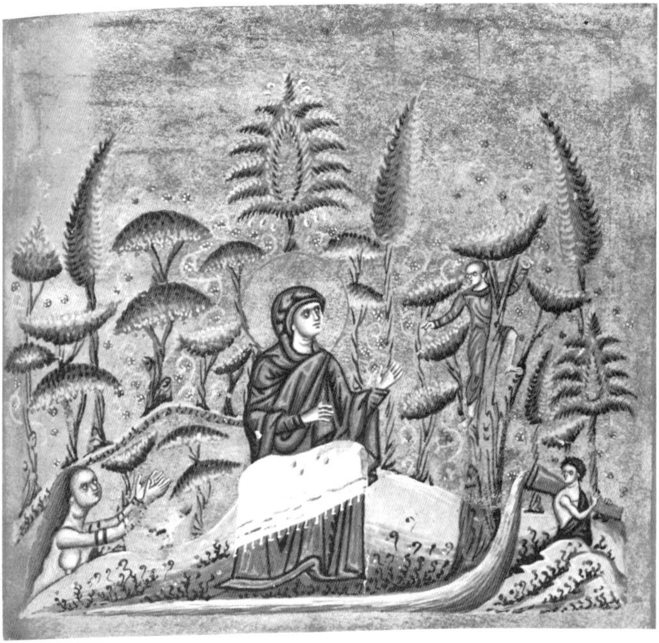

gie wird auf das Geistige gerichtet und beschwört dabei Bilder hervor, die aus dem Bereich des kollektiven Unbewußten stammen. Wie Hermas, so besitzt auch der Mensch im allgemeinen die Fähigkeit, die Symbole in gewissem Ausmaß zu deuten und ihr Leben gleichsam nachzuvollziehen. Die Kirche als Geliebte und Mutter, *sponsa* und *mater*, ist seit patristischer Zeit eine lebendige Vorstellung geblieben. In archetypischen Bildern wie Gebärmutter, Gefäß und Turm, die sich bis in die Frühzeit der Menschheitsgeschichte zurückverfolgen lassen, werden die Motive von den christlichen Autoren in alter Kraft und Suggestivität heraufbeschworen (z. B. Abb. 21).

Da das Symbol aus einem autonomen Seelenbereich stammt und keine eindeutige rationale Erklärung kennt, sollte nicht von seiner spezifischen Bedeutung gesprochen werden, ebensowenig wie das Kunstwerk als alleiniger Ausdruck der Künstlerpersönlichkeit interpretiert werden dürfe. Das Kunstwerk wendet sich an den Verstand und an das Gefühl des Betrachters; die symbolische Prägung vermittelt zwischen ihm und dem kollektiven Unbewußten. Die symbolische Interpretation der Dichtung und der Werke bildender Kunst ist deshalb mit der formalen Analyse des Einzelwerkes engstens verbunden. (Bei Jung oder seinen Nachfolgern ist dies nicht in genügendem Ausmaß geschehen.) Darüber hinaus ist der Stellenwert der Kunstwerke im psychologisch-ästhetischem System Jungs zu berücksichtigen.

Im Anschluß an Worringers *Abstraktion und Einfühlung* ist Jung der Meinung, daß die extravertierte bzw. introvertierte Verhaltensweise notwendige Voraussetzungen sind, damit die ästhetische Wertschätzung eines Objekts oder der künstlerische Akt wirksam werden können. Der extravertierte, nach außen gerichtete Menschentypus genießt unbewußt seine eigenen Gefühle, die er auf die Objekte der Außenwelt projiziert. Der introvertierte Menschentypus sucht im Grunde jenen Eindruck auszuwerten und zu meistern, den das sichtbare Objekt in ihm ausgelöst hat. Beide Verhaltensweisen sind im Individuum in unterschiedlichen Anteilen entwickelt.

Jung deutet diese Typen ästhetischer Verhaltensweisen, die Tendenz zur Abstraktion bzw. einfühlender Projektion, als seelische Mechanismen der Verteidigung und der Anpassung. Werden diese den Normen und den Forderungen der Gesellschaft angeglichen, fällt dem Einzelnen die Identifikation und Integration leichter. Dieser Prozeß kann aber zu einer einseitigen Konzentration der psychischen Energie *(libido)* auf gesellschaftliche Ziele und zu einer Verarmung anderer Funktionen führen, die für das seelische Gleichgewicht ebenso notwendig sind. In dem Maße, wie diese aus dem Bewußtsein schwinden, sinken sie in die tiefsten archaischen Schichten der menschlichen Psyche hinab, um dort ungebändigte Kräfte in Bewegung zu setzen. So ist es möglich, daß eine allzu einseitige Betonung des Rationalen in eine vollständige Säkularisierung und Entmythologisierung der Wirklichkeit mündet, eine Gefahr, auf die schon Schiller aufmerksam gemacht hatte. Die Konsequenz hieraus kann eine Entfremdung des Individuums vom Leben oder von seiner Naturverbundenheit sein. Die einseitige und deshalb falsch ausgerichtete Kompensation im Rationalen führt zu schweren neurotischen Störungen im seelischen Leben. Die künstlerische Symbolform besitzt die einmalige Fähigkeit, zwischen den archaischen (kollektiven) Überbleibseln in der Psyche des Individuums und seinem Bewußtsein zu vermitteln; sie bringt seine Einstellung zur Umwelt und zum Leben zum Audruck – der Archetypus in Gestalt der künstlerischen Symbolform wird zum Garant für den nach

Fig. 13 *Jung: Poetische Künste (Grundtypen)*

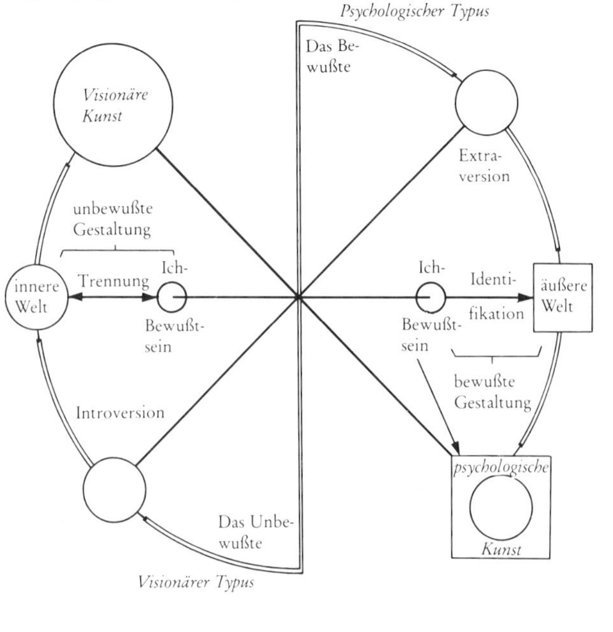

Jung fortwährenden »Individuationsprozeß« des Menschen. Das Symbol erscheint zugleich als positives Zeichen für den gesunden Zustand im kulturellen oder sozialen Gefüge.

Im Gegensatz zu den »Lebensphilosophen« hat Jung es vermieden, einen spezifischen gleichbleibenden »Sinn« in jeder Symbolform zu suchen. Dies ließe sich aus oben genannten Gründen kaum vertreten. Vielmehr müsse von Fall zu Fall die Rolle des Symbols als regulativer psychischer Faktor erläutert werden. Man kann jedoch nicht leugnen, daß auch die Symboldeutung Jungs, wie wir sie aus seiner frühen Schrift *Wandlungen und Symbole der Libido* (1911/12) sowie der Neufassung *Symbole der Wandlung* kennen, durchaus den kulturellen Rahmen berücksichtigt, in dem die Archetypen erscheinen und eine bestimmte Form annehmen. Das zielgerichtete, diskursive Denken liegt ihnen aber nicht zugrunde, sondern dient nur der kritischen Deutung und Beurteilung, die *nach* dem Erscheinen archetypischer Formen einsetzt. Die Symbolformen entstehen also in einem Zustand des »nicht gerichteten Denkens«, Bild wird an Bild, Gefühl zu Gefühl gefügt. Die libidinöse Einbildungskraft geleitet den schaffenden Menschen von der sichtbaren Wirklichkeit weg, sie macht Vergangenheit und Zukünftiges gegenwärtig. Während das gezielte Denken das Subjekt mit Beweggründen versieht und seine soziale Anpassung fördert, wird das assoziative Denkvermögen (Gefühl und Intuition) in erster Linie von unbewußten Motiven gesteuert, die eine Isolierung des Individuums verursachen können. Wie Intuition und Assoziation in den künstlerischen Schaffensprozeß eingreifen, wird ausführlich von Müller-Freienfels in seiner *Psychologie der Kunst* (1912) erörtert. Eine spätere, von der Gestaltpsychologie geprägte Neufassung erschien 1922, ein Jahr nach Jungs *Psychologische Typen.*

Was die Typisierung der Künste betrifft, ist auf zwei Artikel von Jung zu verweisen: *Über die Beziehung der analytischen Psychologie zur poetischen Kunst* (1922) und *Psychologie und Literatur* (1929). Darin wird zwischen zwei Grundtypen poetischer Künste, der »psychologischen« und der »visionären«, unterschieden und die Methode der Verfasser hinsichtlich Stoffsammlung (Inhalt) und künstlerischer Gestaltung untersucht. Der »psychologische« Typus behandelt den Stoff, der vom Bewußtsein aus zugänglich und zu begreifen ist. Die Materie wird entsprechend der Absicht des Verfassers umgewandelt, sein Ich geht in den Stoff und den schöpferischen Prozeß ein, der sich in seinem Inneren abspielt. Der Inhalt verliert den Charakter des Alltäglichen, ist Ausdruck der poetischen Erfahrung des Dichters. Der »visionäre« Typus des Künstlers schöpft Stoff und Eingebung aus der unergründlichen Tiefe des Seelenlebens, aus der Sphäre des Dunklen, Dämonischen und Grotesken. Er läßt sich einfach von jenen unbewußten Kräften überwältigen, die er in Bewegung gesetzt hat, und wird zu ihrem Sprachrohr. Als Individuum wird der Dichter dem schöpferischen Vorgang unterworfen, aber er kann sich selbst losgelöst davon beobachten (siehe Fig. 13).

Offensichtlich entspricht dieser »visionäre Typus« Jungs den Beschreibungen des Künstlerischen und Schöpferischen, die wir bei Romantikern wie Coleridge, Wordsworth, Chateaubriand, Jean Paul und Novalis vorfinden. Der Dichter fühlt sich wie ein Gefäß, das von Empfindungen gefüllt wird und überläuft *(overflow of feeling)*. Auch die Beziehung der beiden von Jung beschriebenen poetischen Typen zum Leser – Einfühlung und ästhetische Befriedigung bzw. Faszination und Schrecken – stimmt mit herkömmlichen Beschreibungen der Romantiker überein, als es darum ging, die Wirkung auf das Publikum zu charakterisieren.

Auch wenn Jung versucht, eine allzu krasse Trennung der beiden Kunsttypen zu vermeiden und nur von graduellen Unterschieden spricht, wird letzten Endes doch nur dem »visionären Typus« eine symbolschaffende Qualität zugestanden. Das »Kunstprodukt« des »psychologischen Typus« gehört durch seinen schon bekannten Stoff und seine diskursive Form eher der Kategorie geläufiger, auszudeutender Zeichen an. (In diesem Zusammenhang wird nicht weiter auf diese m.E. allzu negative und zu eng gefaßte Wertung dieser Kunstform eingegangen.) Jungs Beschreibung der visionär begründeten poetischen Kunst und ihrer Symbolform entspricht sowohl als psychologisches Phänomen als auch in seiner psychischen Funktion den Definitionen, die zu Beginn des 19. Jahrhunderts gängig waren. Neu hinzugekommen ist die Lehre von der Entstehung der archetypischen Bilder und der besonderen Rolle des kollektiven Unbewußten. Darin unterscheidet sich auch die Symboltheorie Jungs von der einseitig biologischen Interpretation Freuds und der psychoanalytischen Schule.

Infolge des nichtdiskursiven Charakters des Kunstwerks ist es Aufgabe des Psychologen oder des Kunstkritikers, durch die Analyse und Interpretation seinen symbolischen Wert aufzudecken und das Publikum zu einer symbolischen Betrachtungsweise anzuhalten. Nicht immer ist es dem Einzelnen gegeben, der symbolischen Kraft und Bedeutung eines Kunstwerks gewahr zu werden. Oft werden durch sie Vorstellungen und Dinge angesprochen, die der Mensch oder die Gesellschaft zu gewissen Zeiten entbehren, derer sie aber bedürfen. Der psychologische Aspekt des ästhetischen Lebens kann den Schlüssel zum besseren Verständnis einer Epoche enthalten. Die Interpretation erhält im System Jungs eine didaktische und propagandistische Aufgabe, sie ist geeignet, die Gegenwart zu beeinflussen und eine Veränderung des sozialen und kulturellen Lebens herbeizuführen.

Der Künstler ist befähigt, durch seine Schöpfungen und die ihnen eigene allgemeingültige und verständliche Symbolik tieferliegenden, verdrängten Bedürfnissen der Menschen Ausdruck zu verleihen, anregend und richtungsweisend zu wirken. Die schöpferischen und intellektuell ausgerichteten Persönlichkeiten stehen an der Spitze der geistigen Entwicklung, wie es auch in KANDINSKYS *Über das Geistige in der Kunst* (1910) heißt. Einer Laterne gleich beleuchten sie den Weg der Menschheit, und das Ergebnis ihrer geistigen und künstlerischen Mühen ist das »geistige Brot« breiterer Schichten. Aus der Sphäre des kollektiven Unbewußten schöpft der Mensch nach Jung Lebenskraft und Weisheit sowie die Fähigkeit, den goldenen Mittelweg zwischen tiefstem Chaos und sterilem Rationalismus zu finden. Kunst und ästhetisches Leben erscheinen aus dieser Sicht lebensnotwendig. Diesem Anliegen der Kunstauffassung und Symboltheorie Jungs eingedenk, ist es nicht verwunderlich, daß sie in verschiedenen Zusammenhängen fruchtbar gewirkt haben. Bei denen, die sich des Symbolbegriffs in der Ästhetik und Kunstwissenschaft bedient haben, kann man viele Parallelen zu Jungs Gedanken finden, auch Formulierungen, die direkt seinen Schriften entnommen zu sein scheinen. Nur wenige haben sich jedoch ausdrücklich auf ihn berufen – ihm scheint in mancher Hinsicht das gleiche Schicksal wie F. Th. Vischer beschieden zu sein, von dem es bei Treitschke heißt, daß er von »Unzähligen heimlich benutzt und nie genannt« wird. Auch scheint mir seine Definition des Archetypischen im populären Sprachgebrauch an Klarheit und Genauigkeit verloren zu haben.

Sowohl bei Aby Warburg als auch bei ERNST CASSIRER weist die Verwendung des Symbolbegriffs große Ähnlichkeit mit den Theorien auf, die Jung in den Jahren um 1910–30 entwickelt hat. Da sie im gleichen Zeitraum gewirkt haben, sollte hier eher von Parallelerscheinungen als von einer möglichen Einwirkung Jungs gesprochen werden. Die Betonung der didaktischen und »mentalhygienischen« Funktion der Kunst – ein Gedanke, der sowohl der klassischen (Horaz) als auch der romantischen Tradition entstammen könnte – ist allen drei gemein, ebenso die allgemeine Charakteristik menschlicher Kulturäußerungen als »symbolisch«. Nach Cassirer ist auch die Fähigkeit des diskursiven Denkens als eine »symbolische Form« zu verstehen. In der erkenntnistheoretischen Entwicklung können wir den fortschreitenden spiralähnlichen Prozeß zu immer höheren geistigen Formen und differenzierterem Ausdruck verfolgen. Mit »Symbol« meint Cassirer in erster Linie die geistige Verarbeitung der sichtbaren Dinge und ihrer Verknüpfung. Die Symbolformen des Gedankenlebens dienen dem menschlichen Intellekt. Wie wir gesehen haben, setzt Jung indessen das Symbol mit seiner notwendigen Bindung an das Seelenleben des Menschen und an das kollektive Unbewußte der rationalen Seite der menschlichen Psyche entgegen. Das diskursive, erläuternde Vorgehen des Verstandes droht manchmal gar, Kraft und Bedeutung des Symbols aufzuheben.

Mit seiner Betonung der visionären Symbolform steht Jungs Theorie der Kunstanschauung Aby Warburgs nahe. In wesentlichen Punkten weisen sie so große Übereinstimmung auf, daß ihre voneinander unabhängige Entstehung ausgeschlossen erscheint. Da aber nach Gombrich in dem umfassenden Nachlaß Warburgs kein Hinweis auf Jung vorliegt, müssen wir uns damit begnügen, eine Geistesverwandtschaft der beiden festzustellen. Auch Warburg ging von der psychologischen Ästhetik und dem um die Jahrhundertwende gängigen Vokabular aus. »Einfühlung« wird jedoch von ihm, im Gegensatz zu Jungs Bestimmung der Extraversion, als das In-Kraft-Treten eines inneren, automatischen Reflexes im halbbewußten Geisteszustand verstanden. Sie läßt sich deshalb eher mit der assoziativen, traumhaft schaffenden Gemütslage des Introvertierten bei Jung vergleichen.

Die wichtige Rolle des Gedächtnisses beim Symbolisierungsprozeß wird von beiden hervorgehoben. Warburg sah die antiken Pathosformeln als Ausdruck höchster physischer und psychischer Spannung: »Die Funktion der überlieferten Höchstwerte menschlichen Ausdrucks bei der Prägung dynamischer Symbole.« (*Notiz, Allgemeine Ideen,* 1927, Gombrich 1970) Diese Prägungen waren in der Antike durch die direkte Begegnung des Menschen mit der Natur und aus primitiven Äußerungen dynamischer Seelenzustände entstanden. Aus dem primitiven Kult und dem dionysischen Rausch seien die symbolischen Pathosformeln entwickelt worden. Sie wenden sich an die ererbte Fähigkeit des Menschen, diese Typen künstlerischen Ausdrucks durch Reaktivierung der Reste dieser Urerlebnisse gleichsam wiedererkennend erfassen zu können. Zuweilen dringen solche Bilder an die Oberfläche und werden in der Bildkunst, die somit soziales Gedächtnis ist, erneut verwendet. Das *Symbol* erfüllt hier dieselbe Funktion wie der *Archetypus* in der Lehre Jungs, und das *soziale Gedächtnis* bei Warburg ähnelt dem *kollektiven Unbewußten.* Darüber hinaus greifen beide Wissenschaftler in ihren Erklärungen der psychophysischen Voraussetzungen auf die Schrift des Hering-Schülers Richard Semon, *Die Mneme* (1904), zurück. Darin ist von »Spuren« die Rede, die das Erlebnis der dynamischen Wirklichkeit in der Hirnstruktur des Individuums hinterläßt. Die aufgestaute Energie dieser Prägungen *(Engramme)* wird mit Hilfe des Gedächtnisses zu gegebenem Zeitpunkt vergegenwärtigt und entladen (einmal durch die Wahrnehmung und Verwendung von Pathosformeln, zum anderen durch Archetypen; vgl. Fig. 10 und 12).

Die *Pathosformeln* dienen, wie gesagt, als Ausdruck von Gefühl und höchster Vitalität. Zugleich zeugen sie nach Warburg von der Polarisierung des Seelenlebens, die zur Zeit der Antike eingetreten sei. Jung spricht ebenfalls, unter Verweis auf Schiller, von einer fatalen Dichotomie. Bei ihm werden die Symbole als Produkt der Überschußenergie *(Exzeß-Libido)* gesehen, die durch die Umsetzung eines latenten archetypischen Bildes frei wird. Für den Psychologen und den Kunsthistoriker bewirkte die künstlerische Form ein Gleichgewicht zwischen Verstand und Gefühl beim Einzelnen und in der Gesellschaft. In der Erkenntnis der lebensnotwendigen, regulierenden Funktion der Symbolformen im psychischen und kulturellen Leben liegt das Wesentliche der Botschaft, die sowohl Warburg als auch Jung in den ersten Jahrzehnten des 20. Jahrhunderts zu verbreiten trachteten.

In ihrem Buch über die Ästhetik Jungs behauptet M. Philipson, daß Cassirer und Susanne Langer im Gegensatz zu Jung in erster Linie daran interessiert waren, Verstand und Denkvermögen des Menschen hervorzuheben und ihre spezifischen Formen symbolischen Ausdrucks zu untersuchen. Dies scheint mir im Falle Langers nicht korrekt zu sein. In ihren beiden Studien *Philosophy in a New Key* (1942) und *Feeling and Form* (1953) sucht Langer einmal, die verschiedenen Modi der jeweiligen Kunstarten (oder Medien) zu bestimmen, zum anderen, sie auf ihren »Inhalt« hin zu untersuchen. Dem diskursiven, logischen »Nacheinander« der Sprache wird das Prinzip der Simultaneität im Bild entgegengesetzt. Die verschiedenen Kunstgattungen, so Langer, suchen durch die Symbolformen der jeweiligen Medien das auszudrücken, was nicht unmittelbar in der rational ausgerichteten Sprache gesagt werden könne: Emotionen und Lebensgefühl des Menschen. Noch einen Schritt weiter geht sie in der Charakteristik der »reinsten« Kunstgattung, der Musik, die in symbolischer Form nicht ein Gefühl, sondern die Entstehung eines Gefühls hervorbringe. Die Morphologie des Gefühls wird mit der musikalischen Form verglichen, ja identifiziert.

Die Definition Jungs, das Symbol sei die bestmögliche Ausdrucksform für einen sonst unbekannten, komplexen Bereich, der dem rationalen Bewußtsein und der sprachlichen Logik nicht zugänglich ist, läßt sich durchaus mit der Interpretation Langers vereinbaren. Sehr viele Begriffe in ihrer Darstellung entsprechen denen bei Jung *(matrix, Life, pregnant form, semblance, vision, revelation).* Cassirer und Langer weisen auch der »Intuition« eine primäre Rolle zu, wenn es darum geht, die symbolischen Formen der Kunst zu deuten. Diejenigen Bereiche der menschlichen Psyche, die nach Langer beim künstlerischen Schaffensprozeß aktiviert werden, korrespondieren mit jenen, die nach Jung durch den ästhetischen Akt der Wahrnehmung in der Seele des Betrachters angeregt werden *(sentience, vitality, emotion).*

Der bekannteste, direkte Nachfolger Jungs auf dem Gebiet der Kunstwissenschaft ist Erich Neumann, der in den fünfziger Jahren in einer Reihe von Büchern den Versuch unternimmt, den Symbolbegriff des Meisters und die Deutung archetypischer Strukturen und Motive auf die bildenden Künste anzuwenden. Auch Neumann ist der Meinung, daß das Kunstsymbol als autonome, lebendige Schöpfung für sich betrachtet werden muß. Zwar ist es engstens mit der Person seines Urhebers und den mit ihr zusammenhängenden äußeren Faktoren verknüpft. Aber letzten Endes stellt das Kunstwerk doch weit mehr als nur die Summe dieser beiden Komponenten dar – in der symbolischen Form erscheint eine Wirklichkeit, die weit über das hinausgeht, was der Mensch durch seinen Intellekt und sein Bewußtsein zu begreifen

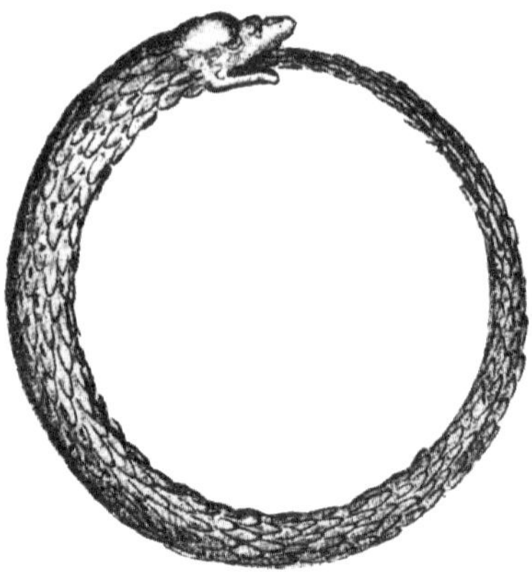

22 Kopie nach Dürer: Das Universum, Kunsthistorisches Museum, Hofbibliothek, Wien. »Der Uroboros« – Symbol des ungestalteten, unbewußten Urzustandes (Neumann). Das Rätsel der Zeit in der vieldeutigen paradoxalen Form des Symbols (Gombrich).

imstande ist. Das Symbol ist Ausdruck einer totalen Erfahrung der Wirklichkeit, die als Ganzheit zwar gegeben ist, aber ungreifbar und unerklärlich wie das »Ding an sich« oder das Leben überhaupt bleibt. Wie ehemals, gemäß der neuplatonischen Verwendung des Symbolbegriffs, erscheint die künstlerische Gestaltung des Archetypischen als repräsentativer Ausdruck für das Sein, das Rätselhafte und Unergründliche: ». . . die menschliche Ganzheit bezieht sich im Symbol auf eine Wirklichkeit, die prinzipiell über das hinausgeht, was das menschliche Bewußtsein mit seinen vier Funktionen fassen und formulieren kann . . . Diese uns als psychische Ganzheit mögliche Symbolerfahrung wird uns in der Erfahrung der Kunst am deutlichsten.« (*Der schöpferische Mensch,* 1959, 87) Im großen Kunstwerk wird die Einheit von Mensch und Welt, Bewußtem und Unbewußtem offenbar. Alles Zufällige, Eingeschränkte und zeitlich Gebundene, das normalerweise unserer Auffassung von der Wirklichkeit anhaftet, wird durch die Symbolform aufgehoben.

In seinem Werk *The Great Mother. An Analysis of the Archetype* (1955) ist Neumann von der umfangreichen Sammlung von Photographien archetypischer Bilder und Gebrauchsgegenstände ausgegangen, die das ERANOS-ARCHIV in Ascona aufbewahrt. Die archetypische Vorstellung von der »Großen Mutter«, ihre Entstehung und dynamische Struktur wird von ihrem frühzeitlichen, undifferenzierten Stadium bis hin zu hochentwickelten Formen in der Religion und Mythologie späterer Kulturen verfolgt.

Ausgangspunkt war der Archetypus des undifferenzierten »Großen, Runden« – jener chaotische Zustand, in dem Gegensätze wie Männlich und Weiblich, positiv und negativ, Beginn und Ende, Bewußtes und Unbewußtes sich noch nicht herausgebildet hatten. Selbst diese tiefste Schicht des Gefühlslebens ist jedoch in dem rätselhaften Bild von der Schlange, die sich selbst in den Schwanz beißt, dem »Uroboros«, zum Ausdruck gebracht worden. Wir finden dieses bedeutungsträchtige Symbol noch in einer Randzeichnung Dürers im *Horapollo* Willibald Pirckheimers (Abb. 22) – Gombrich hat es als Beispiel für den paradoxen Charakter und die Vieldeutigkeit der symbolischen Zeichen erörtert. Aus dem »Uroboros« entwickelt sich der Archetyp des Weiblichen, die »Große Mutter«, deren positive und negative Seiten durch die transformierende Tätigkeit der menschlichen Psyche in verschiedenen Anima-Gestalten erscheinen. In Gestalt von Traumsymbolen gelangen diese an die Schwelle des Bewußtseins, um dann in Göttergestalten, z. B. die Isis oder die Gorgo, oder in Bilder des Menschen selbst projiziert zu werden (siehe Fig. 12).

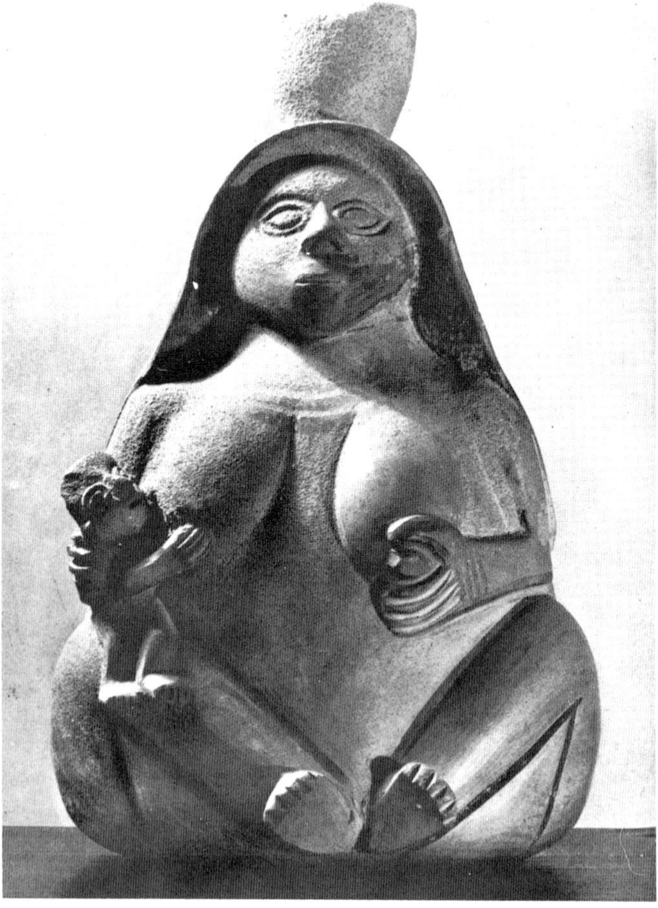

23 Figurengefäß der Chimukultur, Peru, ca. 12.–13. Jh., Staatliche Museen Preußischer Kulturbesitz, Museum für Völkerkunde, Berlin. Die Große Mutter – der Archetypus in der lebenspendenden und schützenden Form des Gefäßes.

Das »Weibliche« wird als Verschmelzung des Gegensätzlichen charakterisiert: das Umfangende, Schützende und auch Verzehrende einerseits, das Dynamische, Lebenspendende andererseits. Als archetypische Symbolform gilt das anthropomorphe Gefäß, das seit Urzeiten immer wieder geformt wurde – so z.B. Gefäßfiguren aus dem kleinasiatischen und iranischen Raum (weibliches Gefäß aus Haçilar, um 5200 v. Chr., in Ankara), Terrakottavasen aus Zypern aus dem 12. bis 6. Jahrhundert v. Chr. (Louvre) oder präkolumbianische Figurengefäße der Chimukultur, Peru, um 1300–1430 (Abb. 23).

Die »Große Mutter« als Kultfigur und Göttin ist uns seit paläolithischer Zeit vertraut. Prominentes Beispiel ist die »Venus von Willendorf«, wiewohl die neuerdings um 27 000 v. Chr. (± 2000) datierte Figur allein in sexuellem Sinn gedeutet wurde (Wien, Naturhistorisches Museum). In ihr und in späteren Göttinnengestalten kommt der sowohl schützende wie fruchtbare Aspekt des Archetypus durch die schwellenden Formen und die überdimensionalen Brüste zum Ausdruck. Andere Figuren wiederum signalisieren die weiblichen Eigenschaften durch Betonung der Genitalien, der Körperhaltung oder durch die Darstellung bestimmter Motive, wie die umarmende oder die stillende Frau.

Der chthonische Charakter und der negative, verschlingende Aspekt der »Furchtbaren Mutter« zeigt sich auf großartige Weise in der architektonischen Ausgestaltung der Tempelhöhle in Undayagiri in Indien, die als zeitliche Parallele zum mittelalterlichen Bild der Höllenschlünde einzustufen ist. (Neumann verweist auch auf kleine Figuren aus dem Zhob-Tal in Baluchistan um 3000 v. Chr.) In der ägyptischen Götterwelt gibt es ein Monster, Ta-urt, eine Mischung aus einem trächtigen Nilpferd, einem Krokodil, einer Löwin und einer Frau, das sowohl schützend wie tödlich sein kann. Dem mesopotamischen Kulturkreis entstammt ein anderes Ungeheuer, halb Löwin, halb Frau (Sumer, 5. Jahrtausend; Abb. 24). H. Frankfort (1958) hat es als Vorgänger einer Reihe mesopotamischer Tierwesen bezeichnet, in denen der Furcht des Menschen angesichts einer unbekannten oder feindlichen Welt sinnfällige Gestalt verliehen wurde.

Während jene Symbole, die als Ausdruck des kollektiven Archetyps des »Weiblichen« oder der »Großen Mutter« gelten, einen recht einfachen, allgemeingültigen Charakter besitzen, zeichnen sich die mythologischen und bildkünstlerischen Symbolformen durch größere Komplexität und Individualität aus. Dies wird auf die Tendenz zur Transformation zurückgeführt, die ein Merkmal der menschlichen Psyche ist und schon zu der Zeit wirksam wurde, als die primordialen

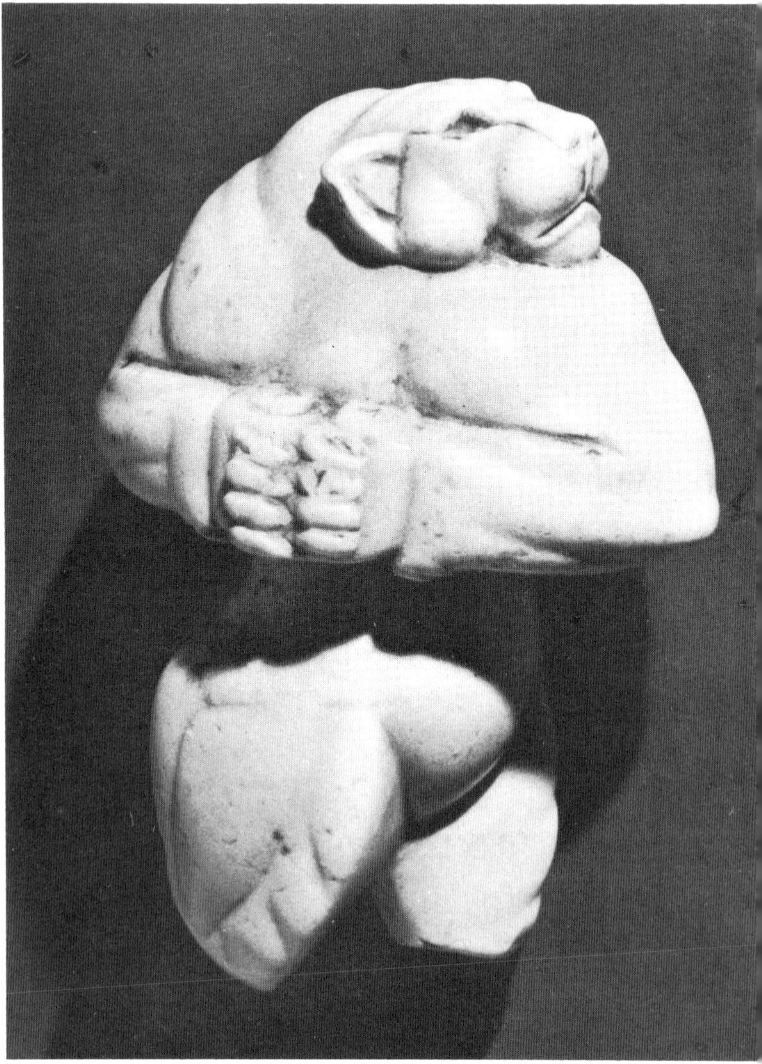

24 Sumerisches Monster, um 3500–3000 v. Chr., Brooklyn Museum, New York. Ausdruck kosmischer Furch
(Frankfort). Der furchtbare, negative Aspekt des weiblichen Archetypus (Neumann).

Urbilder sich aus dem großen Zusammenhang des kollektiven Unbewußten zu lösen begannen. So erscheint der Archetyp der »Großen Mutter« in der Gestalt der Erdgöttin, die aus dem Wasser steigt, wie einst das primordiale Bild aus dem formlosen Zustand des Uroboros. Neumann nennt das Beispiel der ägyptischen Göttin Hathor, die als Herrscherin von Flora und Fauna auftritt, die Gestalt von Bäumen annehmen kann und mit verschiedenen Tierarten in Kontakt steht.

Am deutlichsten wird uns der geistige Aspekt des Archetypus in den Mysterienreligionen gewärtig, in denen das Weibliche und das Mütterliche eine bedeutsame Rolle spielen. Die Frau ist sowohl als Objekt (Gefäß) wie auch als Subjekt aktiv am Transformationsprozeß beteiligt. So dürfen wir die suggestiv mit emporgestreckten Armen gestalteten weiblichen Terrakottafiguren aus Tell Halaf (5. Jahrtausend) oder die Darstellungen in der minoischen und mykenischen Glyptik entweder als Epiphanie einer Göttin oder als Bild einer Priesterin, die die Gottheit anruft, verstehen. Religiosität und Sinnlichkeit, Rausch und Ekstase liegen jener Besessenheit zugrunde, die im Kult des Dionysos, der Isis, der Großen Mutter und anderen als Zeichen göttlicher Eingebung und Vergeistigung gelten. In den Eleusinischen Mysterien wird die Gewalt aufgehoben, die einst Mutter und Tochter trennte (Demeter und Proserpina). Die ursprüngliche matriarchalische Einheit, die nach Neumann in der primordialen Stufe des Archetypus vorlag, wird nun in der Form des Mysteriums wiederhergestellt.

Die höchste Stufe der Vergeistigung erfährt der Archetypus des Weiblichen in der symbolischen Gestalt der Weisheit *(Sophia)*, die im Christentum und in seiner Ikonographie in Motiven wie der Taufe, Maria als der zweiten Eva oder der unbefleckten und lebenspendenden »Ecclesia« erscheint (vgl. Abb. 21).

So aufschlußreich und anregend die Deutungen Neumanns zum Thema des ursprünglichen, mütterlichen Lebensprinzips auch sind, so schwierig ist es, ihnen in allen Stücken zu folgen. Die Methode leidet am selben Paradoxon wie die Theorie des kollektiven Unbewußten überhaupt: Das sichtbare Symbol ist die beste und oft einzig mögliche Kommunikationsform jenes Komplexes mit dem Bewußtsein; es läßt sich nur unzulänglich mit der Logik der Wissenschaft fassen. Aber gerade der hypothetische Charakter und die oft dialektische Form der Argumentation bei Jung und seinen Schülern stellen besonders hohe Anforderungen an die Analyse der künstlerischen Symbolformen, ihrer Stiltradition und ihrer Funktion. Eben diese formale, analytische Seite, zu der die Kunstwissenschaft einen wichtigen Beitrag leisten könnte, wurde bei den Nachfolgern Jungs vernachlässigt.

Eine mit den Theorien Jungs verwandte Auffassung der Kunst, den Versuch, in formalen »Konstanten« gewisse grundlegende Lebens- und Weltvorstellungen der Menschheit aufzudecken, finden wir bei Guido von Kaschnitz-Weinberg, der, von der Gestaltpsychologie angeregt, der formalen Struktur größere Aufmerksamkeit widmet.

Im System Kaschnitz-Weinbergs werden Schwächen der Mythendeutung Jungs vermieden, die insbesondere seitens der Archäologie beanstandet wurden. Nach Henri Frankfort (1958, 166–178) geht es in der Bildersprache der Mythologie vor allem um Fragen der Gesellschaft, grundlegende Ereignissse im Leben des Menschen und in der Natur. Nicht das Unbewußte und Kompensatorische, sondern die bewußte Betonung der Bedeutung dieser Geschehnisse sei entscheidend. Durch den Wandel der historischen Umstände und der gesellschaftlichen Strukturen können die mythologischen Bilder keine universale Geltung beanspruchen. Trotz dieser berechtigten Kritik, die sich in erster Linie gegen die Interpretation von Bildern und Themen der Mythologie im Sinne von »Archetypen« wendet, läßt sich die Geltung der Symboltheorie Jungs und ihre fruchtbare Wirkung in der Ästhetik, Literatur und in etwas geringerem Umfange in der Kunstwissenschaft nicht leugnen. Auf die Variante Kaschnitz-Weinbergs wird noch zurückzukommen sein; die Kunstpädagogik Herbert Reads und der Begriff des »Rahmenthemas« bei Bialostocki stellen andere Beispiele der Fortwirkung Jungs dar.

In der Kunstkritik und Kunstdidaktik Herbert Reads finden die Theorien Jungs praktische Anwendung (*Icon and Idea*, 1955; *Education Through Art*, 1958). Im sechsten Kapitel des letzteren Werkes werden die unbewußten Formen der Integration des Menschen und die damit verbundene Symbolfunktion von Bildern erörtert. Unter Berufung auf Piagets *The Child's Conception of the World* erläutert Read die Phasen der Bewußtseinsentwicklung beim Kleinkind. Im frühesten Stadium wird zwischen Ich und äußerer Welt nicht unterschieden, vielmehr das Ego als Teil des Daseinskontinuums empfunden. Erst nachträglich erschließt sich die Umwelt durch Handlungen und durch Kontakte mit anderen Individuen. Aus der vorgegebenen mentalen Struktur entsteht in fortschreitender Differenzierung das Bewußtsein im Wechselspiel des Ichs mit der physischen und sozialen Umwelt. Die Lernfähigkeit trägt deshalb entscheidend zur Bewußtseinsbildung und zur Integration des Menschen bei. Die psychoanalytischen Begriffe des Unbewußten, des Ichs und der übergeordneten Instanz des Über-Ichs (*Id, Ego, Super-Ego;* vgl. Fig. 11) versteht Read, im Gegensatz zu Freud, als Bewußtseinsstufen der Psyche. Deren natürliche und harmonische

Ausbildung werde durch die Erziehung gewährleistet: »The natural method of integration is education.« Mit »Integration« ist hier nicht so sehr die Eingliederung der Person in die Gesellschaft gemeint (die Psychoanalytiker sprechen dabei von »Sublimierung« und »Transformation«), sondern die Verwirklichung des seelischen Gleichgewichts: »The essential equilibrium – between mind and matter.« (1958, 181f.) Dabei tritt das kollektive Unbewußte, wie es von Jung beschrieben wurde, in Funktion. In der »unbewußten Schicht« der Person (dem *Id*) liegt die Fähigkeit, gewisse Vorstellungen, Bilder und Strukturen mit gleichbleibender Bedeutung zu schaffen. Welche Erklärung man auch zu dieser Symbolbildung geben mag, sie läßt sich nach Read zur Charakterisierung der Phänomene verwenden, die zugleich unbewußt und universal (allgemeinverbindlich) sind. In Zeichnungen von zehn- bis sechzehnjährigen Kindern sucht er die Entstehung archetypischer Gebilde nachzuweisen, die als Korrelat der physischen Strukturierung des Gehirns zu gelten haben (vgl. Abb. 25a–d bei Read).

Diese Erkenntnis ist für die Ästhetik von weitreichender Bedeutung. Die allmähliche Erfassung der Umwelt scheint nicht zuletzt durch ästhetische Muster gewährleistet zu werden: »Experience only falls into shape and becomes memorable and utilizable in the degree that it falls into *artistic* shape. Consciousness is only socially integrated in the degree that it is an aesthetic apprehension of reality.« (1958, 183) »Integration« bezieht sich demnach jetzt auch auf die gesellschaftliche Eingliederung der Person.

Durch die primordialen Bilder, die ihrer Form und Qualität halber als »ästhetisch« bezeichnet werden, erwächst dem Menschen der *Wert* der Dinge: »The only value that cannot be excluded from a progressive evolution of life.« (1958, 193) Die Affinität zur Symboltheorie Langers (z.B. ihre »matrix of life«) und zur Strukturanalyse liegt auf der Hand. Aus diesem Leben heraus, dem das Symbol stets verbunden und verpflichtet bleibt, erhält die Kunstpädagogik ihre entscheidende Bedeutung. Wird Kindern die Möglichkeit gegeben, ihren konstruktiven, schöpferischen Neigungen frei nachzugehen, entstehen nach Read wie von selbst schöne Bilder mit archetypischem Charakter, deren psychisch-sozialer und ästhetischer Wert für Urheber und Gesellschaft unbestreitbar sein dürfte. So sind Wertbegriff und Symbolform in der Theorie Reads eng miteinander verbunden. Während in der sozialpsychologischen Kunsttheorie der Wert durch Normen und Konsensus gleichsam von außen dem Symbol hinzugefügt wird (vgl. Segerstedt u.a.), ist er bei Read und manchen Strukturforschern stets objektiv vorhanden, durch die Struktur der künstlerischen Form gegeben.

In seiner Studie *Die ›Rahmenthemen‹ und die archetypischen Bilder* (1965), entwickelt Jan Białostocki den fruchtbaren Gedanken des »Rahmenthemas« in der Kunst. Es geht um Bilder »von außerordentlich großer menschlicher Bedeutung«, wie z. B. Opferszenen, das Erscheinen der Gottheit, die liegende Frauengestalt, Kampf zwischen Leben und Tod, Gut und Böse usw. Kaschnitz-Weinberg versucht *formale* »Konstanten« auf grundlegende Lebens- und Weltvorstellungen zu beziehen, hier ist dagegen in erster Linie von der Ikonographie die Rede. Man sollte sich nach Białostocki die Frage stellen, ob die Inhalte der Bilder, »die Symbole unserer Gedanken«, nicht von denselben »Grundgedanken und Vorstellungen des menschlichen Geistes« geschaffen worden sind wie die Mythen, deren Grundsystem »ein Gemeingut fast der ganzen Menschheit darstellt« (1965, 116).

Im folgenden erörtert Białostocki die Archetypenlehre Jungs, insbesondere den Prozeß, bei dem das vom Unbewußten gelieferte Rohmaterial vom Bewußtsein des Menschen zum archetypischen Bild, dem Symbol, geformt wird. In Träumen oder Psychosen äußert sich das individuell Unbewußte, in den Mythen, der Religion und der Kunst tritt das kollektiv Unbewußte objektiv in Erscheinung. Obwohl Białostocki auf Unklarheiten der Begriffsbildung bei Jung und auf Zirkelschlüsse der Argumentation wiederholt hinweist, pflichtet er ihm im wesentlichen bei:

»Gleichzeitig bleibt erwiesen, daß die Welt der Bilder (oder wie immer wir sie nennen mögen), wie sie von Jung beschrieben wird, zweifellos mit den Grundfunktionen der menschlichen Psyche in ihren individuellen und in ihren kollektiven wie auch in ihren bewußten und ihren unbewußten Aspekten verbunden ist. Es ist eine Tatsache, daß eine Anzahl solcher Grundthemen, mit sichtbaren Formen verbunden, in organisierten Bildern nachgewiesen werden kann: so in der Welt ursprünglicher Mythen, in der Welt religiöser Zeremonien, mystischer Metaphern, poetischer bildlicher Sprache, in der Welt assyrischer Kunst, in der von Aischylos, Dante, der romanischen Bildhauerei, von Shakespeare, Blake, Goya und Picasso.« (1965, 121)

Białostocki geht nicht so weit, seine Rahmenthemen mit den archetypischen Bildern gleichzusetzen, zumal deren ikonographische Fixierung auf das Mythische H. Frankfort als unzulässig erkannt hat. Zum historischen Charakter der Symbole sagt Frankfort (1958, 177):

»Es kann angenommen werden, daß die mythologischen Vorstellungen aus dem Unbewußten erstehen. Es ist wahr, daß sie nicht erfundene und unechte Allegorien darstellen. Sie sind in erster Linie der Eingebung folgend erfunden und verdanken ihre Existenz einer Interpretation, einer Vision oder der Kraft einer Offenbarung. Aber diese erste Stufe eines Symbols, dessen ursprüngliche Erscheinungsform, bestimmt nicht unbedingt seine Bedeutung in späteren Entwicklungsstadien der Kultur. Sobald es existiert, nimmt die Form, in die es gegossen wurde, ein eigenes, besonderes Leben und Widerstandsfähigkeit an. Sein Schicksal kann nicht aus seiner ersten Bedeutung vorhergesagt werden.«

In dieser Interpretation des Symbols als Kulturfaktor, zeitlich bedingt und zugleich dynamisch fortwirkend, stimmen Frankfort und Białostocki mit Gombrich überein. Die Wandlungsfähigkeit und unvorhersehbare Wirkung des Symbols in der kulturellen Entwicklung müssen methodisch von der Kunst- und Kulturgeschichte in ihrer prinzipiellen Tragweite erkannt werden (vgl. auch Boas' Begriff der »typischen Formen«).

Trotz der angeführten Bedenken und der Kritik Frankforts läßt sich die Archetypenlehre Jungs nicht vollends entkräften. Auch wo der Mensch mythisch-künstlerisch zu objektiven Geschehnissen der Natur und des Gemeinschaftslebens bewußt Stellung nimmt, können die eingesetzten Gestaltungsprinzipien von verborgenen, unbewußten Kräften und Fähigkeiten der Psyche beeinflußt sein. Obgleich Białostocki den Begriff des Archetypischen in bezug auf das Rahmenthema zurückweist, gesteht er ein, »daß solche Bilder nicht nur durch die Psyche geschaffen sind, sondern auch ihre Struktur ausdrücken.« (1965, 122) Werden Rahmenthemen weit genug begriffen, können sie letztlich doch Allgemeingültigkeit beanspruchen; sie tauchen als analoge Bilderthemen und Gestaltungen in der Kunst zu verschiedenen Zeiten und in verschiedenen Kulturzusammenhängen auf, auch wenn sie in ihrer spezifischen Ausführung und späteren Wirkung nicht vorhersehbar oder deteminiert sind.

Das Warburginstitut und Cassirers Symboltheorie

Aby Warburgs Privatbibliothek in Hamburg mit ihrer interdisziplinären Ausrichtung und umfangreichen Photosammlung wurde schon zu Beginn des 20. Jahrhunderts ein bedeutendes Zentrum für das Studium der Renaissance und das Thema »Nachleben der Antike«. Die geistesgeschichtliche Bedeutung des Warburginstituts hat sich durch die Verlegung der Bibliothek nach London bei der Machtergreifung 1933 eher verstärkt. Die Entwicklung Deutschlands in den dreißiger Jahren dürfte den dort Tätigen als die Bestätigung der pessimistischen Seite von Warburgs Kulturanschauung erschienen sein. Die Bibliothek diente als geistiger Nachlaß ihres Gründers an eine entzweite Welt. In ihrem Aufbau entspricht sie der symbolischen Deutung der Kultur, die Warburg vertreten hat. Der metaphysische und psychologische Aspekt seines Systems ist jedoch bei seinen Nachfolgern abgeschwächt worden. Akribie der Dokumentation und Klarheit der philologischen, historischen und stilgeschichtlichen Analysen zeichnen die *Studien* und *Vorträge* aus, die seit 1921 von prominenten Autoren abgefaßt und herausgegeben wurden (z. B. Fritz Saxl, Ernst Cassirer, Erwin Panofsky, Raymond Klibansky, Hans Ritter, Edgar Wind, Hugo Buchthal, Franz Boll, Otto Kurz, Rudolf Wittkower, Gertrud Bing, Frances A. Yates und Ernst H. Gombrich). Die breite kulturwissenschaftliche Orientierung hat jenen Zweig der Kunstwissenschaft entscheidend geprägt, der mit »Ikonologie« bezeichnet wird. In der Ikonologie hat sich der kulturgeschichtliche Aspekt von Aby Warburgs Symbolbegriff fortgesetzt. In den zwanziger Jahren haben auch Cassirer, Wind und Panofsky, von erkenntnistheoretischen Überlegungen ausgehend, eine Symboltheorie entwickelt, die einen wichtigen Abschnitt der hier geschilderten geistesgeschichtlichen Tradition darstellt.

Ernst Cassirer faßt den Symbolbegriff im weitesten Sinn. Er wendet ihn nicht nur im Zusammenhang mit Kunst und Ästhetik an, sondern auch in der Logik, Sprachwissenschaft und Anthropologie. Mit »Symbol« wird jede Form menschlichen Denkens bezeichnet, die im Sinnlichen einen konkreten Ausdruck erhält – Worte, Bilder, Töne, Tanz. Die Symbole sowie der mit ihnen verbundene Schaffensprozeß werden durch verschiedene Modalitäten differenziert, die durch Medien wie Sprache, Mythos und bildende Künste bedingt sind. In seiner *Philosophie der symbolischen Formen* (1923–29) sucht Cassirer zu ergründen, in welcher Weise diese unterschiedlichen Ausdrucksformen menschlichen Bewußtseins von der allgemeinen symbolischen Funktion geprägt werden. Diese allgemeine Funktion wird schon 1921 (14f.) folgendermaßen beschrieben:

»Unter einer ›symbolischen Form‹ soll jede Energie des Geistes verstanden werden, durch welche ein geistiger Bedeutungsgehalt an ein konkretes sinnliches Zeichen geknüpft und diesem Zeichen innerlich zugeeignet wird. In diesem Sinne tritt uns die Sprache, tritt uns die mythisch-religiöse Welt und die Kunst als je eine besondere symbolische Form entgegen. Denn in ihnen allen prägt sich das Grundphänomen aus, daß unser Bewußtsein sich nicht damit begnügt, den Eindruck des Äußeren zu empfangen, sondern daß es jeden Eindruck mit einer freien Tätigkeit des Ausdrucks verknüpft und durchdringt. Eine Welt selbstgeschaffener Zeichen und Bilder tritt dem, was wir die objektive Wirklichkeit der Dinge nennen, gegenüber und behauptet sich gegen sie in selbständiger Fülle und ursprünglicher Kraft ... Nicht also was das Symbol in irgendeiner *besonderen* Sphäre, was es in der Kunst, im Mythos, in der Sprache bedeutet und leistet, soll ... gefragt werden; sondern vielmehr wie weit die Sprache als *Ganzes*, der Mythos als *Ganzes*, die Kunst als *Ganzes* den allgemeinen Charakter symbolischer Gestaltung in sich tragen.«

Der Einfluß des Neukantianismus auf die Kunstwissenschaft dürfte bis Mitte der zwanziger Jahre recht gering gewesen sein, aber Cassirer bildet eine Ausnahme. Seine philosophische Schulung hatte er in Marburg von HERMANN COHEN erfahren. Auch dieser hat den Versuch gemacht, die verschiedenen Ausdrucksformen menschlichen Erkenntnisvermögens in der Physik, Rechtsprechung und Ästhetik philosophisch zu analysieren. Das Erkenntnisvermögen wird aus dem reinen Denken, dem reinen Willen und dem reinen Gefühl abgeleitet. Die geistige Entwicklung der Menschheit erscheint als fortschreitender Prozeß zu immer größerer Verfeinerung der Ausdrucksformen (des Bewußtseins, des Willens und des Gefühls). Aber letzten Endes finden auch die ästhetischen Ausdrucksformen ihre Begründung in der Ratio – das »reine« ästhetische Objekt ist nach Cohen als Produkt einer unbedingten Einheit zu verstehen, die das »reine Bewußtsein« des Menschen konstituiert (*Methodik des reinen Bewußtseins*, in: *Ästhetik des reinen Gefühls*, I–II, 1912).

Auch Cassirer sieht im Bewußtsein des Menschen die zusammenhaltende Kraft aller sozialen und kulturellen Äußerungen. Ebenso zwangsläufig ist das Vermögen des Menschen, seine Wahrnehmung der sichtbaren Dinge und seine Auffassung von der Welt zu etwas Neuem zu verarbeiten, eine Welt von Symbolen zu schaffen, die sich von der angenommenen objektiven Wirklichkeit durch eine eigene Ordnung und Beschaffenheit unterscheidet. Hinter diesen beiden Komponenten, dem Bewußtsein und der symbolschaffenden Funktion der Psyche, steht die Auffassung von der Welt in ihrer Totalität. So gehört Cassirer einmal in die Tradition der deutschen »Lebensphilosophen«; was seine Verwendung des Symbolbegriffs betrifft, konnte er zum anderen direkt auf Formulierungen zurückgreifen, die in der deutschen Klassik und Romantik bei Moritz, Goethe, Schelling und auch Solger gebräuchlich waren. Das Allgemeine und das Dasein in seiner ganzen Komplexität sind in der einzelnen, lebendigen Symbolform gegenwärtig (vgl. den Satz GOETHES von »dem Allgemeinen im Besonderen« oder die Definition des Symbols als »eigentlich-uneigentliche Darstellung des Unerforschlichen«). In derselben Weise, wie Goethe auf sein eigenes Leben als eine geistige Metamorphose und etwas »Symbolisches« zurückschauen konnte, interpretiert Cassirer den fortwährenden Symbolisierungsprozeß in der Menschheitsgeschichte in einem großzügigeren, weniger abstrakten Sinn als Cohen. Man könnte sagen, daß Cassirer wie Warburg und Jung einen Ausgleich zwischen Verstand und Gefühl erstrebt hat, daß aber dieser Zustand in der Aufklärung und deutschen Klassik seiner Auffassung nach bereits erreicht worden ist. Vernunft und schöpferisches Vermögen hätten sich damals in den repräsentativen Gestalten Kants und Goethes zusammengefunden, ein Gleichgewicht im seelischen Leben des Menschen sei in einmaliger Weise verwirklicht worden (*Die Philosophie der Aufklärung*, 1932). Für Cassirer ging es darum, jene Kräfte, die einst zu einer so glücklichen Synthese geführt hatten, wieder wachzurufen. Der Mensch lebt in einer Welt immer differenzierterer symbolischer Formen, durch die er Kenntnis seiner eigenen Natur und symbolschaffenden Aktivität erlangen kann. Diese Einsicht wird durch das Denkvermögen, das Bewußtsein erreicht.

Zu den Symbolen heißt es: »Sie sind Offenbarungen und Manifestationen geistiger Grundfunktionen im Material des Sinnlichen selbst ... Durch sie allein erblicken wir und in ihnen besitzen wir das, was wir die ›Wirklichkeit‹ nennen: denn die höchste objektive Wahrheit, die sich dem Geist erschließt, ist zuletzt die Form seines eigenen Tuns.« (1923, I, 47) Eingedenk dieses geistigen Prozesses erlangt der Mensch eine gewisse Freiheit. Wenn man sich auch bei diesen Worten an die Phänomenologie Hegels und die höchste Form der Erkenntnis in der Selbstschau des Geistes erinnert fühlt, so geht es Cassirer nicht um eine geschichtliche Entwicklung, bei der sich Kunst, Religion und Philosophie ablösen, sondern um die stetige Differenzierung aller Kulturäußerungen. Nicht zuletzt der Symbolbegriff nimmt bei ihm einen ganz anderen Stellenwert als bei Hegel ein.

Das Verhältnis von Mensch und Umwelt in Religion, Mythos, Kunst und Wissenschaft ist durch die Modalitäten von Grund auf verschieden symbolisch ausgeprägt (vgl. Fig. 14). In der Religion herrscht nach Cassirer eine Spannung zwischen Bild und Bedeutung vor. Das Göttliche durchdringt zwar das Ding, bleibt aber dennoch im Gegensatz zu demselben. Im Mythos hingegen kann von einer Identität der Gestalt im erzählerischen Rahmen und ihrem Pendant in der realen Welt gesprochen werden. Ding und Bedeutung werden ineinander verschoben und teilen einen gemeinsamen Kern substantieller Wirklich-

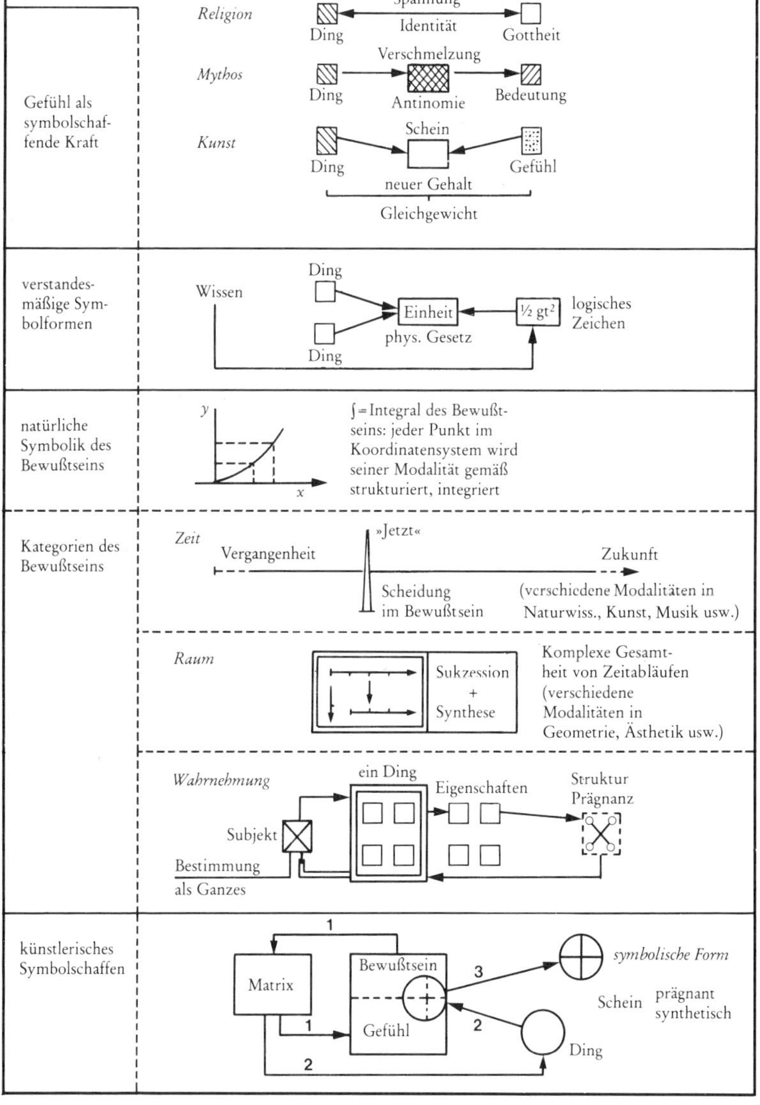

Fig. 14 *Cassirer*

keit (vgl. die Unterscheidungen F. Th. Vischers). Die symbolische Form des Kunstwerks wird weder von der religiös bedingten Antinomie von Ding und Bedeutung noch von deren mythischer Verschmelzung gekennzeichnet. Vielmehr befinden sich die Scheinwelt des Kunstwerkes und die sichtbare, objektive Wirklichkeit im Gleichgewicht. Das Werk entsteht aus der Verbindung des künstlerischen Gefühls mit der äußeren Form (vgl. den Begriff der »Einfühlung«). In größerem Umfang als bei F. Th. Vischer, Worringer und Jung wird die Rolle der sichtbaren Welt für den Prozeß des Kunstschaffens betont. Zwischen dem phänomenologisch Gegebenen und der Projektion wirkt das Prinzip des Ausgleichs: »Auch die Kunst kann so wenig als der bloße Ausdruck des Inneren, wie als die Wiedergabe der Gestalten einer äußeren Wirklichkeit bestimmt und begriffen werden, sondern auch in ihr liegt das entscheidende und auszeichnende Moment in der Art, wie das reine Gefühl und die reine Gestalt ineinander aufgehen und eben in diesem Aufgehen einen neuen Bestand und Inhalt gewinnen«. (1923, I, 26)

Hatten die Romantiker und auch Vischer, Warburg und Jung eher den projektiven Aspekt der künstlerischen Symbolform betont, so stellt Cassirer den autonomen Charakter der Kunst stärker in den Vordergrund. Hierbei konnte er, wie schon erwähnt, auf die Symbolauffassung von Moritz, Goethe und Schelling zurückgreifen. Über die Kunst heißt es: »Sie zielt nicht auf ein anderes und verweist nicht auf ein anderes; sondern sie ›ist‹ schlechthin und besteht in sich selbst. Aus der Sphäre der Wirksamkeit, in der das mythische Bewußtsein, und aus der Sphäre der Bedeutung, in der das sprachliche Zeichen verharrt, sind wir nun in ein Gebiet versetzt, in dem gleichsam nur das reine ›Sein‹, nur die ihm eigene innewohnende Wesenheit des Bildes ... ergriffen wird ... [ein] geschlossener Kosmos, der ... [im] eigenen Schwerpunkt ruht. Und nun erst vermag auch der Geist zu ihr ein wahrhaft freies Verhältnis zu finden.« (1923, II, 34)

Hinsichtlich der ästhetischen Wahrnehmung, deren interesseloser, nicht-gerichteter Charakter gewissermaßen dem autonomen Wesen des Kunstwerks entspricht, schließt sich Cassirer der Auffassung Kants und Schillers an. Auch er vertritt eine idealistische und moralische Wertung der Kunst und des ästhetischen Lebens. Im Gegensatz zu Kants und Schillers Beschreibung der ästhetischen Anschauung als eine sinnliche, intuitive Vorstellungsart, die das Kunstwerk »symbolisch«, lediglich als *Analogie* begreift, spricht Cassirer von der Idee, die unmittelbar im Mikrokosmos des Kunstwerks erscheint: »Die Unmittelbarkeit des Lebens geht nicht teilweise in irgendeine Form der *Repräsen-*

tation ein, sondern läßt sich nur in der reinen Intuition erfassen.« (1923, I, 48) In gleicher Weise hatte sich einst MORITZ für das intuitive Verständnis des autonomen Kunstwerks ausgesprochen (*Inwiefern Kunstwerke beschrieben werden können,* 1788), und GOETHE hatte die Fähigkeit des repräsentativen Symbols, in der typischen Form das Allgemeine und im Grunde Unsagbare auszudrücken, hervorgehoben.

Nach Cassirer ist die Unterscheidung von Materie und Form, Sinnlichem und Geistigem an sich schon als eine Abstraktion, eine Folge des diskursiven Denkens zu verstehen, der die Einheit des Daseins und der Zusammenhang in der Welt entgegenstehen. Am Ende seiner Einleitung zur *Philosophie der symbolischen Formen* macht er auf die Bedrohung des Menschen durch die fortwährende Symbolisierung seiner Entwicklungsgeschichte aufmerksam. In der ständig wachsenden Vielzahl von Bildern und Kulturäußerungen laufen das Wesen und die Ursprünglichkeit des Lebens Gefahr, verdeckt zu werden und zu schwinden. Die diskursive symbolische Form der Philosophie und der Naturwissenschaften ist nicht imstande, die Kluft zwischen Leben und Kultur, Wesenssphäre und Bedeutungssphäre zu überbrücken, wie es die Kunst vermag. Es ist deshalb Aufgabe der Kulturphilosophie, jene Gestaltungsprinzipien aufzudecken, die den einzelnen symbolischen Formen zugrunde liegen und als »Wesensgehalt« des menschlichen Daseins überhaupt gelten müssen. Die symbolschaffende Tätigkeit des Künstlers besteht nicht in der passiven Reproduktion einer sichtbaren oder geistigen Wirklichkeit, sondern ist als *aktiver,* schöpferischer Ausdruck menschlicher Existenz zu verstehen. Im künstlerischen Symbol erscheint die ursprüngliche Qualität des Lebens. Offensichtlich steht diese Deutung des Kunstwerks und des Kunstschaffens, die so eng mit dem Lebendigen und dem ursprünglichen Lebensgefühl verhaftet ist, jener Charakteristik und Wertung des Kunstsymbols nahe, der wir bei Warburg und Jung begegnet sind.

Es gibt also eine Affinität zwischen der Symbolauffassung Cassirers und der des ausgehenden 18. Jahrhunderts. Was die erzieherische und moralische Rolle der Kunst angeht, so kehren darin jene Gedankengänge wieder, die SCHILLER in seinen *Briefen über die ästhetische Erziehung des Menschen* entwickelt hatte. Nicht nur die dynamische, organische Struktur des Kunstwerks, wie wir sie vor allem aus der romantischen Tradition kennen, wird von Cassirer angesprochen, sondern auch ihr autonomer Charakter. Die Struktur erwächst sowohl aus dem Bewußtsein und der persönlichen Lebenserfahrung, als aus der spezifischen Eigenart des künstlerischen Mediums, seiner »Modalität«, die die Symbolformen der Gattung prägt. Im Rahmen dieser Bedingungen verschmelzen Gedanke und Materie miteinander, entsteht eine neue Welt des »Scheins«, die nicht nur Leben und Tiefe, Vielfalt und Einheit auszudrücken vermag, sondern sie auch besitzt.

Wichtige Strömungen im geistigen Leben der zwanziger Jahre werden in Cassirers Symboltheorie gespiegelt: der sich im Aufbau befindende Wissenschaftszweig der Zeichenlehre, die *Semiotik* (im Anschluß an die früheren Veröffentlichungen von PEIRCE und SAUSSURE), später die davon angeregten Strukturuntersuchungen der Mythen und Sitten seitens der Anthropologie (LÉVI-STRAUSS); zum anderen die Lebensphilosophie in der Nachfolge Diltheys, die historische und kulturelle Erscheinungen aus der Weltanschauung und dem Lebensgefühl des Menschen ableitet (Nohl, Simmel, Strich, Walzel und Gundolf). Letztere haben sich freilich kaum des Symbolbegriffs bedient; wo dies der Fall ist, geschieht es nur beiläufig und unsystematisch.

Die vielfältigen Definitionen des Symbolbegriffs in der Semiotik und in der strukturellen Sprachtheorie Saussures werden hier nicht erörtert, auch nicht NELSON GOODMANS *Languages of Art. An Approach to a Theory of Symbols,* Indianapolis 1968 (deutsch: Frankfurt 1973). Weitere Hinweise zu diesem Bereich finden sich in: A. ESCHBACH, *Zeichen – Text – Bedeutung: Bibliographie zur Theorie und Praxis der Semiotik,* München 1974, sowie in: A. ESCHBACH/W. RADER, *Semiotik-Bibliographie I,* Frankfurt 1976.

Es sei jedoch in diesem Zusammenhang auf den möglichen Einfluß von CASSIRERS Symboltheorie auf spätere Untersuchungen der Phonetik und Vokalbildung verwiesen. Nach BOAS geht es unter anderem um das Raumerlebnis, das nicht nur an die dreidimensional ausgerichtete Wahrnehmung gebunden ist, sondern als mitgestaltendes Prinzip vieler sensorischer Tätigkeiten wirksam ist. Dient es doch im weitesten Sinne des Wortes der Orientierung des Menschen. »Undoubtedly the particular kind of synthesis between sound, sight and touch has played its role in the growth of language«, äußert sich Boas. Dies entspricht der symbolischen Sprachtheorie, die von Cassirer entwickelt wurde. Auch für ihn stellt die sprachliche Artikulation räumlicher Bezüge einen grundlegenden Faktor der Sprachentwicklung dar; sie besitzt eine musterbildende Kraft und ist deshalb auch auf anderen Gebieten verbindlich, wo das Raumerlebnis nicht von vornherein so deutlich zutage tritt. Als Beispiele können die Synästhesie oder die Vokalbildung in der Poesie gelten. »A noir, E blanc, I rouge, U vert, O bleu, voyelles, / Je dirai quelque jour vos naissances latentes ...«, heißt es schon 1871 in RIMBAUDS *Voyelles.*

Artikulation stellt also nach Cassirer eine symbolische Form des Ausdrucks dar, mit deren Hilfe der Mensch sich in der Welt orientieren und dem Dasein eine gewisse Struktur oder Gestalt verleihen kann (vgl. Fig. 14, ›Zeit‹ und ›Raum‹).

Von der Symboltheorie Cassirers sind ferner Impulse auf die strukturanalytische Schule ausgegangen, die sich in den zwanziger Jahren im Anschluß an die Gestaltpsychologie auch auf dem Gebiet der Kunstwissenschaft entwickelt hat (Müller-Freienfels, Sedlmayr). Der kultursymbolische Aspekt sollte von Erwin Panofsky ausgebaut werden, was dem ikonologischen Ansatz Aby Warburgs zum Durchbruch verholfen hat.

Gestaltpsychologie – Strukturanalyse

Gemeinsames Merkmal der *sichtbaren* symbolischen Formen war nach Cassirer ihre simultane Struktur, die er und in seiner Nachfolge Langer nachzuweisen suchten. Diese Auffassung schließt an Erkenntnisse an, die in der Gestaltpsychologie zu Beginn unseres Jahrhunderts gewonnen wurden (Koffka, Koehler). In erster Linie ging es um die dynamische Rolle des Betrachters bei der Wahrnehmung. Sie wird als Aktivität verstanden, die stets darauf gerichtet ist, eine Ordnung im Chaos der sichtbaren Welt zu schaffen. Dieser Prozeß ist von den Assoziationen und dem Gefühl des Betrachters abhängig. Auf experimentellem Weg forschten Koehler und Koffka nach den Faktoren, die jene simultanen »guten Gestalten« hervorrufen, durch welche die Wahrnehmung des Menschen eine Struktur erhält. In seiner *Kosmogonie* von 1916 hat Christian von Ehrenfels die sichtbaren Dinge nach ihrer Form und Farbe eingeteilt; dabei stufte er die Gestalt der jeweiligen Form durch ihren höheren oder niedrigeren Grad geometrischer Anschaulichkeit, d.h. nach ihrer diesbezüglicher »Reinheit« ein. Diese »Reinheit« wurde von Max Wertheimer mit dem Begriff der »Prägnanz« umschrieben – Formen, die sich durch Klarheit und Prägnanz auszeichneten, hat er als »gute Gestalten« bezeichnet.

Als Anreger einer kulturgeschichtlich ausgerichteten Gestalt- und Strukturforschung soll in diesem Zusammenhang auch Oswald Spengler erwähnt werden, dessen einflußreiches Buch *Der Untergang des Abendlandes* 1918 erschien. Es geht darin um eine »Morphologie der Weltgeschichte«, um den Gedanken der zyklischen Wachstumsgeschichte und der organischen Einheit großer Kulturen. Nicht objektive historische Betrachtung, sondern intuitives Erfassen der Geschichte in ihrer schicksalhaften Gestalt sei anzustreben. Dies gelte nicht zuletzt für die Physiognomie der Kunst, deren *symbolischer* Charakter außer Frage stehe. Spengler gebraucht den Symbolbegriff hier, wie später Cassirer, im weitesten Sinne des Wortes – alles was vom Menschen geschaffen worden ist, erscheint symbolisch. Die Grundtriebe des Menschen, seine Weltsehnsucht und seine Weltangst, spiegeln sich im Zeit- und Raumgefühl der verschiedenen Weltkulturen und in ihren Wachstumsphasen. Die abendländische Kultur zeichne sich durch ihren Drang nach unbegrenztem Raum und ihren dynamischen Zeitbegriff aus. Wie jeder Körper, so unterliegt nach Spengler auch der Organismus einzelner Kulturen notwendig dem morphologischen Wachstum und dem Verfall. Der Stellenwert einzelner Erscheinungen in diesem Prozeß wird vom Historiker intuitiv erfaßt und als »Symptom und Ausdruck einer Zeit« mit anderen Kulturphasen verglichen – ein Vorgehen, das wenig später von Sedlmayr praktiziert werden sollte. Spengler spricht nicht von historischen Analogien, sondern von »Gruppen morphologischer Verwandtschaften, von denen jede einzelne eine besondere Art Mensch im Gesamtbilde der Weltgeschichte symbolisch darstellt«. (1979, 66) In der Kunst habe das »Weltgefühl des höheren Menschen« am deutlichsten seinen »symbolischen Ausdruck« gefunden. Im Gegensatz zu Hegel, der die einzelnen Kulturphasen in ihrer dialektisch fortschreitenden Entwicklung sieht, versteht Spengler sie als einmalige, nicht wiederholbare Erscheinungen. Mit besonderer Schärfe wendet er sich deshalb gegen den Gedanken künstlerischer Erneuerung, was bei ihm zu einer fast absurden, negativen Bewertung der Renaissance führt.

Die Trennung der Künste nach Zeiten und Gattungen sei im Grunde auf ein Mißverständnis der Kunsttheorie und der Kunstwissenschaft zurückzuführen. Die Grenzen der Künste seien »nicht technisch-physiologisch, sondern *historisch,* ... jede Einzelkunst ... ist *einmal* da und kehrt mit ihrer Seele und Symbolik nie wieder« (1979, 285). Eigentlich geht es hier nicht um Bewältigung primär künstlerischer Probleme, sondern, wie meist in der Symboldeutung, um die Offenbarung menschlicher Urtriebe und -vorstellungen, um den Gegensatz von Weltsehnsucht und Weltangst, wie sie auch von Worringer und Jung zur Klärung abstrakter bzw. naturalistischer Stilmerkmale herangezogen worden waren. Der Grundcharakter der spezifisch abendländischen Kunst wird von Spengler als faustischer Drang nach dem unendlichen Raum und dem Transzendenten charakterisiert. In der Gotik und im Barock sei er zu höchstem Ausdruck gelangt, während die Renaissance in ihrer unerfüllten Sehnsucht nach antiker Ruhe und Nähe als eine Verirrung zu verstehen sei. Erneut wird hier die Antinomie des Naiven und Sentimentalischen wachgerufen, die Beseeltheit der abendländischen Kunst und das historische Bewußtsein von der Klarheit und der ahistorischen Nähe der Antike abgehoben. Perspektive, malerische Technik und Naturgefühl spiegeln die Verlagerung der geistigen Ausrichtung auf die Ferne und den unendlichen Raum. Als höchster Ausdruck des faustischen Strebens erscheinen im 17. Jahrhundert die Ölmalerei und die Musik. Daß manche Gattungen dominieren, wird auf den morphologischen Prozeß zurückgeführt. Hier greift Spengler PINDER vor, der in *Das Problem der Generation in der Kunstgeschichte Europas* (1926) den Generationsablauf auf die Entwicklung der Kunstgattungen überträgt. Bei beiden mündet die Entwicklung in die Musik, »Ursymbol des unendlichen Raumes« (Spengler 1979, 298). Symbolisch ist nach Spengler auch das Streben nach atmosphärischer Wirkung in der Malerei, die Dominanz des Raumes über die Figur und das Stoffliche. Das Atelierbraun sei die Farbe der Seele, des Unendlichen und Zukünftigen, ihre Patina zugleich Symbol der Vergänglichkeit: »Der abendländische Mensch lebt mit dem *Bewußtsein* des Werdens, mit dem ständigen Blick auf Vergangenheit und Zukunft.« (1979, 337) Das 19. Jahrhundert erlebt ein Versinken in das Formlose und Maßlose – in der Musik durch Wagner, in der Malerei durch Manet, Cézanne, Leibl und Menzel. Die Revolte gegen Tradition, Schicksal und Schöpfertum, die sich nach Spengler im ephemeren Impressionismus anbahnt, endet in der Ohnmacht und Lüge der modernen Kunst. Sie ist für ihn negatives Symptom einer sterbenden Kultur – der Expressionismus wird einfach als eine »Farce« abgetan (1979, 378).

Die kultursymbolische Interpretation der Kunst teilt Spengler mit vielen Zeitgenossen, alles nimmt »symbolischen« Charakter an. Das intuitive Verständnis der Kunst als physiognomischer Ausdruck einer Zeit weist auf die Strukturanalyse, insbesondere auf Sedlmayr, hin, der wie er die Moderne negativ beurteilt. Eine Verwandtschaft besteht auch zwischen Spenglers »Grundtrieben« und den anthropologischen »Konstanten« Kaschnitz-Weinbergs sowie Pinders Thematik des Seelischen und Wandelbaren der europäischen, vor allem der deutschen Kunst.

Ob von Spengler beeinflußt oder nicht, auch HANS JANTZEN hat 1927 in seinem Vortrag *Über den gotischen Kirchenraum* die Raumstruktur und ihre Wirkung als symbolischen Ausdruck des transzendent ausgerichteten Mittelalters interpretiert. In der »diaphanen Struktur der

Wand« – als optischer Dunkelgrund der Untergeschosse, Emporen und Triforien oder als farbiger Lichtgrund des Mittelschiffes – wird das Kontinuum der romanischen Wand von der Plastik und Gliederung abgelöst (hier ist auf die weiterführenden Gedanken Bandmanns zur Plastik und zur Wand im Rahmen der symbolischen Funktion der gotischen Architektur zu verweisen; vgl. auch Jantzens Ausführungen in *Kunst der Gotik*, 1957, 71 ff.). Die Schlußworte in seinem Vortrag über den gotischen Kirchenraum lassen keinen Zweifel über den symbolischen Charakter der Baukunst – freilich kann zugleich von einer Umsetzung der verweisenden Funktion in die künstlerische Formensprache die Rede sein; darin zeigt sich eine Aufgeschlossenheit gegenüber rein künstlerischen Problemstellungen, die wir bei Spengler vermissen: »So schafft das christliche Mittelalter sich mit diesem Raum für das kultische Geschehen eine völlig neue Symbolform, die aus einer in ihren Quellen uns verborgenen Frömmigkeit erwächst. Eine Untersuchung aber, die das Prinzip des ›Diaphanen‹ aus dem Kern des kultischen Vorgangs selbst zu deuten sucht, hätte die Überschrift zu tragen: ›Der Raum als Symbol eines Raumlosen‹.« (1951, 20)

Sedlmayr hat sich Mitte der zwanziger Jahre mit der Gestalttheorie befaßt und versucht, ihre Prinzipien auf die Kunstbetrachtung anzuwenden. Es sei vom ganzheitlichen Eindruck des Kunstwerkes auszugehen. Mit Hilfe der Struktur, die sich in dessen »guter«, prägnanter Gestalt offenbart, kann der Betrachter nachträglich den Sinn der einzelnen, konstitutiven Elemente, z. B. eines Bauwerks, beurteilen. In dem Aufsatz *Summative Stilkritik* (1926, 21) heißt es: »Ein stilkritisches Verfahren, das den Beweis als ›Summe‹ einzelner übereinstimmender Merkmale bildet, genügt nie. Man muß streng zeigen, daß jedes Merkmal, hier wie dort, im *Ganzen* nach verwandtem Prinzip ›organisiert‹, gestaltet ist.« Das Wesentliche und Charakteristische einer künstlerischen Form wird deshalb unmittelbar, intuitiv wahrgenommen. Schon in dem Begriff der »guten Gestalt« liegt implizit eine positive Wertung der prägnanten Form. Wie einst die normative Ästhetik, so argumentiert auch die Strukturanalyse für eine Kunstform, bei der nichts hinzugefügt oder abgezogen werden kann, ohne zugleich die Einheit des Werkes zu zerstören.

Sedlmayr spricht zu dieser Zeit noch nicht von Symbolen, aber 1948 erscheint das Buch *Verlust der Mitte* mit dem Untertitel *Die bildende Kunst des 19. und 20. Jahrhunderts als Symptom und Symbol der Zeit.* Kunst und Kultur werden darin als Symptome für die mangelnde Orientierung des Menschen in der Welt und die daraus unbewußt erwachsende Existenzangst interpretiert. Die Kunsthistoriker will mit seiner Diagnose den Menschen der Gegenwart zur Selbsterkenntnis anhalten, ihn zum Glauben zurückführen und sein »ewiges Bild« festhalten.

Auf die Schwächen der strukturanalytisch ausgerichteten kunstwissenschaftlichen Methode wurde oft hingewiesen (z.B. Dittmann 1967; in jüngerer Zeit Michalski, der die unzutreffende Terminologie der Methode kritisierte). Das Problem liegt einmal in der Annahme, daß die intuitiv begriffene Gestalt legitimer Ausgangspunkt für spätere deduktive Schlüsse ist, die wiederum Beweiskraft beanspruchen. Zweitens wird dem Interpreten eine unentbehrliche Rolle als Exeget und Vermittler der tieferen Absichten des Künstlers zugesprochen. Erst durch die strukturanalytische Interpretation erhält das Kunstwerk seinen rechtmäßigen Platz im Entwicklungsgang der Geschichte, gewinnt es kultursymbolische Bedeutung. Das intuitive Erfassen des Ganzen erhebt den Anspruch, seine prägnante Form als phänomenologischen Ausdruck einer Macht zu erkennen, die hinter allen kulturellen und sozialen Erscheinungen in einer bestimmten historischen Situation steht. Weit mehr als die stilgeschichtlich oder geistesgeschichtlich ausgerichteten Kunsthistoriker glauben die Strukturanalytiker, den Schlüssel zum *totalen* Verständnis von Epoche und Werk gefunden zu haben. Die berechtigte Kritik, die gegen einen solchen Anspruch erhoben wurde, übersieht oft manchen verdienstvollen Aspekt an der Methode und an der Leistung Sedlmayrs. Die Strukturanalyse hat das Werk und seine Komposition eingehender beschrieben, als es bislang üblich war. Sie hat sicherlich auch zu der Aufmerksamkeit beigetragen, die in der Nachfolge Cassirers der spezifischen Struktur künstlerischer Symbolformen zuteil wurde.

In den fünfziger Jahren hat Sedlmayr den Entwurf einer kritischen Symbolik gewagt und das Inhaltliche in seine Betrachtung mit einbezogen. Wie bei Jung und Kaschnitz-Weinberg ist von Motiven und Formen die Rede, die als immer wiederkehrende Konstanten in den verschiedensten Gebieten auftauchen können (*Die Idee einer kritischen Symbolik,* 1958).

Mit Recht hat Volp darauf hingewiesen, daß die historischen Umstände, die zur Entstehung solcher Symbole geführt haben, stets beachtet werden sollten. Sedlmayr hingegen vertritt den Standpunkt, daß der *ontische* Charakter der Symbole im Wesen der Dinge und der Phänomene selbst begründet liegt, die gleichsam selbstgenügend und seinsschaffend sind und deshalb keiner Erläuterung durch äußere Faktoren bedürfen.

Fig. 15 *Boas*

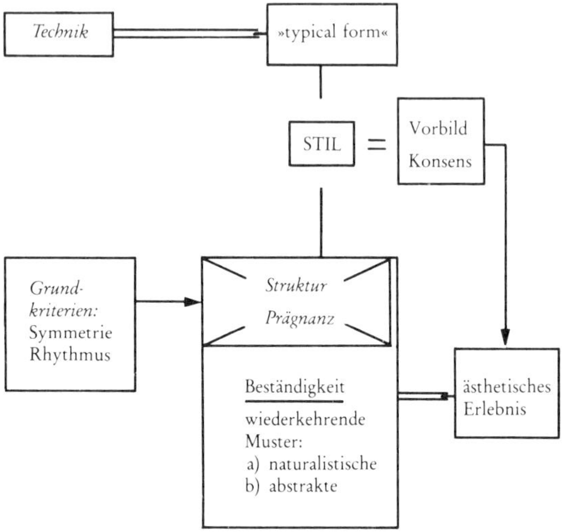

Gleichfalls metaphysisch ausgerichtet ist die Verwendung des Symbolbegriffs bei Dagobert Frey in seinen *Kunstwissenschaftlichen Grundfragen* (1946). Von einem transzendentalphilosophischen Standpunkt aus werden das Kunstwerk und das Kunstschaffen zum »Symbol ewigen Schöpfertums«. Der Realitätscharakter des Kunstwerks wird dabei nicht aus seinem ästhetischen Aspekt, sondern aus seiner Repräsentanz gewonnen. Aus der *Spannung* zwischen Objekt (Stoff) und Sinn (der Gestaltung, die zugleich Sinngebung ist) erwächst das Sein des Kunstwerks und zugleich seine Symbolik. (Hier ist auch auf die Bedeutung Freys für die Symboldefinition Volps zu verweisen; siehe insbesondere 1946, 22ff.). »Der Sinn ist im Bilde als ›Sinn-Bild‹ unmittelbar gegeben, aber nicht als Abbild des Sinnes, sondern als ›Zeichen für‹. Denn jeder symbolische Sinn ist transzendent, ist ›Überschreiten‹ der Realität.« (1946, 20)

Fig. 16 *Fiedler*
Künstlerisches Schaffen:

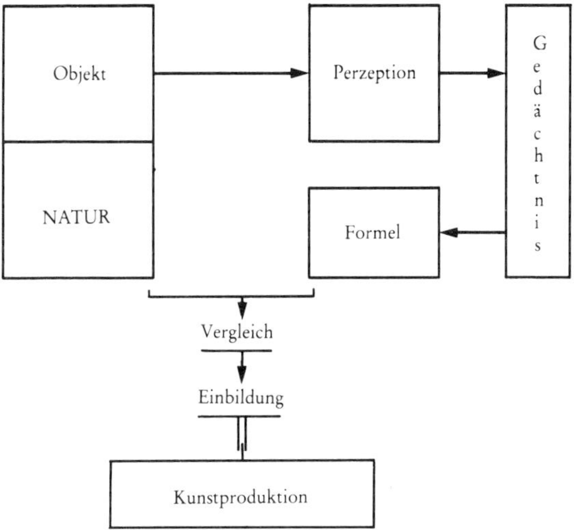

So wird das »Symbolische« im Kunstwerk im metaphysischen, gleichsam neuplatonischen Geist als Verwirklichung des geschauten Urbildes bezeichnet. Vor diesem Grund hebt sich die Interpretation des Kunstwerks ab, dessen historischer Sinn dahinzuschwinden droht. Die eigentliche Aufgabe des Kunstwerkes liegt in seiner »reinen Verwirklichung des Geistes«, und diese Bestimmung kommt in seiner »Abgeschlossenheit, im Herausgehoben-Sein aus dem Lebenszusammenhang« zum Ausdruck. In erster Linie geht es natürlich um den geistig-schöpferischen Akt des Künstlers, aber dieses Schaffen darf eben nach Frey als paradigmatischer Ausdruck des Schöpferischen schlechthin verstanden werden (1946, 76, 79ff.).

Daß es möglich ist, strukturanalytische Forschung zu betreiben, ohne der Metaphysik zu verfallen, ist von dem großen Gelehrten Franz

Boas gezeigt worden, der die »primitive« Kunst erkundet hat (*Primitive Art*, 1927). Im Gegensatz zu seinen Vorgängern (vgl. den Abschnitt zur Symbolik der frühzeitlichen Kunst) hat sich Boas der Anschauung Riegls angeschlossen, daß der »ästhetische Trieb«, das Schaffen schöner Objekte und Schmuckformen, eine primäre Äußerung der menschlichen Psyche sei. Jedoch weist Boas nicht wie Riegl den ehemals evolutionistischen Gedanken zurück, daß die Kunst aus der Technik hervorgehe. Er sieht in der Technik gerade die Voraussetzung für Schönheit und künstlerische Gestaltung. Aus der hohen Technik entstehen nach Boas »typische Formen«, die späteren Generationen Vorbild und Muster sind. Aus jenen Formen entwickelt sich ein Konsens in der Gesellschaft über das, was das Schöne sei, eine einheitliche Wertschätzung ihrer Normen und des technischen Geschicks. So gibt Boas, anders als Riegl, auch Werturteile hinsichtlich der Form und der Technik ab. Der Stil orientiert sich an Grundkritierien wie Symmetrie und Rhythmus, die zur Stabilität und Kodifizierung prägnanter Formen führen. Gerade bei deren Entstehung, auf dem Weg vom Unartikulierten zum Typischen, tritt das ästhetische Bewußtsein mitgestaltend in Funktion (Fig. 15). Dieser Gedanke der Kodifikation als Voraussetzung der selektiven Wahrnehmung und Identifikation ist von Arnheim im Bereich der Perzeptionspsychologie weiter verfolgt worden.

Boas weist auf einige Vorgänger hin, die den symbolischen Ausdruckswert der künstlerischen »typischen Form« erörtert haben: Fechner hat den assoziativen Charakter des Kunsterlebnisses untersucht (Müller-Freienfels sei ebenfalls in diesem Zusammenhang erwähnt); Wundt und Hirn erkannten in den künstlerischen Formen Prägungen des Gefühls und der Gedanken; Verworn hat sie als sichtbar gewordene Bewußtseinsprozesse charakterisiert, und Riegl hat auch den darstellenden, naturalistischen Charakter der bildenden Kunst in seiner stilgeschichtlichen Bedeutung als Problem erörtert. In der Bildkunst muß das ursprüngliche Volumen des Objekts der flächengebundenen Linie, das Plastische dem Optischen weichen. Diese beiden Kategorien des Optischen und des Haptischen hat Riegl als Vollzug eines überpersönlichen »Kunstwollens« und einer immanenten Stilentwicklung interpretiert.

Als Vorläufer von Boas, den dieser zwar nicht nennt, dürfte auch Konrad Fiedler gelten. (*Über die Beurteilung von Werken der bildenden Kunst*, 1876) Die selektiv gewonnenen Eindrücke werden im Gedächtnis des Künstlers gespeichert und später wieder aktiviert. An ihnen können die neuen Eindrücke geeicht werden, von dort her wird der Schaffensprozeß gelenkt (Fig. 16).

Boas will die technisch bedingte, strukturierte Form als Grundlage des ästhetischen Erlebnisses verstanden wissen. Er schließt dabei aber nicht die Möglichkeit aus, daß Naturgebilde in ähnlicher Weise auf das Gemüt wirken können. Je prägnanter die Idee in der Struktur zum Ausdruck kommt, um so größer wird die Übereinstimmung der durch sie ausgelösten Assoziationen beim Publikum. Er wendet sich gegen die schematische Vorstellung, daß die Kunst sich von der naturalistischen Darstellungsweise zur geometrischen Abstraktion von Ideen entwickelt habe, und unterscheidet zu Recht zwischen den beiden Extremen als verschiedenen Möglichkeiten der Gestaltung (ich verweise hier auf den *modus*-Begriff). Alternativ erscheint einmal die Darstellung des Momentanen und der Bewegung als Bezugnahme auf den Betrachter (z.B. durch die Anwendung der Perspektive), zum anderen das Bestreben, das Charakteristische einer Erscheinung in der abstrakten Form festzuhalten. Das Skizzenhafte führt nicht unbedingt zur Abstraktion, und diese entbehrt nicht notwendig eines »realistischen« Bezuges. Dies hat Schäfer am Beispiel der ägyptischen Kunst gezeigt, und wir können es auch an der frühen Keramik Mesopotamiens, z.B. an der Susa-I-Periode, nachprüfen (Abb. 25).

Von seiner Idee der prägnanten »typischen« Kunstform und der Beständigkeit des daraus resultierenden ästhetischen Urteils ausge-

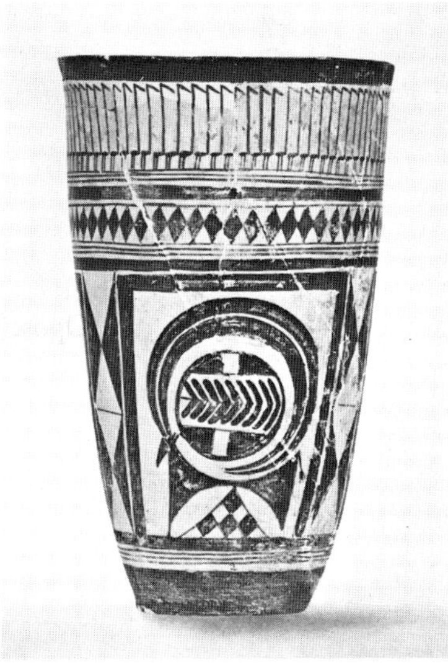

25 Schale mit Steinbockdekor, Susa I, um 4000 v. Chr., Louvre, Paris. Symmetrie, Rhythmus und Prägnanz der »typischen Form« (Boas). Autonomie und Wahrheit des künstlerischen »Scheins« (Langer).

hend, sucht Boas gewisse Grundformen der dekorativen Flächengestaltung auszusondern, die immer wieder in expressiv-symbolischer Absicht vom Menschen verwendet wurden (z. B. Kreis, Spirale, Rechteck usw.). Während die Zweckform manchmal verkümmert, bleiben diese Dekorationsformen als stetig wiederkehrende Muster für die räumliche Organisation in den bildenden Künsten verbindlich. In den »darstellenden Künsten« geht es Boas, wie Cassirer, um die Strukturierung der Zeit. In ihnen manifestiert sich das ästhetische Bedürfnis früherer Kulturen und das der Naturvölker mindestens ebenso stark wie heute als lebensbestimmende und stilbildende Macht.

Von den Grundmustern der Dekorationsformen bei Boas gelangen wir zu jenen *Konstanten,* die in der strukturanalytischen Betrachtungsweise Guido von Kaschnitz-Weinbergs eine so bedeutende Rolle spielen.

Peter von Blanckenhagen weist im Vorwort zu Kaschnitz-Weinbergs Werk *Mittelmeerische Kunst – eine Darstellung ihrer Strukturen* (1965) darauf hin, daß die Strukturforschung durchaus nicht erschöpfend sein will, sondern sich eher als Ergänzung zur Kunstwissenschaft und Archäologie versteht. Dennoch ist sie in der Praxis diesen Disziplinen keineswegs untergeordnet, sondern vertritt den Anspruch, Kunst zu erklären, ihren tieferen Grund und ihre Rolle als Vermittler einer Weltanschauung aufzudecken. Bei der Bestimmung der repräsentativen »Konstanten« geht es darum, Möglichkeiten und Wesen der künstlerischen Grundformen aufzuzeigen und »treibende Kräfte jener Organisation allgemeiner Art festzustellen, auf denen sich der jeweilige Stil aufbaut« (1965, 18). Diese Grundstrukturen sind zum Teil regional bedingt – sie werden als Grundhaltung des schöpferischen Menschen zur Welt und zur Kunst verstanden. Bei der Beurteilung dieser sich im Kunstwerk manifestierenden Verhaltensweisen erweist sich der Strukturforscher ganz und gar nicht zurückhaltend. Vielmehr ist es seine Absicht, der subjektiven Anschauung durch eine *totale* Interpretation des Kunstwerks entgegenzuwirken (1965, 14 ff.). Geht es doch um »das Wesen des sich im Kunstwerk manifestierenden Schöpferischen«, um ein existentielles Problem der Kunstphilosophie und der Kulturgeschichte. Form und Stoff des Kunstwerks bewegen in ihrer Erscheinung Intellekt und Sinne des Betrachters, der im Geiste Riegls dazu angehalten wird, den dahinter liegenden »Formungswillen« in seiner historischen Bedingtheit zu begreifen. Kaschnitz-Weinberg unterscheidet zwischen »objektiven« oder »absoluten« Daseinsperioden der Menschheitsgeschichte (Ägypten, Mesopotamien, Mittelalter) und solchen, die mehr »subjektiv«, auf die Wahrnehmung und die Erfahrung der veränderlichen Welt ausgerichtet erscheinen (Griechenland, die neuzeitliche abendländische Kunst). Insbesondere die Kunst jener »objektiven« Phasen sei für den Strukturforscher aufschlußreich. (Ich meine, eine Analogie zu dieser Anschauung ist die epistemologische Frage nach der Substanz bzw. der Erscheinung der Dinge.) Der Strukturforscher hält es für möglich, das »immanente Wesen« des Kunstwerks zu begreifen, ohne dessen »Existenzsphäre« zu verlassen – das Kunstwollen einer Zeit und seine Bedeutung sozusagen von innen her zu erfassen, ohne sich auf das »impressive Erlebnis« von Kunstwerken verlassen zu müssen. Wie dieses Ausschalten der Wahrnehmung bzw. der damit verknüpften psychischen Vorgänge vor sich gehen soll, bleibt hier ungeklärt. Auf jeden Fall enthält sich Kaschnitz-Weinberg, wie zuvor Riegl, bewußt »ästhetisch gefärbter Würdigungen« (1965, 9). Gegen Werturteile und Beschreibungen von Vorgängen und Gesetzlichkeiten, die von der Wahrnehmung und ihrer ästhetischen Auswertung ausgehen, stellt Kaschnitz-Weinberg die immanente Struktur des Werkes und die Autonomie des *Kunstwollens* (1965, 14). Dieses entfaltet sich als überindividuelle Macht und findet seinen Niederschlag in jenen »Konstanten«, von denen anfangs die Rede war. Nachdem die Archäologie und die Kunstgeschichte den jeweiligen Kunst- oder Kulturbereich abgegrenzt haben und die Bestandsaufnahme der Werke abgeschlossen ist, kommt der Strukturforscher und fragt nach den objektiven Gestaltungsprinzipien der vorliegenden Formen.

Stärker als Boas ihn bei seinen »typischen Formen« betont, wird der »symbolische Charakter« der Grundformen von Kaschnitz-Weinberg hervorgehoben. Er charakterisiert sie als »einfache Gestalten des konkreten Daseins«, die von einem »geistigen Bedeutungsgehalt« erfüllt sind. In ihnen nimmt die Begegnung des Menschen mit der Welt Gestalt an, werden immer wiederkehrende Themen des Kultes und der Religion, wie z.B. Zeugung, Geburt und Tod, zum Ausdruck gebracht. Die Konstanten erscheinen einsichtig, konkret und normbildend. Über Jahrtausende hinweg werden sie als stilbestimmende Faktoren und »Leitformen« der Kunst erkannt, »an denen die schöpferischen Einfälle und Willensmomente sich bilden« (1965, 19). Der symbolische Charakter bleibt in seiner Allgemeingültigkeit, Vitalität und Aktualität gewahrt (Fig. 17). Die Nähe zu Jung liegt auf der Hand. Welche existentiellen, symbolischen Grundformen werden nun von Kaschnitz-Weinberg angeführt? In seiner Einführung spricht er nicht so sehr von den formalen Charakteristika der Konstanten, sondern eher von jenen geistigen Vorstellungen, die den entsprechenden Leitformen zugrunde liegen. In seinem Ich, seiner Existenz und seiner Wandlung suche der Mensch die Welt zu erfassen und zu deuten: »Zeugung, Geburt und Tod, Zeit und Ewigkeit, Wesen sowie Lauf der Gestirne und die Ordnung des Weltalls nicht weniger als die Natur der Materie in ihrer Bindung an das irdische Sein, die sich im Wirken der früh als bedeutungsvoll erkannten Schwere äußert, gehören zu jenen Elementen der Erfahrung, die seit den frühesten Zeiten das Weltbild des Menschen bestimmen und seine Gedanken unaufhörlich beschäftigen.« (1965, 19) Durch den Kult und die Religion suche der Mensch die schicksalsbestimmenden Mächte zu beeinflussen und drohende Gefahren abzuwenden. In der Kunst manifestierte sich seine Teilhabe am kosmischen Geschehen und am Leben der Natur – sei es in magischer Absicht, um durch Zeichen und Bilder Kräfte anzuziehen oder böse Mächte abzuwehren, sei es um sein Ich oder den Klan unter der Obhut der göttlichen Macht und ihres repräsentativen totemistischen Zeichens zu stellen. In den ersten Hochkulturen trete das Herrscherbild als Bindeglied zwischen Gott und dem Menschen in Erscheinung (vgl. hierzu: Frankfort, *Kingship and the Gods,* 1948; zu den Konstanten siehe Fig. 17). Teilhabe am kosmischen Geschehen äußert sich in der Subjektivierung der Welt und des Raumes, als »ungeheuere Erweiterung des eigenen Ichs und Spiegelung der himmlischen Sphäre, das andere Mal im symbolischen Bild des höhlenhaften Leibs der fruchtbaren Erdmutter, und schließlich als sinnbildhaft spiritualisiertes Wesen der Schwere in den personalen Dimensionen eines strengen Koordinatensystems, das die Gestalt des Vergänglichen in die Sphäre ewiger Dauer rückt.« (1965, 20).

Auch die Symbolik des zeugenden Gliedes ist eine konstante Grundform – aus dem frühgeschichtlichen Menhir und dem phallischen Pfeiler entwickelte sich die statuarische Form der Bildsäule, die in der griechischen Plastik immer noch ihren vorwiegend männlichen Charakter beibehält. Zugleich wird an die uralte Thematik der Doppelgeschlechtlichkeit erinnert – jene Polarität des Männlichen und Weiblichen, die wir in bestimmten Menhiren vorfinden – hier ist auch auf manche Skulpturen paläolithischer Zeit hinzuweisen (vgl. Giedion, 1957). Im Tragenden und Lastenden erhält diese Polarität (so Kaschnitz-Weinberg) im Mikrokosmos des griechischen Tempels ihren bleibenden, gültigen Ausdruck.

Die Vorstellung von der fruchtbaren Höhle oder der Gebärmutter findet nicht nur in den schwellenden weiblichen Figuren und Statuetten des Paläolithikums und Neolithikums ihre Entsprechung, sondern auch in jenen frühen Gefäßen weiblicher Gestalt, die das Geborgensein und Geborenwerden so sinnfällig auch durch ihre Funktion symbolisieren. (Nochmals sei hier Jung gewürdigt, dem Kaschnitz-Weinberg m. E. sowohl thematisch als auch methodisch verpflichtet ist; vgl. Abb. 23.)

Wie die Idee der Fruchtbarkeit war auch die des Todes seit jeher mit der Erde verknüpft. Erst in neolithischer Zeit macht sich die Unterscheidung von Körper und Seele, Materie und Geist, Diesseits und Jenseits in den Funden bemerkbar. So wurden in die steinernen Megalithgräber Löcher gebohrt, durch welche die Seele, offenbar noch substantiell gedacht, den Weg nach draußen finden konnte. Fortan wurde die Erde auch mit der Vorstellung des Totenreiches (dem Chthonischen) verbunden. Aus diesem Wechsel von Fruchtbarkeit und Sterben, wie ihn der Mensch am eigenen Leibe und am Werden und Vergehen in der Natur erfuhr, entstanden Fruchtbarkeitsriten, die durch Tier- oder Menschenopfer eine Beziehung zum kosmischen Geschehen herstellen

Fig. 17 *Kaschnitz-Weinberg*

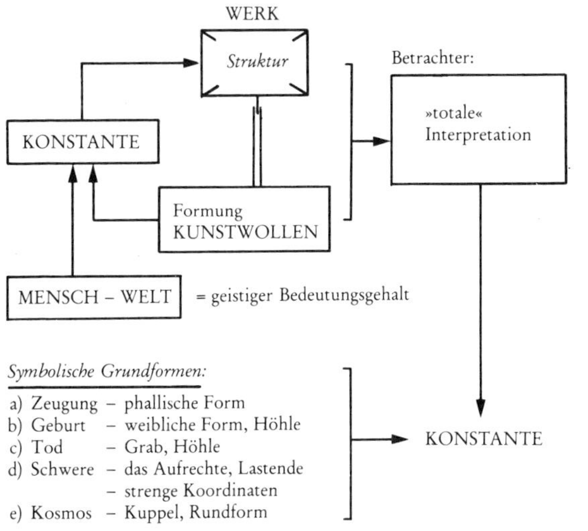

sollten. So erhält das Bild des Weiblichen, der Höhle und des Gefäßes, wie bei Jungs positiv bzw. negativ besetzten Archetypus der Großen Mutter, sowohl einen lebenspendenden wie tödlichen Aspekt. Dementsprechend werden später in der griechischen Kultur, so Kaschnitz-Weinberg, im Mythos wie auch in der Architektur, das Schwere und Lastende dem Lebendigen und Tragenden gegenübergestellt, werden das Irrationale und Chthonische als Gegengewicht des Rationalen verstanden.

Neben der Höhle als Gebärmutter und Grab erscheint die Himmelswölbung als symbolische Urform und Konstante der mediterranen Körper- und Raumgestaltung. Diese kosmische Symbolik findet in manchen Gewölbeformen des Vorderen Orients und im Iran ihren Niederschlag, später tritt sie im Mittelmeergebiet beim Sakralbau in Erscheinung. In diesem Zusammenhang wird eine Schwäche der strukturanalytischen Argumentation evident: Auch bei solchen Bedeutungen, die wie der Kosmos (kuppelgewölbte Rundbauten) in unzweideutigen Konstanten wiederkehren, ist die Möglichkeit anderer Gestaltungen stets gegeben. Zwingend erscheint der Bezug zwischen symbolischer Grundform und künstlerischer Lösung nicht.

Schließlich erwähnt Kaschnitz-Weinberg das Erlebnis der Schwere als Konstante, das sich einmal in den Strukturen des Aufgerichteten bzw. des Lastenden zeigt, ein andermal in der Verwendung eines strengen Koordinatensystems, das zum Verharren und Erstarren des lebendigen Körpers führt. So wird er aus dem Strom der Zeit und des Organischen genommen und dem Bereich des Überzeitlichen, Dauernden überantwortet. Die Herrscherstatuen Ägyptens, der sumerische Gudea-Typus und die Sakralarchitektur des Vorderen Orients veranschaulichen diesen Gedanken.

Für den Strukturalismus Kaschnitz-Weinbergs gelten dieselben kritischen Einwände wie für das System Riegls, der Lebensphilosophen und Sedlmayrs; fragwürdig sind folgende Annahmen und Intentionen: das apriorische Kunstwollen, das dem späteren perzeptuellen Urteil zugrunde gelegt wird; der daraus folgende Verzicht auf ästhetische und technische Werturteile (Sedlmayr ausgenommen); die Absicht, das Kunstwollen einer Zeit auf gewisse Grunderlebnisse zurückzuführen (die letzten Endes vom Interpreten nur vermutet werden können) und daraus Kausalschlüsse abzuleiten. Der Totalitätsanspruch der Strukturanalyse überschreitet auch die von ihr ursprünglich gesetzten Grenzen.

Dennoch sollte man die Möglichkeit der strukturanalytischen Interpretation der Kunst, insbesondere die der frühen Kulturen, nicht völlig verwerfen. Boas hat gezeigt, daß sie sich durchaus mit der Wertschätzung der Technik und der prägnanten Form verbinden läßt. Hierdurch tritt die ästhetische Wertung seitens der Interpreten in dynamischer Weise als Nachvollzug des künstlerischen Aktes in Funktion. Entgegen der Prämisse von Kaschnitz-Weinberg, daß die Konstanten stets mit geistiger Bedeutung erfüllt sein müssen, bin ich mit Boas der Meinung, daß die »typischen Formen« mit ihrer Prägnanz und räumlicher Dynamik auch dann noch weiterleben können, wenn die Zweckform und der geistige Gehalt schon längst geschwunden sind. Gerade die ästhetische Erfassung wiederkehrender Strukturmerkmale bürgt für ihre bewußtseinsgeschichtliche Bedeutung.

Da schriftliche Quellen zur Kunst der Vor- und Frühgeschichte vollständig fehlen und bei den ersten Hochkulturen nur bruchstückhaft überliefert sind, werden die strukturanalytischen Versuche als Nachweis der künstlerischen Absicht und Verhaltensweise wohl kaum den Anspruch auf uneingeschränkte Gültigkeit erheben können – zumal in diesen Epochen völlig andere Grundhaltungen als etwa bei den Griechen oder im späteren Abendland vorherrschend gewesen sein dürften. Aber gerade der Mangel an Quellen wurde von Kaschnitz-Weinberg zur Legitimierung seines Unterfangens, die mittelmeerische Kultur strukturanalytisch zu erfassen, herangezogen. Als Motto vor dem Abschnitt über die symbolischen Grundformen steht ein Ausspruch Bachofens: »Durch und durch war das Altertum symbolisch, am längsten und am tiefsten in seiner Kunst.« (1965, 18) Damit wird freilich auch an jene Tradition angeknüpft, die das Symbolische der Kunst in erster Linie an ihrem Inhalt und ihrer Funktion, nicht so sehr an ihrer Struktur ermessen hat. Hier ist auch auf das Interesse an der Erforschung »primitiver« Kunst und Kultur zu verweisen, die um die Jahrhundertwende eingesetzt und entscheidende Anregungen von der romantischen Verwendung des Symbolbegriffs empfangen hat.

Als prominenter Vertreter einer gestaltpsychologisch orientierten Methode in der Kunstwissenschaft ist Rudolf Arnheim zu nennen. Er wurde von Koffka stark angeregt, und nach seiner Dissertation über gestaltpsychologische Probleme in Berlin während der zwanziger Jahre hat er sich der experimentellen Erforschung der Wahrnehmung und den damit verbundenen Problemen in der bildenden Kunst gewidmet. Sein Hauptwerk, *Art and Visual Perception, a Psychology of the Creative Eye,* erschien 1954. Wie aus dieser Darstellung hervorgegangen sein dürfte, ist der Schritt von der Strukturanalyse zu einer tiefergreifenden psychologischen oder philosophischen Deutung der Kunst, Architektur und anderer Kulturerscheinungen nicht weit. Das Kunstwerk ist seiner Natur nach als vermittelnde Struktur zu verstehen: einmal spiegelt sich in ihm Bewußtsein und Erlebnis des Menschen angesichts der sichtbaren Welt, die Begegnung von Geistigem und Sinnlichem; zweitens lassen sich die komplexen geistigen Prozesse, die bei dieser Begegnung in Gang gesetzt werden, in der gestalteten Form ablesen. Wie die Vertreter der deutschen Klassik, die im Symbol etwas Autonomes, objektiv Gegebenes sahen, ist auch Arnheim der Ansicht, daß das Kunstsymbol einen Mikrokosmos darstelle, der imstande sei, das *ganze* Erlebnis der Welt auf allen Stufen der Erfahrung, Erkenntnis und des Gefühls widerzuspiegeln. Im Kunstwerk komme ferner die Einsicht und das Gefühl des Künstlers für den Zusammenhang aller Dinge und die Gesamtheit zum Ausdruck, eine Haltung, die gleichbedeutend mit Weisheit sei: »Thus the work of art symbolizes all the levels of reality that lie between the phenomenon and the idea. It counteracts the impoverishment of vision that results when any of these levels is viewed in isolation of the others, and encourages the synthesis of conception that is the mark of wisdom.« (*Artistic Symbols*, in: *Toward a Psychology of Art*, 1966, 221)

Arnheim steht jenen Forschern sehr kritisch gegenüber, die das Vermögen des Menschen, archetypische Symbole zu bilden, genetisch erklären wollen (dies war auch bei Warburg und Jung zum Teil der Fall). Der Einschätzung Jungs, daß die symbolische, verbindliche Bedeutung eines Werkes sich unmittelbar in dessen Form, oder besser: Struktur, offenbart, scheint er jedoch beizupflichten. Eindeutige grundlegende Strukturen werden als Manifestationen fundamentaler Lebenssituationen erkannt, die keiner Erklärung bedürfen. Der symbolische Inhalt wird demnach unabhängig von Zeit und kulturellem Rahmen spontan vom Menschen erfaßt. Darin, so meine ich, ist die Nähe zu Jung nicht zu verkennen. Er definierte das Symbolschaffen und das intuitive Verständnis für die archetypischen Formen im weitesten Sinne als menschliche Fähigkeit, gleichbleibende Vorstellungen von bestimmten primären Lebenssphären und immer wiederkehrende Grundmuster als Ausdruck derselben zu bilden. Die Gestaltpsychologie hat auf experimentellem Weg den Nachweis gesucht, daß der Mensch die Welt stets als eine Struktur erlebt und intuitiv in der Lage ist, gewisse Erscheinungen oder Grundmuster als verbindlichen, symbolischen Ausdruck seines eigenen Lebens zu erkennen. Die symbolische Form stellt laut Arnheim eine angeborene, evidente Erkenntnis- und Ausdrucksweise dar, die allgemein menschlich ist und deshalb geeignet, primäre Geschehnisse oder Erlebnisse zu vermitteln.

In der Studie *Perceptual Analysis of a Symbol of Interaction* vertritt Arnheim die Auffassung, daß der Mensch das Kräftespiel verschiedener

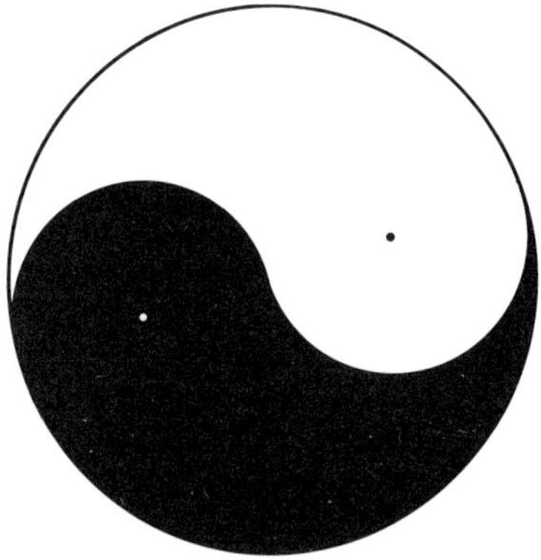

26 T'ai-chi tu, taoistisches Symbol des Zusammenwirkens, Dynamik und Harmonie im Universum, Ausdruck einer bedeutsamen Lebenssituation (Arnheim).

Komponenten einer Konfiguration intuitiv wahrzunehmen vermag. Die dynamischen Formen würden zugleich mit gewissen bedeutsamen Lebenserfahrungen identifiziert. Beispiel solch einer perzeptionsanalytischen Identifikation ist das taoistische Symbol der entgegengesetzten, dynamischen Kräfte im Kosmos und seiner Einheit und Harmonie: *T'ai-chi tu* (Abb. 26). Arnheim sucht nachzuweisen, wie das Spiel der dynamischen, reinen, konvexen und konkaven Formen und die Entsprechung ihrer rotierenden Bewegung in der Ganzheit des Kreises den Charakter der kosmologischen Kräfte des Taoismus veranschaulichen. Trotz dieser tieferen philosophischen Bedeutung der Figur meint Arnheim, daß eine kosmologische, universale Interpretation selbstverständlich sei und sich aus der angeborenen Fähigkeit des Menschen, seiner perzeptuellen Erfahrung eine symbolische Bedeutung zu unterlegen, erklären lasse. (Man fühlt sich hierbei an Vischers Ausspruch von der Notwendigkeit der symbolisierenden Tätigkeit beim Kunstschaffen und bei der ästhetischen Wahrnehmung erinnert.) Zum Symbol des *T'ai-chi tu* heißt es bei Arnheim: »Our symbol of interaction is a case in point. Interaction concerned the early philosophers, and it still concerns us today. Given this interest and a pair of reasonably observant eyes, images of interaction can be expected to be spontaneously understood by anybody. They may be sought and discovered by men of any period or country among the stores of simple shapes. And since the possibilities are few, the discoveries will resemble each other.« (*Toward a Psychology of Art,* 1966, 243 f.)

Wir haben gesehen, wie der kultursymbolische Aspekt in der Strukturanalyse Sedlmayrs überhand nahm – die »Gestalt« des Kunstwerks wurde intuitiv als Ausdruck einer Zeitstimmung, als heuristisches Symptom verstanden. Aufgabe des Interpreten sei es, die richtige Diagnose zu stellen und die tiefere symbolische Bedeutung aufzudecken. Arnheim enthält sich solcher Deutungsversuche. Das Erlebnis vor einem Kunstwerk wird in Begriffen der Perzeptionspsychologie erfaßt, die im Prinzip bei jedem strukturierten Objekt ihre Gültigkeit haben. Aber die künstlerische, symbolische Form besitzt doch, nach Arnheim, eine eigene Qualität – es ist dem Künstler gegeben, im Zustand höchsten Bewußtseins einen prägnanten Ausdruck für die in ihm und in der Natur waltenden unbewußten Kräfte zu finden. Im Symbol widerspiegelt sich die Begegnung des Menschen mit dem Universum. So wird gewissermaßen ein Aspekt der Symboltheorie Jungs erörtert, wiewohl Arnheim von dem Rationalen, dem Bewußtsein als Voraussetzung künstlerischer Schöpfungskraft ausgeht. Mit seiner Forderung nach Einheit, Klarheit und Intensität der symbolischen Form steht er in der gestaltpsychologischen Tradition und in der Nähe der von Susanne Langer vertretenen Auffassung. »Gefühl« wird bei ihm jedoch als Kombination von normalen Perzeptionen und deren unbewußter Auswertung definiert.

Gefühl und Symbol

1942 erschien Susanne Langers *Philosophy in a New Key.* Wie schon erwähnt, hat sie sich darin der Symboltheorie Ernst Cassirers angeschlossen. Es geht ihr darum, die verschiedenen Symbolformen (oder Modalitäten), die der symbolschaffenden Aktivität ihr spezifisches Gepräge geben, zu bestimmen. Auch die diskursive, sprachliche Form, in der die Intelligenz und das Bewußtsein des Menschen sich ausdrücken, besitzt einen Symbolcharakter. (Im Gegensatz zu Jung hatte Cassirer ja den Symbolbegriff im weitesten Sinne aufgefaßt: als Ausdrucksform, die auch den diskursiven logischen Satz mit einbezog.) Der Intellekt dient als Vermittler von Formen und Begriffen, die der primären, symbolschaffenden Aktivität des Menschen entstammen. Sprache, Mythos und Kunst wurden vom Menschengeschlecht gebildet, um eine Orientierung in der Welt zu gewährleisten, um das Dasein zu meistern. Sie zeugen von der neugewonnenen Ordnung in der Welt, die von den Gedanken und Gefühlen des Menschen strukturiert wird. Langers Untersuchung zur Struktur der symbolischen Form wird in erster Linie von der Prämisse getragen, daß der Mensch seine Lebenserfahrung und sein Gefühl in symbolischen Worten, Bildern und Handlungen kundtut.

Alle kulturellen Äußerungen, wie Sprache, bildende Kunst und religiöse Riten, Tanz usw., dienen ein und demselben *Streben nach Ausdruck.* Unterschiede sind, wie es im Anschluß an Cassirer heißt, auf die verschiedenen Medien zurückzuführen, die verschiedenartige Gestaltungsprinzipien erfordern.

In der logischen Erörterung des Problems, was ein Ding zu etwas Symbolischem macht, greift Langer auf die alte Vorstellung zurück, daß das Symbol seinem Charakter nach stellvertretend für ein Ding oder eine Idee steht. Als wesentliche Ergänzung wird im oben erwähnten Sinne hinzugefügt, daß das Symbol, seiner Funktion als Ausdrucksträger gemäß, auch von seinem Urheber strukturiert sei. Das Symbol ist demnach nicht unmittelbar repräsentativ für Ding oder Idee, sondern eher Ausdruck einer Vorstellung davon: »symbols are ... vehicles for the conceptions of objects«, wobei das Hauptgewicht auf »conceptions« liegt (vgl. hierzu Jung und Cassirer).

Das Augenmerk Langers richtet sich in erster Linie auf die psychologische Rolle des Individuums und ihre Bedeutung für das Schaffen und die Verwendung symbolischer Ausdrucksformen bzw. auf deren Interpretation durch den Empfänger. Zwar kann man sagen, daß die Symbolform und ihre Funktion nicht ohne ein festes Bezugssystem *(pattern)* in einer spezifischen Situation entstehen können, aber zugleich werden sie von der persönlichen, einmaligen Interpretation geprägt. Daraus folgt, daß das individuelle Erleben in der augenblicklichen Situation oder der sozialen und kulturellen Ordnung von entscheidender Bedeutung für die Gestaltung der Symbolform ist. Dies gelte auch für den Empfänger und seine Deutung des Symbols (vgl. auch das »Symbolmilieu« Paulssons und das »intellektuelle Kräftefeld« Bourdieus).

Weiterhin erörtert Langer die Verschiedenheit der Struktur in den Medien der Sprache, der bildenden Künste und der Musik. Die Sprache bedient sich des Vokabulars und der Syntax. Durch Aneinanderreihung entsteht der Sinn – d.h. der Prozeß wird als *diskursiv* bezeichnet. Die anderen symbolischen Formen lassen sich weder auf ein sprachliches Vokabular zurückführen, noch können sie durch Synonyme ersetzt werden. In *simultaner* Form drücken sie Vorstellungen *(conceptions)* im angeführten Sinne aus. Die simultane Form stellt sich dem Betrachter als ein Ganzes dar. Erst nachträglich wird sie durch eine rationale Analyse auf einzelne Aspekte hin untersucht. In diesem Sinne ist das Symbol nach Langer »repräsentativ« *(presentational).* Einwände gegen diese strukturanalytisch anmutende Methode sind schon angeführt worden – man könnte auf die Literaturtheorie Wolfgang Kaysers

Fig. 18 *Langer*

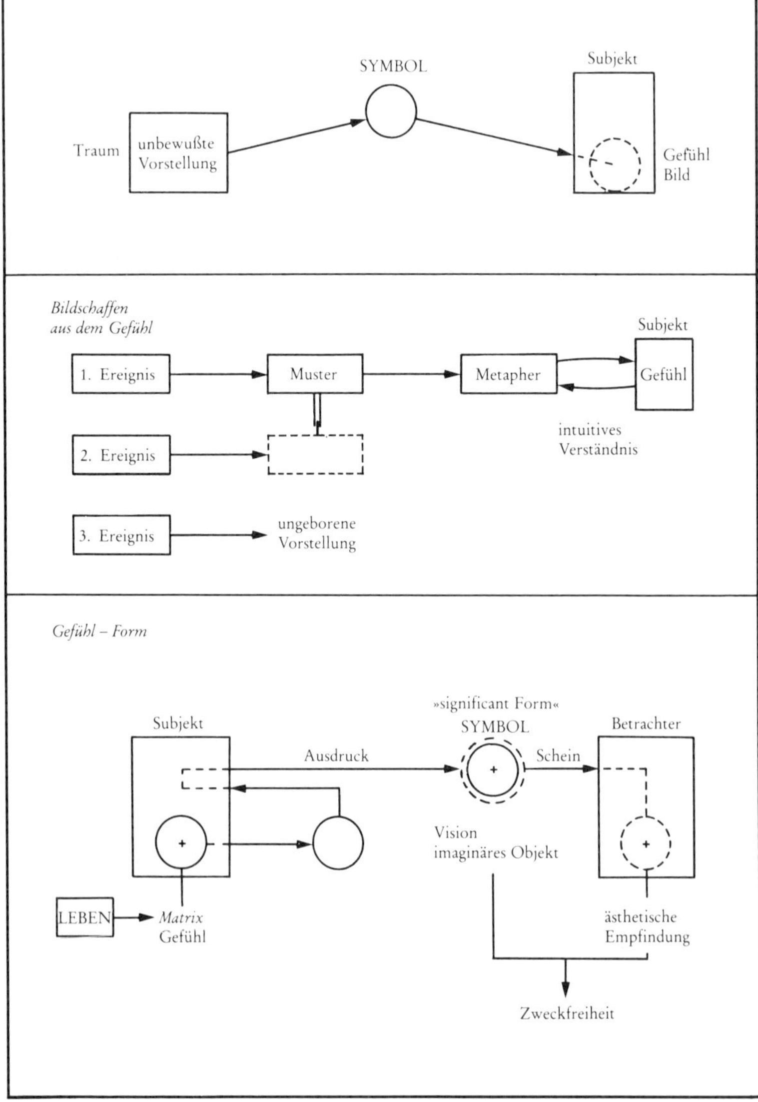

(1948) verweisen, die den ganzheitlichen Charakter auch bei der diskursiven Form voraussetzt. Aber grob gesehen, läßt sich der wesenhafte Unterschied der sprachlichen bzw. der bildhaften Symbolform durch die beiden Begriffe des Diskursiven und Simultanen abgrenzen. Die Sprache mit ihrer immanenten Logik des Aufbaus stellt die geeignete Form der rationalen Gedanken dar. Vorstellungen, die nicht auf diese Weise zum Ausdruck gebracht werden können, bezeichnet Langer als *Gefühle,* die den simultanen Symbolformen zugrunde liegen (Fig. 18; Jung hatte in ähnlicher Weise das Gefühl als primären Inhalt der künstlerischen Symbolform verstanden – ja, im Grunde können wir den Unterschied des Diskursiven und Simultanen bis hin zu Du Bos' natürlichen und künstlichen Zeichen zurückverfolgen).

Die simultan strukturierten Symbolformen drücken also das Gefühl des Menschen aus. Am deutlichsten erscheint die Eigenart der künstlerischen Symbolform in der *Musik,* da sich in ihr nicht nur Einfühlung und Erfahrung des Komponisten widerspiegeln, sondern sie auch unmittelbar die *Entstehung* der Gefühle veranschaulicht. Die Musik wird als eine im Werden begriffene Symbolform charakterisiert, ausdrucksvoll, artikuliert und voll möglichen Sinnes und Lebens, die sich der endgültigen diskursiven Bestimmung entzieht. Die Musik sei »a significant, symbolic form ... of morphology of feeling« (1942).

Bei den übrigen künstlerischen Symbolformen werden Gefühle, die mit tieferliegenden, verborgenen Schichten unseres Daseins verbunden sind, auf dem Wege der Analogie geäußert. Diese seit der Romantik gängige Anschauung verknüpft Langer mit dem ebenfalls herkömmlichen Begriff des »Scheins«. Wie Vischer, Warburg und Cassirer greift auch sie den Gedanken Schillers auf, daß das Kunstwerk imaginäres Leben besitze und die ästhetische Welt, die es hervorbringe, als eine fruchtbare Scheinwelt charakterisiert werden dürfe. Durch die bedeutsame, symbolische Form schaffe der Künstler »imaginäres Leben«. In der spezifischen Struktur des Kunstwerks werde es in seiner Autonomie und Wahrheit offenbar. Wir erkennen darin jenes künstlerische »Prinzip der inneren Notwendigkeit«, von dem schon bei Hegel, Wagner, Vischer und später bei Kandinsky die Rede ist (*Über das Geistige in der Kunst,* 1910). Bereits Aristoteles hatte auf diese doppelte Natur des Kunstwerks (in seinem Falle des Dramas) hingewiesen: wir können das Werk als eine autonome, künstlerische Form genießen, aber zugleich werden beim Betrachter oder im Auditorium Gefühle geweckt, die jenem Leben und jenen Regungen entsprechen, die im Werk selbst wirksam sind.

Die Schlüsse, die Langer in bezug auf die ästhetische Beurteilung einzelner Werke zieht, entsprechen denen der strukturalistischen Kunstwissenschaft. Ein Kunstwerk besitzt Bedeutung, Ausdruck und Verfeinerung in größerem oder geringerem Ausmaß *(significance, expressiveness, articulateness).* (Sedlmayr spricht von »anschaulichem Charakter«.) Fehlen diese Kriterien, hat die Symbolform ihren Ausdruck und eigentlichen Sinn verloren. Ein Kunstwerk ohne eigene Physiognomie und Dynamik ist nicht länger im Dasein verwurzelt. In derselben Weise haben die Strukturanalytiker gefordert, daß das Kunstwerk eine reine Form, eine prägnante Gestalt besitzen müsse.

In einer ergänzenden Arbeit (1953) sucht Langer jene imaginäre Scheinwelt zu beschreiben, die von der künstlerischen Symbolform evoziert wird. Unter Verweis auf Schiller wird wieder jene Freiheit angesprochen, die der Betrachter angesichts des Kunstwerks und dessen »Scheins« erfährt. Diese zweckentbundene Freiheit ist zugleich eine Bestätigung, daß der Betrachter sich von der traumhaften, suggestiven Ausstrahlung des Kunstwerks und seiner reinen Form hat ergreifen lassen. Diese alte Vorstellung der Aura, die die künstlerisch bedeutsame Form umstrahlt, wird von Langer als *semblance* bezeichnet – ein Begriff, der sich auf den »Schein« bei Schiller und Jung bezieht (vgl. Abb. 25 und Fig. 18).

Das Raumerlebnis war insbesondere von Cassirer als primärer Faktor bei der symbolschaffenden Aktivität des Menschen betont worden. Langer untersucht nun die verschiedenen *modi,* in denen der imaginäre Raum in den Medien der Malerei, Skulptur und der Architektur zum Ausdruck kommt. Diese Fiktion heißt bei ihr *virtual space.* Galt früher das *Gefühl* schlechthin als Ursprung der symbolischen Form, so geht es jetzt um die *Bestandteile* dieses Gefühls im Erlebnis imaginärer Zeitabläufe und räumlicher Verhältnisse. Die Musik war schon vorher als Widerspiegelung der Entstehung *(morphology)* des Gefühls interpretiert worden – jetzt wird dessen Inhalt auf das Erlebnis des inneren Zeitablaufs bezogen: *virtual time.*

Die Gefühle, die in die bedeutsamen Gestalten der symbolischen Formen eingehen, können nur auf direktem, intuitivem Wege begriffen werden. Die Funktion des Symbols ist naturgemäß in erster Linie expressiv; als Träger des Ausdrucks ist es lebendig, schafft eine imaginäre Welt von Zeit und Raum. Aus der dunklen Tiefe des Lebens (der *matrix)* wird das Kunstwerk geboren, erscheint es als eine Offenbarung. In seiner fiktiven Scheinwelt können wir die einmalige Einbildungskraft des Genies erkennen; die Gefühle, die in den prägnanten Formen suggeriert werden, sind nicht Fiktion, sondern ursprünglich und lebendig. Nach Langer ist es Aufgabe des Kritikers, nachträglich in rational-analytischer Weise jenes ursprüngliche Lebensgefühl zu bestimmen, das zu dem jeweiligen Werk geführt hat. Er hat auch zu beurteilen, inwiefern die Prägnanz der künstlerischen Form ausreicht, um diesen Zusammenhang unmittelbar ersichtlich zu machen.

Cassirer hatte sich für den autonomen Charakter der künstlerischen Symbolform ausgesprochen und sich in jene objektiv ausgerichtete Tradition der Begriffsanwendung gestellt, die im ausgehenden 19. Jahrhundert vorherrschend gewesen war. Darüber hinaus war er, dank seiner sprachtheoretischen und anthropologischen Studien, sich sehr wohl des expressiven Charakters bewußt, der jeder symbolschaffenden Aktivität des Menschen überhaupt innewohnt. Dieser Aspekt des Symbols, der von den Romantikern besonders hervorgehoben worden war, wird von Langer noch stärker als bei Cassirer betont. Sie begnügt sich nicht damit, die simultane symbolische Form als den einzig möglichen und angemessenen Ausdruck des Gefühlslebens zu bezeichnen, sondern sucht zugleich jene tieferen Instinkte aufzuspüren, die ihr zugrunde liegen. Dadurch nähert sie sich der Anschauung Jungs. In der symbolischen Form der Kunst werden jene primitiven Kräfte veranschaulicht, die im kollektiven Unbewußten zwar stets gegenwärtig, aber verborgen sind. Das fiktive Leben des Symbols ist nach Langer imstande, das Bewußtsein des Betrachters um diesen lebenspendenden Urgrund zu wecken, woraus der Mensch in seinem physischen und psychischen Leben Kraft schöpfen kann.

Symboldeutung frühzeitlicher Kunst

Als 1868 durch Zufall die Höhle von Altamira entdeckt wurde und der Graf Sautuola 1875 begann, sie systematisch zu erforschen, waren sich nur wenige Forscher über das Alter des Paläolithikums im klaren. In seinen *Antiquités Celtiques et antediluviennes* (I, 1846) machte Boucher de Perthes erstmals eine entscheidende Rückdatierung. 1862 ist ihm Lartet, 1863 Lubbock gefolgt *(Prehistoric Times)*. Der Schock, den das neue Wissen um die große Zeitspanne der Menschheitsgeschichte verursachte, hat in Verbindung mit der vorherrschenden positivistischen und evolutionistischen Strömung zunächst starke Zweifel an der Originalität der Höhlenkunst ausgelöst. Das Axiom, daß aus der abstrakt-primitivistischen Darstellungsform die imitativ-naturalistische hervorgehe, wurde aufrechterhalten. Offiziell hat man die Höhlenmalereien auf einem Kongreß 1880 in Lissabon als Fälschungen

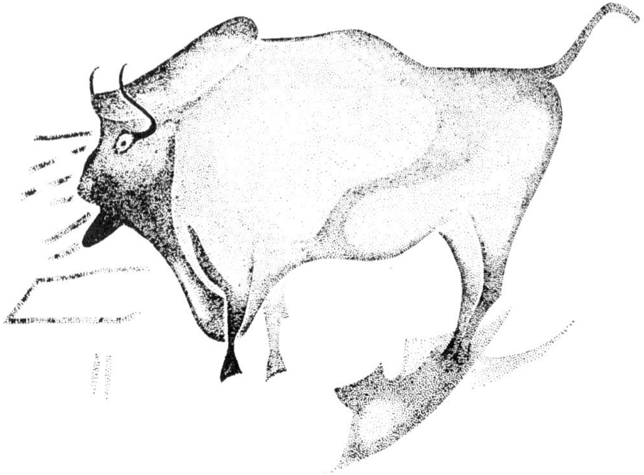

27 Stier, Felsmalerei, Altamira. Kultisch-symbolische Darstellung – totemistisches Zeichen oder Jagdzauberformel (Durkheim, Reinach u. a.). Ausdruck des Komplementären (Eliade).

deklariert – wären doch sonst alle bisherigen Vorstellungen von der Stil- und Kulturentwicklung verkehrt gewesen. In der Folgezeit haben sich ABBÉ BREUIL und OBERMAIER unermüdlich für die Anerkennung der Authentizität der neuen Funde eingesetzt. Als schließlich 1895 die Grotte La Mouthe in der Dordogne entdeckt wurde, konnte die negative Haltung der Gelehrtenwelt durchbrochen werden. Jedoch erst 1902 hat CARTAILHAC angesichts der wachsenden Zahl der Entdeckungen seine Zweifel an der Echtheit der Höhlenmalereien widerrufen (*Mea culpa d'un sceptique, L'Anthropologie*, 1902).

Die Vorstellung einer festgelegten Stilentwicklung von der abstrakten zur naturalistischen Wiedergabe der sichtbaren Welt in der bildenden Kunst sowie die hohe technische Qualität und der Illusionismus der Höhlenmalereien haben sich zunächst negativ auf ihre Erforschung ausgewirkt (Abb. 27; vgl. auch die Übersicht von UCKO und ROSENFELD, *Paleolithic Cave Art*, 1967).

Rund 115 Höhlen aus dem Zeitraum von 32 000 bis 10 000 v. Chr. wurden bis heute gefunden. Die großartigen Schöpfungen von Altamira, Pech-Merle und Lascaux gehören der Periode des Magdalénien (um 15 000 bis 10 000) an, wobei zu beachten ist, daß die letztgenannte Höhle erst 1940 entdeckt wurde.

Im Gegensatz zu den Felsbildern der vorangegangenen Jahrtausende sind die Höhlenmalereien des Magdalénien von monumentalem Ausmaß. Die dargestellte reiche Fauna (Mammut, Pferd, Bison, Ren und Ochse) vermittelt ein Bild von den Lebensbedingungen und klimatischen Verhältnissen dieser »paradiesischen Zeit«, in der die Jagd Grundlage der sozialen und wirtschaftlichen Struktur sowie der mythisch-religiösen Vorstellungen war. Hier werden im folgenden nur einige Forscher genannt, die die paläolithische Kunst (oft nach anthropologischen Modellen der zeitgenössischen »primitiven« Kunst) in funktionellem Sinne gedeutet haben. Die Bedeutung des romantischen Symbolbegriffs für die Interpretation dieser frühen Kulturerscheinungen ist erwiesen; er wirkt, obgleich durch Erkenntnisse der neueren Anthropologie mit anderem Vorzeichen versehen, noch heute nach. Welche Methode die Forscher auch angewandt haben mögen – in der Deutung der Bilder als referentielle Symbole der Jagd und der damit verbundenen Riten nähern sie sich einander an. Hinzu kommt noch die psychologische Auswertung der Darstellungen in dynamisch-projektivem Sinne – als Seelenleihung.

Schon in Creuzers *Symbolik und Mythologie der alten Völker, besonders der Griechen* haben wir gesehen, daß die magische Beziehung zwischen Mensch und Natur in der Frühzeit der kulturellen Entwicklung als grundlegend beurteilt wurde. In der Magie wurde der Bezug des Menschen zur Natur und zum Kosmos zum Ausdruck gebracht, die Identität zwischen Ding und Begriff, Naturvorgang und geistiger Interpretation festgelegt. Im Bild, der künstlerischen Symbolform, habe sich dieses Verhältnis des Menschen zur Umwelt offenbart.

Auch der psychologische Aspekt der frühen, ausdrucksvollen Kunst fand bei Creuzer Beachtung. Ihr Ursprung sei im unbewußten Seelenleben des frühzeitlichen Menschen zu suchen, das seine Träume, religiösen Vorstellungen und Kulte hervorgebracht habe. So nimmt das Symbol durch die Kunst oder die Religion entweder mystischen Charakter an, oder es entwickelt sich zum Göttersymbol, wobei die primitive, frühzeitliche Kunst sich nach Creuzer gerade durch die »Inkongruenz des Wesens mit der Form« auszeichnet; das Unergründliche und Schrankenlose haben noch nicht ihren angemessenen Ausdruck erhalten; darin liegt das Charakteristische des Symbolischen – das Bild verweist auf ein höheres Prinzip der Macht oder der Gottheit.

Hegels Auslegung des Symbolbegriffs im negativen Sinn als Ausdruck einer geschichtlichen Frühstufe der Menschheitsentwicklung konnte ebenfalls von evolutionistisch ausgerichteten Anthropologen übernommen werden. Auf Creuzers Weg ist der Altmeister der Religionsforschung und Anthropologie, J. J. Bachofen (1815–87), weitergegangen. Naturmystik und Fruchtbarkeitssymbolik hat er mit entsprechenden sozialen Organisationsformen (z.B. mit dem Matriarchat) in Beziehung gesetzt. Wie Titzmann gezeigt hat, ist Bachofens Verwendung des Symbolbegriffs nicht so vielschichtig wie Creuzers. In erster Linie beschränkt er sich darauf, im Symbol die Verknüpfung des Besonderen mit dem Allgemeinen zu sehen, wobei seine »ahnungsreiche Fülle« in der Vielzahl metaphysischer Vorstellungen und Interpretationsmöglichkeiten gegeben ist. Die Wirkung des geheimnisvollen Symbols ist es schließlich, worum es sich dreht. Titzmann (1978, 176) zitiert Bachofens *Versuch über die Gräbersymbolik der Alten:* »Sie [die Symbole] erregen Ahnungen, sind Zeichen des *Unsagbaren,* unerschöpflich wie dieses, mysteriös, wie notwendig und ihrem Wesen nach jede Religion, eine stumme Rede, als solche der Ruhe des Grabes besonders entsprechend . . .« Bedeutungsträchtig ist Bachofens mythische Auslegung des Symbols – Mythos und Kunst besitzen die Fähigkeit, jener Fülle menschlicher Vorstellungen und Regungen, die auf diskursivem Wege kaum zu erfassen ist, Ausdruck zu verleihen. So erscheinen die Bilder und Mythen der archaischen Zeit, wie später bei Warburg und der psychoanalytisch ausgerichteten Symboldeutung, als ein Weg, die großen, bewegenden Kräfte des Daseins, Zeugung, Geburt und Tod, geistig zu bewältigen – Titzmann spricht gar von »Sublimierung« und verweist auf den Zusammenhang zwischen Bachofens Erörterung dieser Themen im Sinne »verborgener Urängste des 19. Jahrhunderts« und Sigmund Freuds Psychoanalyse (1978, 176).

F. Th. Vischer hat in seiner Ästhetik, besonders in der Zeit nach 1857, den projektiv-fiktiven Charakter des Symbols noch stärker als Creuzer betont und zugleich die Notwendigkeit der symbolisierenden Tätigkeit des Menschen herausgestellt. Die fließende Übergang vom Magisch-Repräsentativen zum Darstellerischen spiegelt sich im Akt der ästhetischen Wahrnehmung, wobei der kultisch-religiöse Aspekt des Objektes oder Kunstwerks gleichsam von dessen ästhetischer Wirkung abgeschwächt wird. Die Frage nach dem Verhältnis von Symbolischem und Ästhetischem in der frühzeitlichen Kunst ist noch keineswegs geklärt. Sicher kann nur gesagt werden, daß der funktionale Aspekt, ob biologisch oder kultisch bedingt, entscheidend gewesen ist und von einer »Einheit von Stoff und Form« in ästhetischer Hinsicht erst verhältnismäßig spät gesprochen werden kann (vgl. hierzu Adorno, 1972, 480–490).

Auch in der Anthropologie und in der Völkerkunde, die nach Darwin und Spencer von positivistischen und evolutionistischen Gedankengängen durchsetzt waren, suchte man das Phänomen der Religiosität aus dem Trieb- und Traumhaften zu erklären, jenem Bereich des Halbbewußten und der Erinnerung, wo der Glaube an die Identität von Mensch und Natur, Tieren und Geistern noch nicht durch das aufgeklärte Bewußtsein überwunden und abgelöst wurde. In diesem Sinn hat E. B. Tylor die damals bekannten »primitiven Kulturen« in seiner einflußreichen Studie erörtert: *Primitive Culture*, I–II, 1871.

In Tylors Nachfolge wurden später immer wieder Vergleiche zwischen den bekannten primitiven Kulturen und der Frühzeit der Menschheitsgeschichte gezogen. 1887 erschien J. G. Frasers Buch *Totemism*, drei Jahre später sein weltweit bekanntes *The Golden Bough* und 1910 die Studie *Totemism and Exogamy*. Der Totemismus wird von Fraser als geschlossenes religiöses System beschrieben, das auf zwei Glaubenssätzen beruht; Gleiches werde vom Gleichen erzeugt, und vom Schutzgeist in der repräsentativen Gestalt des Zeichens oder Bildes gehe auf den Menschen oder den Klan eine kontinuierliche Wirkung aus.

An den isoliert lebenden Stämmen im Inneren Australiens wurde die Funktion des totemistischen Systems aufgezeigt (Spencer, Gillen) und seine soziale Bedeutung erörtert (E. Durkheim; zu diesen frühen ethnologischen Forschungen vgl. Ucko u. Rosenfeld 1967). Dingen und Tieren wurde eine Seele verliehen, deren Wirkung und Präsenz auch noch in der Abbildung gegeben sein sollte. Die Gruppe (der Klan) war dem totemistischen Zeichen unterstellt, das für ihre Einheit und ihren Fortbestand bürgte. Somit galt das totemistische Zeichen als Kennzeichen der sozialen Struktur mancher Stämme; es erfüllte für die religiösen und sozialen Vorstellungen eine wichtige symbolische Funktion.

Ergänzend zum Totemismus wurde zu Beginn dieses Jahrhunderts die Magie gesehen, die ursprünglich als Nährboden der Religion und der Kunst, als Mittel der Bewältigung und Nutzbarmachung der Kräfte der Natur und des Lebens diente. Durch die Magie gewinnt der Mensch die Oberherrschaft, im dargestellten Tier wird seine Präsenz gewährleistet, gewinnt es an Kraft und Wirkung (S. Reinach, *L'Art et la magie*, 1903). Durch ein Ritual oder einen Nachvollzug der Jagdhandlung, das Schießen mit Pfeil und Bogen auf das gemalte Bild, sei kommendes Jagdglück beschworen worden. Daher war es möglich, die verblüffend naturalistische Darstellungsweise zu erklären – daß Kraft und Dynamik eine besondere Rolle spielen, erscheint nicht verwunderlich. So suchte man aus der Funktion der Bilder ihre Gestaltungsprinzipien abzuleiten – gerade das naturalistische Element wurde als Beleg ihrer symbolischen Bedeutung gesehen.

In ähnlicher Weise wurden die weiblichen Skulpturen (freilich ohne die nötige zeitliche Differenzierung) auf Grund ihrer ausgeprägten Geschlechtsmerkmale und ihrer Fülle hypothetisch mit Fruchtbarkeitsriten in Verbindung gebracht. Welchen kultischen Zweck sie dabei erfüllen sollten, bleibt ungeklärt, zumal oft das Fehlen einer Standfläche den Schluß, es handele sich um Kultstatuetten, kaum zuläßt. Bei der »Venus«-Darstellung (Laussel) sowie bei den Relief-Figuren in der Höhle La Madeleine (erst 1952 entdeckt) hat man jedoch auch in jüngerer Zeit kultisch-symbolische Bezüge angenommen. Verglichen mit den frühen Figuren der Aurignacien-Periode (z. B. der Venus von Willendorf), weisen die letzteren erheblich andere Charakteristika auf und sind dem Magdalénien zugeordnet worden. Das Fruchtbare, Schwellende, Sexuelle ist bei den Frauengestalten von La Madeleine abgeklungen. Ruhend, antiken Quellnymphen ähnelnd, sind die Figuren in die Felsform hineinmodelliert (Abb. 28). Mit ihren schlanken Beinen und kleinen Brüsten erscheinen diese Figuren weniger als Verkörperung der Fruchtbarkeit, sondern eher der Keuschheit und der Unversehrtheit. Giedion (1957) bezeichnet sie als Vorahnung der antiken Artemisgestalten, denen eine geistig-symbolische Funktion zugesprochen werden darf.

Für den sympathetisch-magischen Charakter der Höhlenkunst hat sich auch der Altmeister der Frühzeitforschung, Abbé Henri Breuil, erklärt, der 1911 das *Institut Paléontologie* zusammen mit Obermaier gründete. Außer auf viele Tierdarstellungen, die eine magisch-symbolische Funktion gehabt haben dürften, verweist er auf eine Reihe von Zauberern, die, mit Tierfellen bekleidet, Flöte spielend, wie Schamanen die Seelenübertragung von Tier zu Mensch zu vollziehen scheinen und damit Zeugungskraft und Fruchtbarkeit vermitteln (z. B. in der Höhle Trois Frères, Ariège; Abb. 29). Diese Beurteilung der frühzeitlichen Höhlenkunst hat sich bis in die heutige Zeit fortgesetzt. So hat der Religionsforscher M. Eliade die Darstellungen in den Höhlen von Trois Frères und Lascaux als Jagdzauber gedeutet. Zeugung und Tod, Fruchtbarkeit und Erlegung des Wildes erscheinen als Gegensätze, die sich bedingen und ergänzen. Wie das Motiv der Doppelgeschlechtlichkeit oder der Höhle als archetypischer Ausdruck von Geburt, Leben und Tod zu verstehen sind, so gewährleistet das Prinzip der Polarität und Ausgewogenheit hier die ökologische Balance und damit auch den Fortbestand des Klans. Entgegen der marxistischen Konflikttheorie Max Raphaels, die Magie und Totemismus als zwei gegensätzliche, wirtschaftlich verschieden strukturierte Systeme auffaßt (*Prehistoric Cave Paintings*, 1945), darf man bei den frühen Jägerkulturen von der typischen Bewußtseinshaltung des Gleichgewichts und Komplementären in Mythos, Kult und Kunst sprechen (ELIADE 1978, 19 u. 34 ff.; vgl. auch H. KIRCHNER, *Ein archäologischer Beitrag zur Urgeschichte des Schamanismus, Anthropos* 47, 1952, 244–286 sowie ELIADE 1975 u. J. MARINGER 1956).

A. Laming und A. Leroi-Gourhan haben der Erforschung der Höhlenkunst neue Wege gewiesen, die zu wichtigen Ergänzungen und Berichtigungen früherer Ergebnisse geführt haben. Insbesondere hat man davor gewarnt, allzuweit gehende Vergleiche zwischen der frühzeitlichen Kunst und jener der heutigen Naturvölker anzustellen. LAMING hat in ihrem 1959 erschienenen Werk über die Kunst in Lascaux die einzelnen Darstellungen nach ihrer jeweiligen Technik und ihrem Inhalt geordnet. Auch die Lage der Felsbilder und die daraus hypothetisch erschlossene Funktion sei zu berücksichtigen.

In gleicher Weise enthält sich LEROI-GOURHAN ethnographischer Vergleiche und sucht durch Analyse der Lage, Frequenz und inneren Zuordnung der Bedeutung der Bilder auf die Spur zu kommen. Auch bei dieser statistisch-analytischen Methode bleibt die Symbolik der Bil-

28 Reliefskulptur, La Madeleine. Kultfigur geistigen Symbolgehalts (?) (Giedion).

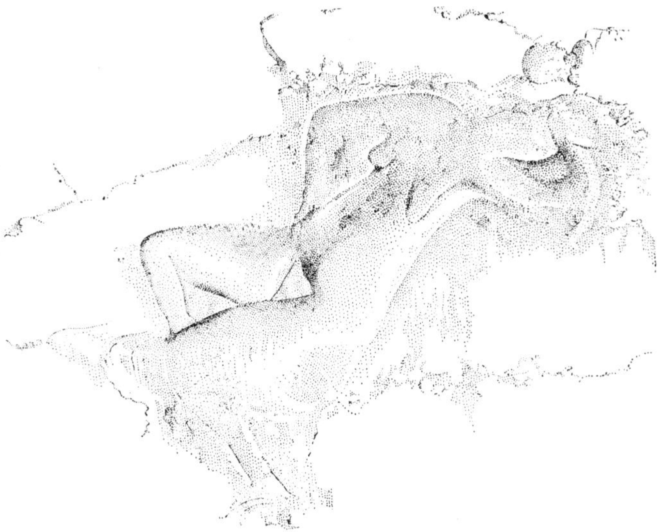

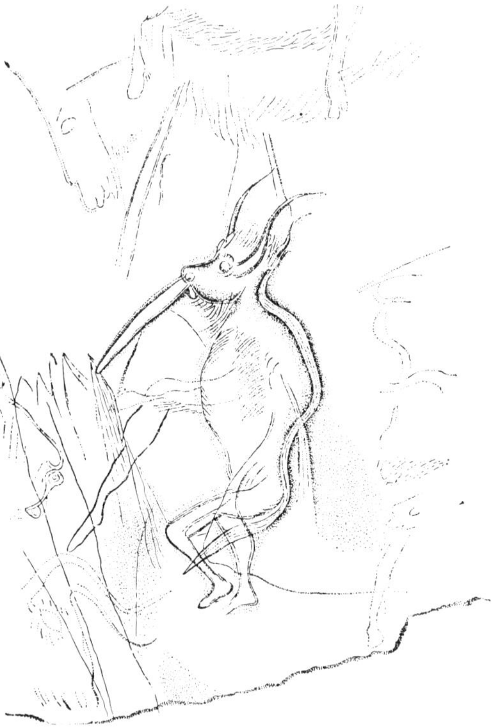

29 Zauberer, Flöte spielend, Les Trois Frères, Ariège. Zauberer (Breuil) oder Schamane (Eliade), Jagdzauber oder Seelenübertragung gewährleistend.

der, die im Spannungsfeld zwischen Fruchtbarkeitskult, Jagdzauber und Todesriten stehen, richtungweisend für ihre Interpretation. Von einer Übereinstimmung der Forscher hinsichtlich der männlichen und weiblichen Symbolik kann jedoch noch nicht gesprochen werden.

Problematisch bleiben auch die Versuche, abstrakte Zeichen wie Punkte und Kreuzkerben zu erklären, die seit dem Aurignacien regelmäßig auftauchen und mit Zähl- und Notationssystemen in Verbindung gebracht worden sind (Biedermann 1977; vgl. auch Dolezol 1979, 328f.).

Für die symbolische Deutung der Höhlenkunst im kultisch-magischen Sinn spricht schließlich das Motiv der Hände, die als Negativ-

oder Positivabdruck an den Höhlenwänden zu sehen sind. Von Leroi-Gourhan werden sie als Frauensymbole gedeutet, von Giedion mit der Magie der Hand und des Besitzergreifens assoziiert. Noch weiter geht Dolezol, der sie zur bewußtseinsgeschichtlichen Einstufung verwendet und auch mit den archetypischen Laut- und Sinngehalten in Beziehung setzt, die Richard Fester entwickelt hat (*Protokolle der Steinzeit*, 1974).

Hier ist nicht der Ort, die Entwicklung und Problematik der Paläontologie zu verfolgen. Es sei jedoch nochmals betont, daß der kultisch-symbolische Charakter der paläolithischen Kunst unbestritten ist, wenn auch biologische und ästhetische Aspekte mit einbezogen werden müssen. Während im Aurignacien das Instinktleben eine größere Rolle gespielt haben dürfte, wurde im Magdalénien (um 15 000 bis 11 000) das Sichtbarmachen und Sichern der dynamischen Kräfte in der Natur und im Leben sowie die Harmonie zwischen Mensch und Welt bedeutsam. Sowohl die abstrakte wie die naturalistische Kunst dieser Zeit diente demselben Ziel. So ist der Illusionismus nicht dem Triebhaften verbunden, sondern ist in gestalterischer Absicht ebenfalls auf ein Geistiges hin ausgerichtet. Also hat sich auf dem Gebiet der frühzeitlichen oder »primitiven« Kunst doch ein entscheidender Wandel des Symbolbegriffs seit der Romantik vollzogen – nicht in bezug auf das, was ein Symbol zu leisten vermag (hier darf immer noch auf Creuzer, Bachofen, Vischer und die Forscher der Jahrhundertwende verwiesen werden), sondern auf Grund der Einsicht, daß die symbolische Form ungemein vielfältig sein kann und abstrakte oder naturalistische Stilmerkmale funktionell bedingt sind, sich oft gegenseitig bedingen und tragen. So mußten zunächst evolutionistische Theorien der Entwicklungsgeschichte (vom Primitiven zum Geistigen) sowie diesbezügliche stilgeschichtliche Vorstellungen abgebaut werden, bevor der Symbolbegriff auch auf naturalistische Darstellungen und Szenerien angewendet werden konnte. In unserer Zeit geht es in erster Linie um die Verwendung des Begriffs im referentiellen Sinne. Zugleich wird aber, im Anschluß an die romantische Tradition, implizit angenommen, daß die paläolithische Kunst für die Menschen jener Zeit, ob in kultisch-magischem Sinn oder als totemistisches Zeichensystem, eine reale Kraft besessen hat, symbolisch wirksam war. Der Begriff des Symbolischen wird demnach auch als Rezeptionsform verstanden – ein Aspekt, der freilich schon von Kant und Vischer erörtert worden war. Auch naturalistische Kunst kann eine symbolische Funktion erfüllen und dementsprechend fortwirken.

Der Symbolbegriff Erwin Panofskys

1924/25 hielt Erwin Panofsky im Warburginstitut eine Vorlesungsreihe, *Die Perspektive als symbolische Form*, deren Titel auf den Einfluß von Cassirers gleichzeitig erschienenem Werk *Philosophie der symbolischen Formen* hinweist. In der künstlerischen Gestaltung des Bildraumes können wir nach Panofsky die Einstellung zur Welt ablesen. Der Aufbau des Kunstwerks ist symbolischer Ausdruck der ästhetischen und lebensphilosophischen Haltung des Künstlers. In der nachträglichen Analyse des Kunsthistorikers erhält die Symbolform ihre logische Begründung. Um diese Argumentation zu untermauern, beruft sich Panofsky auf die Weltanschauung und die philosophischen Systeme, die in den jeweiligen Kunstepochen aktuell waren und in der diskursiven Symbolform der Sprache eine entsprechende Auffassung von Wirklichkeit vertraten. Kunstwerke und gedankliche Systeme erscheinen als symbolische Lösungen desselben Problems; dem Kunst- oder Kulturhistoriker sei es gegeben, eine klarere Vorstellung von der Absicht und der Rolle des Künstlers zu entwickeln, als dieser sie selbst haben könne.

Schon 1921 hatte Panofsky das »Kunstwollen« an Hand der Proportionslehre erörtert. Deutlicher trete darin die künstlerische Absicht zutage, als es bei der Analyse einzelner Kunstwerke möglich sei *(Die Entwicklung der Proportionslehre als Abbild der Stilentwicklung)*. Auch Riegl hatte »Kunstwollen« und »Stilwille« gleichgesetzt und die Stilveränderungen aus einem apriorischen (freilich aus der Anschauung gewonnenen) System des Optischen und Haptischen abzuleiten versucht. In der ersten Hälfte der zwanziger Jahre hat Panofsky mit stilgeschichtlichen Begriffen gearbeitet, die ebenfalls einem vorherbestimmten »Kunstwollen« entstammten und nicht, wie bei Wölfflin, aus einem vermeintlich rein optischen Sehvorgang, der von dem ausdrucksvollen »Stimmungsgehalt« getrennt sei, abgeleitet waren. (Man siehe hierzu Panofskys Auseinandersetzung von 1915 mit Wölfflins These der »doppelten Wurzel des Stils« in dessen 1911 gehaltenem Vortrag, *Das Problem des Stils in der bildenden Kunst*, ed. 1964.) Stil als Entscheidung für die eine oder die andere Formmöglichkeit (den Wölfflinschen Gegensatzpaaren gemäß) sei als »Verhalten der Seele« zu verstehen. Auch generelle Stilmomente besäßen dementsprechend Ausdruckswert, offenbarten »die überpersönliche Gesinnung einer ganzen Epoche« (1964, 26).

Die künstlerischen Symbolformen haben in Panofskys Schriften der Zeit um 1915–25 den Charakter von zeitlosen Problemlösungen, wobei das Problem, wenn auch nicht die künstlerische Form, vom Historiker als vorgegeben erkannt wird. In diesem Zusammenhang sei auf die Differenzierung des Begriffs »Zeitlosigkeit« bei Panofsky, wie sie von RENATE HEIDT vorgenommen wird, verwiesen (*Erwin Panofsky – Kunsttheorie und Einzelwerk,* Köln/Wien 1977, 12ff.). In ihrer Metakritik der Auseinandersetzung Forssmans mit der Ikonologie (zu Forssman siehe Kaemmerling 1979, 280ff.) meint Heidt, daß Zeitlosigkeit nicht mit »Sich-Gleichbleiben« im empirisch-historischen Sinne zu verstehen sei. Panofsky habe es vielmehr auf zeitlose künstlerische *Probleme* abgesehen, deren *Lösungen* von der »empirisch-historischen Realität« abgehoben seien. Zeitlose Lösungen, die in »ihrer Bestimmbarkeit durch die Relation zu zeitlosen, weil prinzipiellen Problemen« begriffen werden müssen (1977, 12ff.).

1922 hatte EDGAR WIND einen Teil seiner Dissertation mit dem Titel *Ästhetischer und kunstwissenschaftlicher Gegenstand; ein Beitrag zur Methodologie der Kunstgeschichte* vorgelegt. Das Kunstwerk wird darin ebenfalls als Auflösung der Antithese zwischen dem Chaos der sichtbaren Welt *(Fülle)* und der vom Künstler erstrebten Ordnung *(Form)* gesehen (Fig. 19). Schon in der Symboltheorie Creuzers (1810) wurde die »Inkongruenz« zwischen künstlerischer Form und überfließendem Inhalt als Merkmal des Symbolischen verstanden. Dieselbe dialektische Struktur war auch von Solger erörtert worden (1815). Wir haben gesehen, wie der Begriff der »Überfülle« später bei Hegel und Vischer, implizit auch bei Worringer, eine große Rolle spielt – er stellt einen wichtigen Aspekt des Symbolbegriffs in der Nachfolge der Romantik dar.

Die Antithese von Fülle und Form bei Wind nahm PANOFSKY später als Ausgangspunkt, um Begriffspaare formaler Natur zu bilden, die den Stilwillen eines Künstlers ausdrücken sollten: Zeit – Raum, Fläche – Tiefe, Optisch – Haptisch, Verschmelzung – Teilung (*Über das Verhältnis der Kunstgeschichte zur Kunsttheorie. Ein Beitrag zu der Erörterung über die Möglichkeit »kunstwissenschaftlicher Grundbegriffe«,* 1925, ed. 1964). Auch in dieser Studie werden die Kunstwerke auf eine allgemeine Kultursituation bezogen und als zeitlose Lösungen prinzipieller künstlerischer Probleme gewürdigt. (Grundsätzlich und kritisch erörtert wird die apriorische und metempirische Position Panofskys und Winds zu dieser Zeit in: Dittmann 1967, 110–121. Dittmanns Auslegung des überhistorischen Ansatzes in Panofskys Methode diskutiert Heidt 1977, 14ff.)

Die zusammenfassenden Thesen in PANOFSKYS Aufsatz bestätigen zunächst den rein wissenschaftstheoretischen Ansatz seiner Methode.

Fig. 19 *Wind – Panofsky*

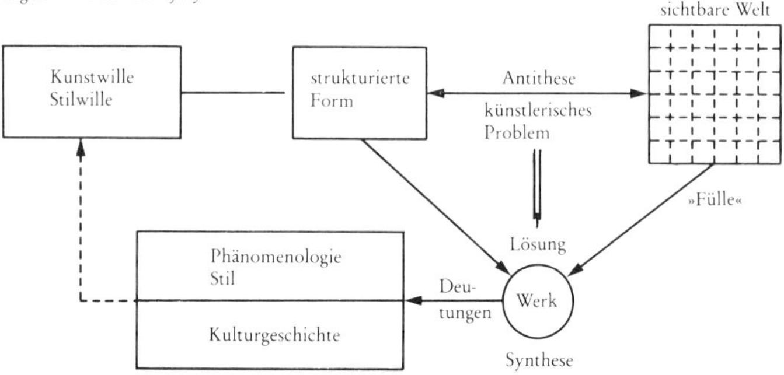

Panofsky: Die Bedeutungsschichten des Kunstwerks

Werk	*subjektive Quelle*	*objektives Korrektiv*
1. *Phänomensinn* objektive Form a) faktisch vorliegend (Sachsinn) b) expressiv (Ausdruckssinn) »primary or natural subject matter«	vitale Daseins-erfahrung intuitives Verständnis	Gestaltungsgeschichte (das »Darstellungs-mögliche«) Analyse der Form
2. *Bedeutungssinn* Inhalt: Bild Geschichte Allegorie »secondary or conventional subject matter«	literarisches Wissen	inhaltliche, ikonographische Analyse mittels literarischer Quellen, Bildüberlieferung, Typengeschichte
3. *Dokumentsinn* (Wesenssinn) Kunstwerk als *symbolischer* Ausdruck für Lebensgefühl, Weltanschauung, die geistesgeschichtliche Situation »intrinsic meaning, symbolical value«	intuitive Ganzheitsauffassung (»weltanschauliches Urverhalten«)	geistesgeschichtliche Deutung das weltanschaulich Mögliche Erkennen grundlegender Tendenzen

»Die Kunsttheorie entwickelt ein System von Grundbegriffen . . ., das keine andere Aufgabe hat als die, die künstlerischen Probleme zu formulieren.« (1964, 67) Diese Probleme lassen sich aus einem einzigen »Urproblem« herleiten (aus der Antithese von »Fülle« und »Form«). »Die sinnlichen Eigenschaften des Kunstwerks« werden in der Kunstgeschichte durch »deutend-charakterisierende Begriffe« als »Stil im äußeren Sinn« beschrieben (1964, 68). Schon auf dieser ersten Stufe der Stilcharakteristik orientiert sich die Beschreibung mit Notwendigkeit an den künstlerischen Problemen, die aus der kunsttheoretischen Betrachtung ersichtlich werden. Als »Interpretationswissenschaft« ziele die Kunstgeschichte letztlich auf die Erkenntnis des »Kunstwollens« ab, das von Panofsky ausdrücklich von der historischen Wirklichkeit abgehoben wird. Geht es doch um die Erkenntnis eines »die einzelnen Gestaltungsprinzipien übergreifenden ›obersten Stilprinzips‹.« (1964, 68) Im zeitlich-räumlichen Gefüge des Kunstwerks wird der Gegensatz von »Fülle« und »Form« gespiegelt und zugleich zum Ausgleich gebracht. In der empirischen Welt wird die Antinomie jedoch als ontologisch gegeben verstanden (vgl. 1964, 50). Die Symbolform des Kunstwerks vermittelt demnach, ähnlich wie Schiller es in seinen *Briefen über die ästhetische Erziehung des Menschen* erläutert, zwischen Notwendigkeit der Natur und Freiheit des menschlichen Gestaltungsvermögens und Urteils.

In der 1932 erschienenen Studie *Zum Problem der Beschreibung und Inhaltsdeutung von Werken der bildenden Kunst* (ed. 1964) hat Panofsky den Schritt von der formalen zur inhaltlichen Interpretation von Kunst vollzogen und dabei drei *Sinnschichten* im Kunstwerk unterschieden:
1. Die objektiv gegebene Gestalt, die als Sache zugleich einen Ausdruckssinn besitzt. Die Gestalt ist der intuitiven Anschauung des Betrachters unmittelbar zugänglich, entspricht seiner vitalen Daseinserfahrung und wirkt auf sein Seelenleben ein. Diese erste Sinnschicht wird als *Phänomensinn* bezeichnet. (Hier ist auf die Nähe zu Cassirers »intuitiver« Symboldeutung, aber auch zur Phänomenologie der zwanziger Jahre zu verweisen; vgl. Panofskys Schema, 1964, 95, sowie Kaemmerling 1979, 499–501.)
2. Die tieferliegende Schicht der inhaltlichen Bedeutung, die in ihren Elementen und als Ganzes von einer spezifischen Kultursituation abhängig ist *(Bedeutungssinn)*. Symbolisch verweisend erscheint hier das Kunstwerk, dessen rätselhaften Inhalt es aufzudecken gilt. Die ikonographische Deutung überbrückt die Kluft zwischen äußerem Bild und innerer Bedeutung. (Zur ikonographischen Entzifferung vgl. Dittmann 1967, 129 ff.)

3. In der dritten Sinnschicht wird die unbewußte Beziehung des Künstlers zur Welt und zur historischen Lage aufgedeckt – die »ungewollte und ungewußte Selbstoffenbarung eines grundsätzlichen Verhaltens zur Welt«, das für Schöpfer, Epoche, Volk und Kulturgemeinschaft in gleichem Maße bezeichnend ist (1964, 93). Wie bei den deutschen Lebensphilosophen der vorangegangenen Jahrzehnte wird das Kunstwerk als Ausdruck des Lebensgefühls und der Weltanschauung des Individuums und der Gemeinschaft interpretiert. Der Nachweis dieses »Wesenssinns« erscheint nur möglich durch die Einheit von Geist und Gefühl, die allen kulturellen Erscheinungen einer Zeit zugrunde liegt, die innere Struktur bestimmt. Ausdrücklich verweist Panofsky in diesem Zusammenhang auf KARL MANNHEIMS Begriff des *Dokumentsinns,* der jede Kulturäußerung als repräsentativ für diese letzte Sinnschicht erscheinen läßt (Karl Mannheim 1923, siehe auch Dittmann 1967, 131 und Kaemmerling 1979, 497).

Wie bei der früheren Interpretation des »Kunstwollens« und des »Stilwillens« obliegt es dem Historiker, durch seine Kenntnis der allgemeinen Geistesgeschichte die Werk und Künstler übergeordnete Einheit zu begreifen. Hat er früher die Grenzen dessen, was von der Gestaltung her möglich war, das »Darstellungsmögliche«, aufzuzeigen gesucht, so geht es jetzt um das »weltanschaulich Mögliche«.

Die kulturgeschichtliche Interpretation des Kunstwerks im Sinne eines »Dokuments« entspricht der geistesgeschichtlich orientierten Kunstgeschichte, die vor allem von MAX DVOŘÁK um 1920 in Wien vertreten wurde. In der Studie *Idealismus und Naturalismus in der gotischen Skulptur und Malerei* (1918) suchte er im Anschluß an Diltheys und Nohls transzendenten Typus der Weltanschauung die einzelnen Werke der Epoche zu erklären. In der künstlerischen Form kämen Lebenshaltung und Weltanschauung zum Ausdruck. 1924 erschien postum eine Reihe von Dvořáks Aufsätzen unter dem treffenden Titel *Kunstgeschichte als Geistesgeschichte.* Noch stärker als es bei Panofsky der Fall ist, hat man die Interpretationsmethode Dvořáks kritisiert – sie drohe zu einer holistischen Geschichtsdarstellung zu geraten, und die Analyse der Einzelwerke gehe von apriorischen Annahmen aus. Panofsky hat selbst durch Einführung von subjektiven und objektiven Interpretationsvoraussetzungen und durch Korrekturen in seinem ikonologischem System solcher Kritik entgegengewirkt.

An Hand von Grünewalds »Auferstehung« (Isenheimer Altar; Abb. 30) sucht Panofsky zu zeigen, wie sich die verschiedenen Sinnschichten bei der Interpretation des Werkes entfalten. Schon die rein formale, vorikonographische Beschreibung ist von der historisch ge-

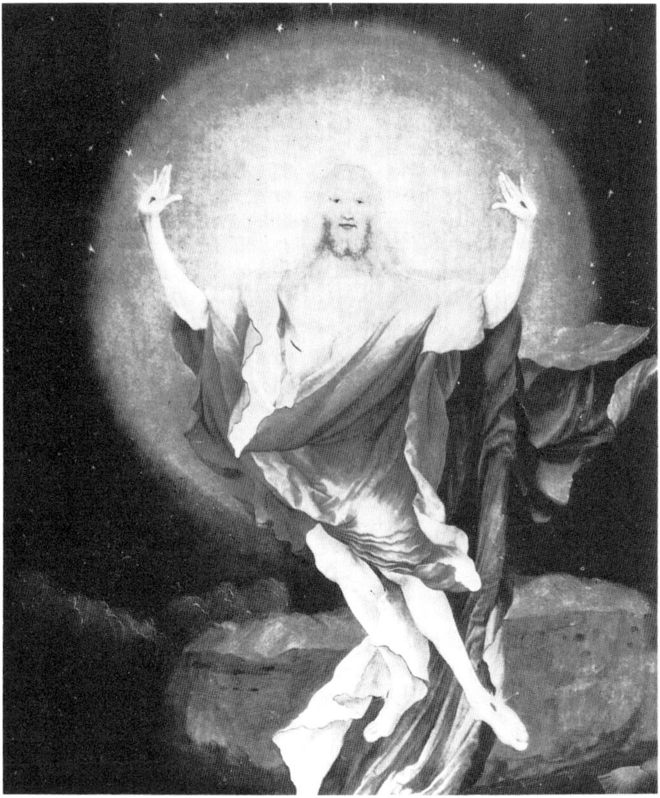

30 Matthias Grünewald, Auferstehung Christi, Teil des Isenheimer Altars, 1512–16, Museum Unterlinden, Colmar. Wahrnehmung des »Schwebens« aus der vitalen Daseinserfahrung (1. Sinnschicht) setzt Kenntnis der spezifischen Körper-Raum-Darstellung voraus. Klare Trennung von der Identifikation der »Auferstehung« (2. Sinnschicht). Dokumentiertes weltanschauliches Urverhalten (3. Sinnschicht).

prägten Sehweise und Stilkonvention beeinflußt. Wir sehen einen schwebenden Körper, aber auch diese aus der »vitalen Daseinserfahrung« gewonnenen Einsicht setzt Kenntnis der Körper- und Raumdarstellung voraus (siehe A. M. Vogt, *Panofskys Hut*, in: *Architektur und Sprache*, Hrsg. C. Braegger, München 1982, 282). Gerade das Ungewöhnliche des physischen Vorgangs gewährleistet eine klare Trennung von der zweiten Sinnschicht. Es geht hier nicht um Stil- oder Formcharakteristik, sondern eher um Erfassung von Gegenständen, die schon formal-inhaltlich konstituiert sind (vgl. Heidt 1977, 244ff.).

Die zweite Sinnschicht erkennen wir mit Hilfe unserer an der naturalistischen Stiltradition geübten Wahrnehmung: wir sehen einen lichtumstrahlten, vor dem dunklen Nachthimmel frei schwebenden Körper mit durchlöcherten Händen und Füßen und schließen daraus, daß eine »Auferstehung« gemeint ist. Die vielschichtige ikonographische Analyse und Interpretation bezieht sich sowohl auf die thematische Wahl (Selektion und Interpretation des Inhalts seitens des Künstlers), als auch auf die in ihr enthaltenen, historisch bedingten Vorstellungen (vgl. Heidt 1977, 248). Hier ist auch auf die verschiedenen Arten symbolisch-referentieller Verknüpfung zu verweisen, die Hermerén bespricht (vgl. ebenda sowie Fig. 22 und 23). Die Darstellung bezieht sich auf mehrere Textstellen der Erlösungsgeschichte, so daß wir es mit einer Kombination und Verschmelzung verschiedener Sinnzusammenhänge zu tun haben. Im *Bildtypus* sind sie formal so eng miteinander verwoben worden, daß die Bedeutung für künftige Generationen gesichert wurde. Aus der künstlerischen Gestaltung des Geistigen in einem überlieferten Stil entstand der Typus. Die Selektion, die ihm zugrunde liegt, sowie die Bereitschaft der jeweiligen Epoche, ihn anzuerkennen, spiegeln bereits die vorherrschende Weltanschauung.

Das Kunstwerk wird als Ausdruck dieses Wesenssinns interpretiert, der Weltanschauung des Künstlers und seiner Zeit Rechnung tragend, erscheint es als »Dokument«. Als Kontrolle bei dieser Auslegung dient das Wissen des Historikers um das »weltanschaulich Mögliche«. Mit der eindrucksvollen Gestaltung eines komplizierten Themas gibt die »Auferstehung« über die Inbrunst Aufschluß, mit der die Menschen im Zeitalter der Reformation sich mit dem Opfertod Christi und der Erlösung auseinandergesetzt haben.

Der Wesenssinn oder die Wahrheit, die sich nach Panofsky im »Dokumentsinn« des Kunstwerks offenbart, ist als symbolischer Gehalt, Ausdruck menschlichen Lebens und Bewußtseins zu verstehen, die sich in der Geistesgeschichte manifestieren. Cassirers Interpretation der »symbolischen Formen« im Rahmen der bewußtseinsgeschichtlichen Entwicklung findet hier eine Entsprechung. Zu den Kunstsymbolen hieß es fast im Geiste Hegels bei Cassirer (1923, I, 47): »Sie sind ... Offenbarung und Manifestation geistiger Grundfunktionen im Material des Sinnlichen selbst ... Durch sie allein erblicken wir und in ihnen besitzen wir das, was wir die ›Wirklichkeit‹ nennen: denn die höchste objektive Wahrheit, die sich dem Geist erschließt, ist zuletzt die Form seines eigenen Tuns.«

In seinen späteren Werken suchte Panofsky die erörterte Interpretationsmethode praktisch anzuwenden, nicht zuletzt in den beiden Sammlungen *Studies in Iconology* (1939) und *Meaning in the Visual Arts* (1955), die als Paradigmen für den Erkenntniswert der ikonologischen Methode gelten können. (Man siehe die Würdigung BIAŁOSTOCKIS in seiner *Skizze einer Geschichte der beabsichtigten und der interpretierenden Ikonographie* in: Kaemmerling 1979, 15–63, bes. 48 ff.) Darin setzt sich Panofsky nochmal mit dem Aufbau der Methode bzw. mit den Problemen der Kunstgeschichte als einer historisch-hermeneutischen Wissenschaft auseinander. Entgegen der bis vor kurzem vorherrschenden Meinung der Kunsthistoriker, die Methode in den Publikationen von 1939 und 1955 unterscheide sich nicht von der 1932 formulierten, haben Heidt und Kaemmerling deutliche Positionsverschiebungen nachgewiesen. Der Einfluß von Cassirers Symboltheorie macht sich stärker geltend, obwohl der Gebrauch des Symbolbegriffs im Sinne des Verweises auch auf der zweiten Ebene des Bedeutungssinns gewahrt bleibt (vgl. Heidt 1977, 253 ff.; Kaemmerling 1979, 497 ff.).

In der Einleitung zu den *Studies in Iconology* wird die erste Sinnschicht mit dem Begriff *primary* oder *natural subject matter* bezeichnet. Es geht dabei um eine weitgehend formale Beschreibung des Kunstwerks. Die zweite Sinnschicht, *secondary* oder *conventional subject matter,* betrifft Inhalt, Bilder und Allegorien, die Gegenstand der ikonographischen Analyse sind. Die dritte Sinnschicht entspricht dem Dokumentsinn, »*intrinsic meaning* or *content,* constituting the world of ›symbolical values‹« (Fig. 19). Diese letzte Bedeutung läßt sich nur »synthetisch-intuitiv« erfassen. Panofsky nähert sich hier jener Methode, die von der Strukturanalyse bei der Wahrnehmung praktiziert wurde. Im Falle der Ikonologie ist das intuitive Verständnis jedoch nur durch eine umfassende Kenntnis der geistig-kulturellen Entwicklung und der historisch-sozialen Umstände möglich, wobei auch Persönlichkeit und Weltanschauung des Interpreten eine Rolle spielen. Diese Vorbedingungen der ikonologischen Methode üben eine Kontrollfunktion aus, die eine willkürliche Deutung der tieferen Sinnsphäre, die sich hinter dem Kunstwerk verbirgt, verhindert:

»Thus as our practical experience had to be controlled by an insight into the matter in which, under varying historical conditions, *objects* and *events* were expressed by *forms* (history of *style*); and as our knowledge of literary sources had to be controlled by an insight into the manner in which, under varying historical conditions, specific *themes* and *concepts* were expressed by *objects* and *events* (history of *types*); just so, or even more so, has our synthetic intuition to be controlled by an insight into the manner in which, under varying historical conditions, the *general and essential tendencies of the human mind* were expressed by specific *themes* and *concepts*. This means what may be called history of *cultural symptoms* – or ›symbols‹ in Ernst Cassirer's sense – in general. The art-historian will have to check what he thinks is the *intrinsic meaning* of the work, or group of works, to which he devotes his attention, against what he thinks is the *intrinsic meaning* of as many other documents of civilization historically related to that work or group of works, as he can master: – It is in the search for *intrinsic meanings* or *content* that the various humanistic disciplines meet on a common plane instead of serving as handmaidens to each other.« (ed. 1962, 15f.)

Wie aus diesem Zitat und aus Kaemmerlings vergleichender Aufstellung hervorgeht (1979, 500), sind in der Fassung von 1939 die Interpretationsakte auch tabellarisch dargestellt. Schon in der ersten Sinnschicht wird die praktische Erfahrung der Welt abgedeckt, während sich das Hauptinteresse auf die zweite, den Bedeutungssinn des Inhalts, richtet. Vogt (1982, 291ff.) verweist auf den Umstand, daß Panofsky sich schon 1932, wenn auch beiläufig, eines Beispiels aus der Ethnologie bedient, um die »ungewollte und ungewußte Selbstoffenbarung« der dritten Sinnschicht zu veranschaulichen (»der Hutgruß«). Dieses Beispiel werde 1939/1955 zur Basis einer Drei-Schichten-Theorie ausgeweitet, die »vitale Daseinserfahrung« durch die »praktische« ersetzt. Eine Verengung auf den Bedeutungssinn des »nicht-autonomen, wortabhängigen Kunstwerks« finde statt.

Hier entsteht die Frage, inwiefern die Ikonographie sich im ikonologischen System verselbständigt hat, der symbolische Wesenssinn nunmehr schon durch die Entschlüsselung des Inhalts aufgedeckt wird. Die Korrektivprinzipien verschieben sich in den fünfziger Jahren vom Möglichen zum Faktischen. Während die dritte Sinnschicht 1939 noch als »ikonographische Analyse in einem tieferen Sinne« bezeichnet wird, spricht Panofsky 1955 vom letzten Interpretationsakt als einer »ikonologischen Analyse«. Dem Wortgebrauch nach darf eher von einer »Ausweitung der Ikonologie« gesprochen werden. Praktisch geht es jedoch bei der Interpretation der dritten Sinnschicht um die Charakteristik der inneren Struktur der ermittelten Bilder und Allegorien, um die Prinzipien der Anordnung und den »symbolischen Gehalt« der Themen und Vorstellungen. Letztere sind als kulturelle »Symptome« oder »Symbole« zu verstehen (vgl. Kaemmerling 1979, 500f.). Die Erweiterung des Ikonologiebegriffs, die Heidt der von Forssman und Dittmann festgestellten Ausweitung des Ikonographischen entgegensetzt, geht in den fünfziger Jahren mit der Ausweitung des »Gehaltsbegriffs« einher. Nicht visuelle, sondern »inhaltliche Wertvorstellungen des schaffenden Subjekts« stehen nun im Zentrum der Interpretation. Der »Gehalt« bezieht sich sowohl auf das Werk als auf die Wertvorstellung des Urhebers, die sich darin spiegelt (vgl. Heidt 1967, 257ff.). Als vergleichbar erweist sich der sozialpsychologische Ansatz Paulssons.

Dank seiner eminenten Gelehrtheit und seinem eidetischen Gedächtnis ist Panofsky dem Ideal der Ikonologie mit ihrer universalen Zielsetzung und ihrem verbindlichen Anspruch sehr nahegekommen. Aber bei manchen Vertretern der ikonologischen Methode droht das Interesse für rätselhafte Inhalte und entlegene Gebiete der Geistesgeschichte die vorrangige Stellungnahme zu stilgeschichtlichen Fragen und qualitativen Urteilen zu überdecken. Schon Warburg hatte solches Vorgehen verteidigt, da seiner Meinung nach die weniger bedeutenden oder geglückten Kunstwerke jene kulturgeschichtlichen Probleme prägnanter zeigten, die der Künstler zu bewältigen gesucht hatte. Die Ikonologie ist in erster Linie doch auf den geistigen Gehalt der Kunst und ihre Erscheinung als Kultursymbol, weniger auf die Fragen der Form und des Ausdrucks ausgerichtet. Dementsprechend wird der dynamische Charakter, der der spannungsgeladenen Struktur des Kunstsymbols in den frühen Stiluntersuchungen Panofskys zu eigen war, nun verdrängt. Ein Phänomen, auf das Jung in ganz anderem Zusammenhang aufmerksam gemacht hatte, tritt nun zutage: Ist das Kunstwerk als »symbolische Form« seinem Inhalt und seiner Botschaft nach entziffert und verstanden, droht es, seine suggestive Kraft und Aktualität zu verlieren. Nach Dittmann (1967, 132) erwächst auch in der Ikonologie der »symbolische Wert« aus der »Unangemessenheit von Bild und Sinn«, dient das Kunstwerk als »Symptom von *›etwas anderem‹*.« (Zum doppelten Aspekt des »Gehaltbegriffs« siehe jedoch die obigen Ausführungen.)

Hermerén hat die semantische Seite der Ikonologie untersucht und die verschiedenen Bedeutungsebenen hinsichtlich ihrer logischen Verknüpfungsart geprüft. Grundlegende Kritik an der Ikonologie haben Forssman und Dittmann geübt. Ersterer beanstandet, daß die Methode bei vielen Kunstgattungen unergiebig sei, daß qualitative Urteile fehlten und die Vermischung von Sinnschichten und Methoden das System als nachträgliche Konstruktion erscheinen ließen (1966, 132–169). Dittmann hat erstmals den apriorischen Charakter der Grundbegriffe in den frühen Schriften Panofskys aufgezeigt. In den dreißiger Jahren wird der metempirische Charakter des Systems auf den Inhalt übertragen und am Symbolbegriff nachgewiesen. Das

Kunstwerk erhält seinen eigentlichen Sinn aus seiner Andersartigkeit, es verweist auf die geistesgeschichtliche Situation und verliert seine Einmaligkeit.

Auf die Einwände Heidts zu Forssmans und Dittmanns Interpretationen wurde schon eingegangen. Sie kritisiert einmal die historische Auffassung der »Zeitlosigkeit« bei ersterem, zum anderen die Annahme Dittmanns, Panofsky entwerte durch seinen überhistorischen Ansatz Kunst und Künstler (1967, 12 ff. bzw. 14 ff.). Als »zeitlose Problemlösung« erscheint nach Heidt das Kunstwerk nur in »methodologischer Hinsicht«. Die Probleme entstünden a posteriori, aus der wissenschaftlichen Betrachtung der Kunstwerke. Grundbegriffe seien lediglich von der Methode her zu verstehen. Erst die subjektive Leistung der Problemlösungen sei »wertsetzend«, nicht die nachträglich vom Wissenschaftler formulierten Probleme selbst. Der Versuch, Gestaltungsprinzipien durch wissenschaftliche Methodik und Problemdefinitionen nachzugehen, schmälere nicht die ästhetische Wertung und Würdigung (1967, 15 ff.). Dieser Aspekt wird in der ikonologischen Forschung freilich meist ausgeklammert. Der »symbolische Wert« im allgemeinen kulturellen Wortgebrauch Cassirers erlaubt jedoch auch »keine Aussagen, die Erklärungscharakter für sich beanspruchen können« (Kaemmerling 1979, 12).

Gombrich hat sich prinzipiell gegen die Vorstellung der »verkleideten Symbolik« und diesbezüglicher Sinnschichten im Kunstwerk gewandt. Unmöglich sei es, zwischen dem vorherrschenden, beabsichtigten Sinn des illustrierten Vorganges im Bild und in der Bedeutung der darin dargestellten Gegenstände zu unterscheiden. Erst aus dem gegebenen Zusammenhang erhalten dargestellte Symbole als Metaphern ihren Sinn (*Ziele und Grenzen der Ikonologie,* in: Kaemmerling 1979, 409–417).

Die Verselbständigung der ikonographischen Forschung ist an Panofskys Gebrauch des Symbolbegriffs in *Early Netherlandish Painting. Its Origins and Character* (1953) von Pächt (1956) und Dittmann dargestellt worden. Panofsky bezeichnet die Kunst Jan van Eycks als »verborgenen Symbolismus« *(disguised symbolism).* Die Wirklichkeit selbst erscheint mit göttlicher Bedeutung gesättigt. Ohne den Wahrheitsanspruch der empirischen Betrachtung und das damit verbundene Darstellungsprinzip aufzugeben, kann der Künstler seine Bilder mit einer bewußt verdeckten Symbolik erfüllen. Aufgabe des Ikonographen ist es, die Bilder auf diese Bedeutungen hin zu entschlüsseln. Leicht läuft er dabei Gefahr, die eigentlich künstlerische Leistung aus den Augen zu verlieren.

Dittmann (1967, 135 ff.) konstatiert noch eine weitere Verschiebung im Erkenntnisinteresse der Ikonographie. So versteht Panofsky in *Saturn and Melancholy* (1964) die Enthüllung des »Bedeutungssinns« von Dürers »Melencolia I«, der eigentlich die zweite Sinnschicht ausmacht, als Manifestation der Weltanschauung, der dritten Sinnschicht. In der ikonographischen Analyse erschöpft sich nun auch der »symbolische Wert« des Kunstwerks.

Der Ikonologie ist der Vorwurf gemacht worden, ihrem Anspruch, eine umfassende Theorie und Analyse der Bedeutungsdimension eines Kunstwerks zu liefern, nicht gerecht geworden zu sein (vgl. Kaemmerling 1979, 12 ff.). Die oft schwankende Anwendung des Symbolbegriffs in bezug auf Wesenssinn und Bedeutungsgehalt hat gewiß nicht zur Klärung der wissenschaftstheoretischen Problematik beigetragen. Der Beitrag Hermeréns, die unterschiedlichen »referentiell-symbolischen« Verknüpfungsarten der Ikonologie aufzuzeigen, stellt einen Versuch dar, Abhilfe zu schaffen (vgl. Fig. 22 und 23). Eine weitere, bisher nur auszugsweise in Vorträgen gelieferte Metakritik im Anschluß an Heidt ist von Kaemmerling im zweiten Band von *Bildende Kunst als Zeichensystem* (in Vorbereitung) zu erwarten.

Architektur als Bedeutungsträger

Günter Bandmann verwendet den Symbolbegriff im Sinne der Ikonologie. Kunst wird als Symptom einer innerlichen Weltauffassung, eines tieferen Selbstverständnisses des Menschen und als Verweis auf übergeordnete Vorstellungen verstanden. Das Kunstwerk gilt als »Dokument«, das »tiefere Auskünfte über die Geschichte geben kann, als die in einem ganz anderen Bewußtsein geprägte schriftliche Überlieferung.« (*Gedenkschrift Günter Bandmann*, 1978, xi ff.) In diesem Ausspruch klingen die Unersetzlichkeit des Kunstwerks und sein expressiver Charakter an. Sollte Kurt Bauchs Kritik an Bandmanns Symbolbegriff und der damit verbundenen Kunstauffassung zu Unrecht erfolgt sein? Bauch wendet sich gegen die Ansicht, »das eigentliche Wesen der mittelalterlichen Kunst [bestehe] im symbolischen Sinn.« Die Konsequenzen wären eine Nivellierung der verschiedenen künstlerischen Formen und eine Verkennung ihrer geschichtlichen Einmaligkeit: »Für eine rein symbolische Auffassung ist die Form grundsätzlich beliebig ... durch sie erkennen wir die Inhalte mittelalterlicher Kunst reiner und tiefer.« (Bauch 1962, 180) Bei Bandmann drohe die Überbetonung des Symbolischen in der mittelalterlichen Kunst das Künstlerische zu verdecken. Obwohl Bandmann wie kein anderer bemüht war, den Formen und Typen der mittelalterlichen Baukunst in ihrer Eigenart und Einmaligkeit gerecht zu werden, zeigt sich in seinem Hauptwerk, *Mittelalterliche Architektur als Bedeutungsträger* (1951), in der Tat ein gewisser Zwiespalt in der Begriffsbestimmung, der seiner Leistung und Intention zuweilen widerspricht.

Die Funktion der Kunst im Rahmen der kulturellen und politischen Lebensgemeinschaft bleibt bestimmend. Die Inhalte konstituieren sich aus dem Bleibenden und Tradierten, denen sich das Kunstwollen anzupassen hat: »Bei der Wahl des Typus sind Fakten und Menschheitsgeschichte, religiöse, politische, soziologische und andere entscheidend.« (1978, xi) Als ein solches Faktum wird im Falle des Mittelalters der symbolische Charakter seiner Kunst postuliert. Der Begriff des »Symbolischen« wird für »verweisend« gebraucht, und zwar für eine bestimmte Epoche der Geschichte, nicht als Charakteristik von Kunst schlechthin. Bandmann verwendet den Begriff anders als Panofsky, der ihn meist im Zusammenhang mit der »dritten Sinnschicht« in kultursymbolischem Sinn gebraucht. Auch wenn Bandmann bei seiner Architekturanalyse ikonologisch vorgeht, sieht er den Begriff nicht im überzeitlichen Zusammenhang (Fig. 20).

Das Selbstverständnis der mittelalterlichen Kunst wird nach Bandmann vorrangig von der Rolle des Auftraggebers, der Kirche, her bestimmt. Der Dienst an einem allumfassenden Heilsplan und die ungebrochene Kontinuität seit der Antike sind für Rezeption und Legitimitätsanspruch der mittelalterlichen Kunst entscheidend. Typenwahl und Formgebung sind daher weitgehend vorgegeben, während die Funktion im Sinne des reinen Zweckes und Gebrauchs nur bedingt zur Gestaltung beiträgt: »Erst wenn sich mit den Zweckformen bestimmte Bedeutungen verbinden, die sie über das Bedürfnis hinausheben, sogar zweckuntauglich machen, können wir von Typen in hier vorgeschlagenem Sinne sprechen.« (1951, 58) Denn wiewohl der Zweck allen gemein gewesen ist, wird auf den großen Formenreichtum der lokalen Schulen verwiesen. Nicht Verwendungszweck oder »Kunstwollen«, sondern die bedeutende Funktion, die darüber hinausgeht, ist für die Rezeption in ihren verschiedenen Varianten ausschlaggebend: »Erst wo die tiefere Bedeutung symbolischer Art schwindet, kann der Zweckgedanke freier walten und ohne Rücksichten sich durchsetzen«. (1951, 58 – als Beispiel wird hier der protestantische Kirchenbau angeführt.) Erst die verweisende Funktion verleiht nach Bandmann der einzelnen Bauform ihren *typischen* Charakter.

Fig. 20 *Bandmann*

Architektur als Bedeutungsträger:

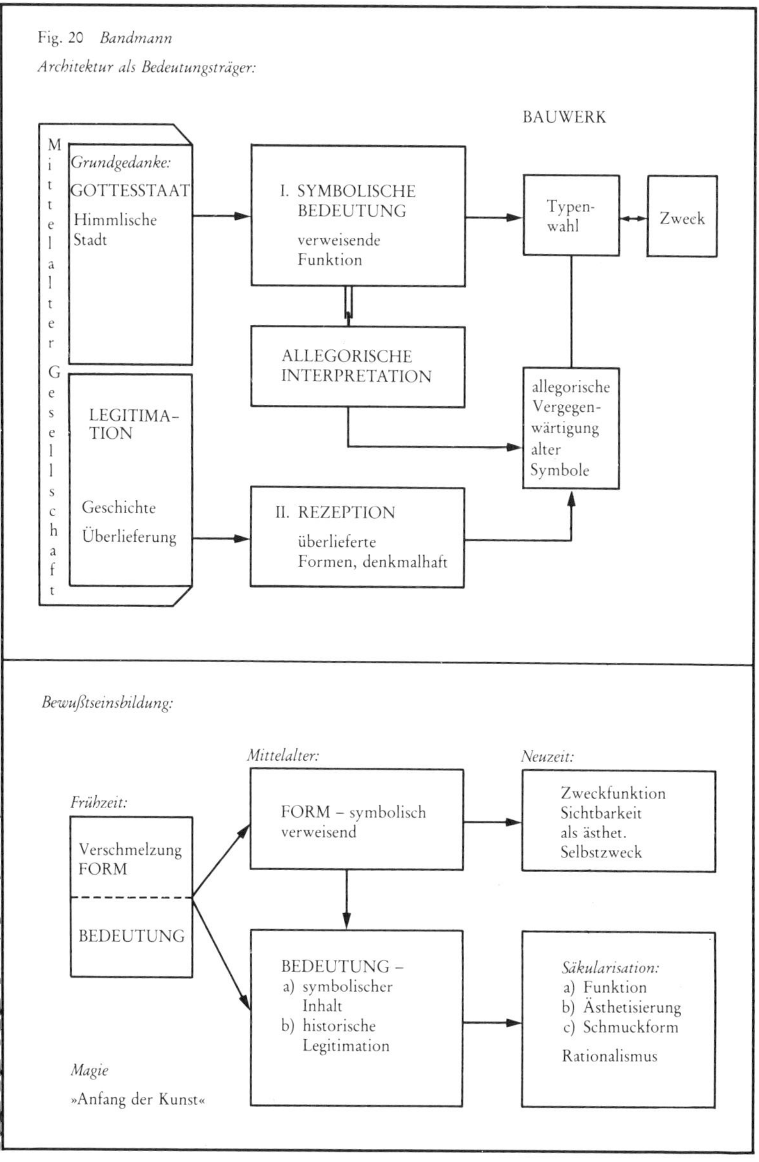

Der Vorwurf Bauchs, Bandmanns Interpretation der mittelalterlichen Kunst führe zum Zerfall der Einheit von Motiv, Form und Werkstoff, trifft für die Beurteilung des Stofflichen zu. Bei der Definition des Typus wird die Inkohärenz von Funktion und künstlerischer Form von Bandmann geradezu postuliert (vgl. das obige Zitat).

Dennoch sucht Bandmann der spezifischen Kunstform Rechnung zu tragen, indem er sich fragt, welcher Zwang zu ihr geführt habe: »Welche Bedeutung hat veranlaßt, die Formen hier und dort, in dieser oder jener Zeit anzuwenden?« (1951, 61) Es geht ihm um Durchdringung der Form entsprechend der spezifischen symbolischen Bedeutung, nicht um nachträgliche Abstraktion eines Gegebenen. Gerade in diesem Punkt übt Bandmann Kritik an SAUER (*Symbolik des Kirchengebäudes in seiner Ausstattung in der Auffassung des Mittelalters*, 1924). In Anlehnung an die mittelalterliche allegorische Betrachtungsweise wird Symbolik von Sauer als eine nachträglich vorgenommene Abstraktion definiert: »Symbol ist nichts anderes als ein Bild zur Darstellung eines Geschehens oder einer Tatsache, die nicht notwendig und ohne weiteres aus dem Begriff jenes Bildes sich ergeben.« (1924, 2) Bandmann fragt statt dessen, welcher Grundgedanke, d.h. symbolischer Bezug, der mittelalterlichen Architektur zugrunde liegt und wie diese Vorstellung sowohl zur Typenbildung als auch zur Gestaltung des einzelnen Bauwerks führen konnte.

Die Kirche stellt das Abbild und die Wirklichkeit des Gottesstaates dar, sie ist, als Gesamtbauwerk, die Gottesstadt, das neue Jerusalem. Hierbei ist nicht die abbildende, sondern die verweisende Funktion primär: Zahl, Proportion, Dedikation und Bezeichnung können genügen, um die Beziehung herzustellen, »*ungefähre* formale Ähnlichkeit befriedigt« (1951, 48). Gemäß der übergeordneten Bedeutung des ganzen Baues wird auch Einzelformen eine Symbolik unterlegt. So werden Lage und Leistung des Schlußsteins in der mittelalterlichen Literatur symbolisch bewertet und gewürdigt, und zwar in der nachträglichen Form, die Bandmann zur Kritik an Sauer veranlaßt hat. Die Einzelform wird jedoch der Bedeutung des Ganzen untergeordnet, der »Funktionalismus der Formen [ist] der formale Abdruck der symbolischen Bezüge.« (1951, 72) In diesem Zusammenhang stellen sich drei wesentliche Fragen:

1. »Darf die Auffassung des Kirchengebäudes als Himmelsstadt im Mittelalter als allgemeinverbindlich angesehen werden?«
2. »Ist diese Auffassung eine allegorische, bezeichnet sie eine nachträglich der Form unterschobene Bedeutung?«
3. »Kann die allegorische Interpretation« ihrerseits »formale Folgen haben?« (1951, 67)

Die erste Frage wird bejaht, der zweiten nur mit Vorbehalt zugestimmt. Formal wirkt sich die nachträgliche allegorische Interpretation nur an solchen Gliedern aus, »die neu hinzugekommen oder die bisher ohne Bedeutung gewesen sind. Letzten Endes und in tieferem Sinne ist die Frage, ob Allegorie oder Symbol, also eine Frage der Priorität und des Bewußtseins.« (1951, 71) Wo die symbolische Auffassung aufhört und die allegorisierende Tätigkeit einsetzt, läßt sich aus historischer Sicht kaum sagen. Heißt es doch: »Je weiter wir zurückgehen, desto mehr fallen Symbol und Allegorie zusammen. Wir sprechen eigentlich nur dann von Allegorie, wenn wir die mythische Bezüglichkeit zwischen Bedeutung und Erscheinung vermissen, das heißt, wenn sie zu stark spekulativ erfunden, nicht geschaut ist, oder wenn ›eigentlich‹ die Form mit einer anderen Bedeutung verbunden war.« (1951, 71)

Im folgenden versucht Bandmann am Beispiel der Säule nachzuweisen, daß der abbildende Charakter der mittelalterlichen Architektur zwar gewiß ist, die Säule als Metapher aber eine Vielzahl von Bedeutungen in sich birgt, die miteinander in Widerspruch stehen (etwa die Säule als »Baum« oder als »menschliche Gestalt«): »Nur wenn der alte Sinn ganz vergessen ist, kann die neue Bedeutung formal wirksam werden.« (1951, 77) So gewann die anthropomorphe Auffassung der Säule aus der »allegorischen Interpretation des Gesamtgebäudes als Himmelsstadt« neue Aktualität und zukunftsträchtige Bedeutung. Die allegorische Interpretation verleiht der älteren »symbolischen Bedeutung« neues Leben – nicht nur durch die nachträgliche Deutung, sondern als dynamischer Faktor der Gestaltung. Die Verbildlichung kann dabei so weit gehen, daß das ursprüngliche metaphorisch gemeinte Ding tatsächlich abgebildet wird: »So tragen die Säulen am gotischen Portal die Figuren, die sie bedeuten« (1951, 75); ». . . es erfolgt aber in Frankreich der dramatische Vorgang, daß die Säulen aus sich Gestalten heraustreiben, die zunächst wie im Schlaf befangen erscheinen und noch eingespannt sind in die architektonische Gesetzlichkeit der Säule.« (1951, 82; Abb. 31)

Die einfachste Form des Bedeutens liegt nach Bandmann dann vor, wenn die Identität des Gemeinten mit der Sache selbst, ohne »symbolische Abkürzung«, gegeben ist, wie z.B. in den Menhiren der megalithischen Zeit: »Hier sind die Anfänge der Kunst: Wenn einem natürlichen Material Formen eingetragen werden, die es zum Gegenstand einer bestimmten Bedeutung machen, über sein materielles Sein hinausheben.« In diesem Augenblick verliert das Ding an unmittelbarer Magie, »die äußeren Formen weisen auf das Innewohnende hin.« (1951, 79) So versteht Bandmann das Symbolisch-Verweisende, eben nicht das Symbolisch-Magische, als den Ursprung der Kunst, wie er auch in der Kunst

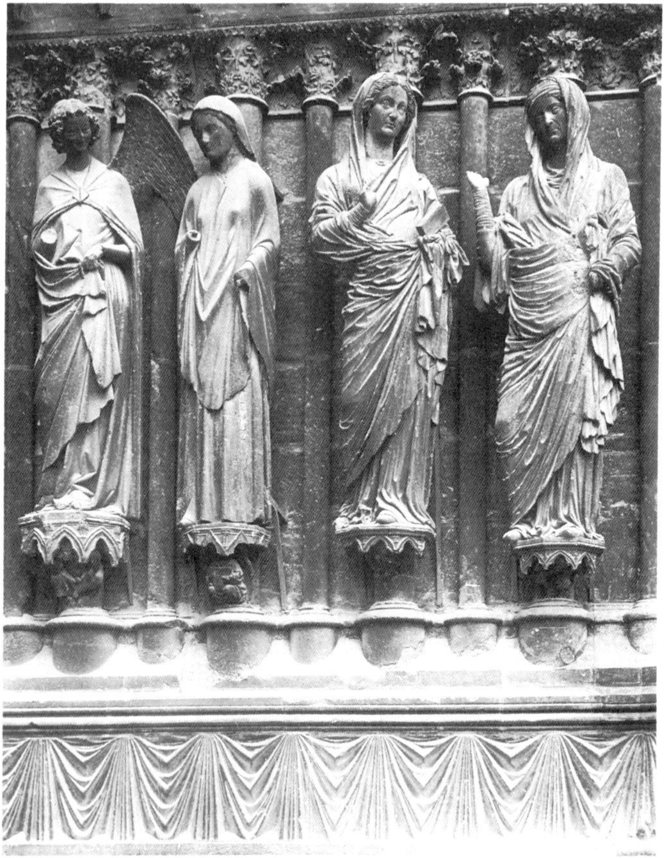

31 Verkündigung und Visitatio, um 1220, Kathedrale zu Reims. Herausgetriebene Figuren als veranschaulichte Metapher. Minderung der symbolischen Aussagekraft und Vergeistigung der Architektur (Bandmann).

des 19. Jahrhunderts das Geistige als Antinomie des Stofflichen auffaßt. Sogar die Wertschätzung des Materials sei damals noch von der idealistischen Ästhetik her geprägt worden: »Semper selber ist der Ansicht, daß ›die Verwirklichung der Realität des Stofflichen notwendig‹ ist, ›wo die Form als bedeutungsvolles Symbol, als selbständige Schöpfung des Menschen hervortreten soll‹, und daß es durchaus nicht notwendig sei, ›daß der Stoff als solcher zu der Kunsterscheinung als Faktor hinzutrete‹.« (1971, 129–157) Diese Position hat Bauch wiederum zur Kritik veranlaßt – Form und Inhalt verhalten sich nicht »gegensätzlich, sondern gegenseitig« zueinander (1962, 185).

Im letzten Abschnitt seines Architekturbuches, worin es um das Schwinden der symbolischen und geschichtlichen Bedeutung der Architektur in der Spätphase des Mittelalters geht, führt Bandmann den oben zitierten Gedankengang weiter aus; dabei tut sich ein Widerspruch zwischen dem Kunstbegriff und dem Symbolbegriff auf. Das Magisch-Symbolische nimmt dort ab, wo Reform und Aufklärung (auch im Rahmen der Kirche) einsetzen. »Der Geist steht über der Aussprache durch das Ding; die magische Weltschau wandelt sich in eine vernünftige.« (1951, 248) In den transitorischen Zeiten des Mittelalters verwandelten sich die Bauglieder allmählich von Bedeutungsträgern zu schmückenden Teilen und Formen, die unabhängig von ihrer einstigen Bedeutung verwendet werden konnten. Diese Ablösung vom symbolischen Gehalt geht mit säkularisierenden Tendenzen einher. Die »Sichtbarmachung« des Werkes bedeutet »menschheitsgeschichtlich ein Sichbewußtmachen des Geforderten oder Gewünschten als Objekt.« (1951, 251) Dieser Prozeß, der schon im 13. Jahrhundert beginnt, führt auf dem Gebiet der Architektur und der Plastik zu einer ästhetischen Haltung:

»So ist die festgestellte säkularisierende Tendenz, die die Formen von ihrem ursprünglichen Ort löst und nach künstlerischen Prinzipien zum Sichtbarmachen anordnet, unmittelbar aus dem Zustand der Symbolform abzuleiten, ja als Konsequenz anzusehen. Damit kommen wir zu dem Schluß, daß die ästhetische Bedeutung die symbolische und geschichtliche ablöst und für die neuere Zeit wohl die entscheidende ist.« (1951, 251)

Wenn wir diese Feststellung beim Wort nehmen, erscheint die symbolische, verweisende Funktion nicht mehr als »Anfang der Kunst«, sondern eher als ihre Vorstufe. Gegen die »symbolschaffenden Mächte« im Mittelalter stehen die bedeutungsfeindlichen Tendenzen der Reformation und des Ästhetischen. Im Laufe der Säkularisation wird das Symbol durch die künstlerische Form ersetzt, wandelt sich das Typisch-Allegorische zum Ästhetischen, entwickelt sich die Vorstellung der künstlerischen Freiheit.

Mit dem Aspekt des Symbolischen erschöpft sich nach Bandmann der Bedeutungsgehalt der mittelalterlichen Baukunst freilich nicht. Ein ebenso langer Abschnitt seiner Untersuchung ist der geschichtlichen

Bedeutung gewidmet, der Selbstlegitimation durch die Rezeption überlieferter Formen. Auch dieser Aspekt des Denkmalhaften wurde von Reformbewegungen abgeschwächt (z.B. Cluny). Die Funktion trat an die Stelle des Überlieferten (z.B. in den großen Bauten der Bettelorden oder in den Saalkirchen).

Die Durchdringung von Form und Inhalt, wie sie von Bauch für das Mittelalter und für jedwede Kunst gefordert wird, ist von Bandmann gewiß nicht abgelehnt worden. Gerade an der schwankenden Anwendung des Allegoriebegriffs und des manchmal der Kunst vorangehenden, manchmal ihr entgegengesetzten Symbolbegriffs, läßt sich die Beschäftigung Bandmanns mit dieser Frage nachweisen. Die Problematik der Trennung von Form und Inhalt wird vom Begriff aufgeworfen. Es stellt sich die Frage, wann und wie die *Bedeutung* mitgestaltend in den künstlerischen Prozeß eingreift. Ist das Allegorische selbst formverändernd? Ist die Rezeption antiken Formenguts auf symbolische oder geschichtliche Interpretation hin erfolgt? Ist die allegorische Deutung der Einzelform wirklich als nachträgliche Rationalisierung anzusehen, oder ist sie im Rahmen des symbolischen Gesamtkonzepts am Bau konstitutiv beteiligt? Bandmann verneint keineswegs, daß die Sichtbarkeit der Kunst Voraussetzung und Grundlage der kunsthistorischen Interpretation und Würdigung sei. Gerade dieser spezifische Charakter der Architektur und der bildenden Kunst ermöglicht den Beitrag der Kunstgeschichte im universalhistorischen Zusammenhang (vgl. Bandmanns Vortrag *Das Kunstwerk als Gegenstand der Universalgeschichte*, 1962, 146–166).

Die künstlerisch-ästhetische Interpretationsweise entspricht nach Bandmann den Gestaltungsprinzipien der Neuzeit, die dem Mittelalter entwachsen sind. So geht die Entwicklung von der magischen Identität von Ding und Bedeutung in der frühzeitlichen Kunst zum Symbolisch-Bedeutenden des Mittelalters. (Welchen Stellenwert die Antike einnimmt, wird nicht erörtert.) Auf der Grundlage des Symbolischen ruht »der rationale Überbau der allegorischen Interpretation in seiner didaktischen typologischen Bedeutung«, der »einer mehr ästhetisch verpflichteten Gestaltungsweise weichen muß.« (1951, 74)

Wie Hegel einst das Symbol im Entwicklungsgang des Geistes als Zwischenstufe, nach der »Vorkunst« und vor der idealen Kunstform der griechischen Klassik eingestuft hatte, sieht Bandmann das Symbolisch-Verweisende als notwendige transitorische Stufe der Kunstentwicklung, in der sich die fortschreitende Bewußtseinsbildung des Menschen äußert. Das Primat des Geistigen als formgebendes Prinzip bleibt stets gewahrt – auch in der künstlerisch-ästhetisch ausgerichteten

Kunst der Neuzeit. So wird die gegenstandslose Kunst als Versuch gewertet, die unkontrollierte Schicht der menschlichen Psyche, »die große Unbekannte, die unser Zeitalter anzieht ... in den Griff zu bekommen.« (1962, 166) An anderer Stelle heißt es programmatisch: »Das Kunstwerk kündet von der Selbstauffassung des Menschen, seinen erwählten Ahnen und seinen erstrebten Zielen.« (1962, 163)

Sozialpsychologische Symboldeutung

1938 hat der schwedische Soziologe Torgny Segerstedt seine glänzende Abhandlung über Wirklichkeit und Werturteil vorgelegt (*Verklighet och värde, inledning till en socialpsykologisk värdeteori).* Er untersucht den Prozeß der Selektion, der unsere Wünsche, Bedürfnisse und Gefühle steuert und weitgehend von unserer sozialen Umwelt und vom Normensystem bestimmt wird. Dies gilt auch für die Mechanismen, die beim künstlerischen Schaffensprozeß wirksam sind und die ästhetische Einstellung des Menschen prägen.

Im Anschluß an die Tradition der einfühlenden Ästhetik und der Gestaltpsychologie dienen die ästhetischen Objekte als Ausdruck des unmittelbaren Erlebnisses der Wirklichkeit. Sie sind objektivierte Formen seelischer Zustände und Gefühle. Kraft seines ästhetischen Bewußtseins vermag der Betrachter die konkrete Gefühlssituation, die sich im Kunstwerk widerspiegelt, nachzuvollziehen. (Später hat Susanne Langer Wesen und Funktion des Kunstsymbols so charakterisiert. Segerstedt und Paulsson waren vermutlich auch von Cassirers *Philosophie der symbolischen Formen* beeinflußt. Cassirer hatte 1935 bis 1941 einen Lehrstuhl in Göteborg.)

Die künstlerische Symbolform ist auch nach Segerstedt und Paulsson in ihrer »Gestalt« von einem grundlegenden Gefühl geprägt. Intuitiv kann der Betrachter sich mit ihr identifizieren. In diesem Zusammenhang sei der Philosoph Hans Larsson (*Intuition,* 1892 und *Logik der Poesie,* 1922) gewürdigt. Man kann sagen, daß das intuitive Verständnis des Kunstwerks ein Charakteristikum der Symboltradition seit Kant ausmacht.

Die strukturanalytische Interpretation des Kunstwerks und seine kultursymbolische Funktion wird von Segerstedt direkt auf die Werttheorie bezogen. Das Erlebnis der Welt führt zu einer spezifischen Wertung und Strukturierung derselben. Das, was wir »Wirklichkeit« nennen, ist nicht als unveränderliche, objektive Größe zu verstehen, sondern vielmehr mit jenem begrifflichen Wissen gleichzusetzen, das wir von unserer Welt erworben haben. Eine ähnliche Auffassung vertritt Cassirer: Der Mensch lebt in einer Welt symbolischer Formen, die seiner Vorstellung von der Welt entsprechen und zugleich Ausdruck eines fortschreitenden geistigen Entwicklungsprozesses sind. Nach Segerstedt ist das Wissen des Einzelnen, seine Normen und Wertmaßstäbe, meist von sozialpsychologischen Faktoren bestimmt. Die Rezeption von Dingen und Begriffen ist auf die Einstellung der Gruppe, der das Individuum angehört, und die soziale Situation als Ganzes zurückzuführen. In den logischen Formen der Sprache oder der Naturwissenschaften hat der Mensch geeignete Mittel gefunden, um die äußeren Lebensbedingungen zu beherrschen. In den Geisteswissenschaften und kulturellen Erscheinungen spiegelt sich das Zugehörigkeitsgefühl von Individuum und Gruppe einer Epoche. Auch JUNG hatte, von der Ästhetik Schillers ausgehend, das zielgerichtete Denken seit der klassischen Antike als Merkmal der abendländischen Haltung beschrieben; die dynamische Entwicklung in den Wissenschaften oder auf sozialem Gebiet (Handelswesen, Rechtsprechung und Gesellschaftsleben) sei daraus zu erklären. Im Gegensatz zu Segerstedt hat Jung jene Spezialisierung des menschlichen Seelenlebens als Bedrohung des Individuums und der Persönlichkeitsentwicklung empfunden: das Gefühlsleben sei mit dem Rationalen und der Massenkultur unvereinbar.

SEGERSTEDT hingegen läßt auch das aufgeklärte Bewußtsein und das diskursive Denken vom Gefühl umfangen sein. Für welches Wertsystem der Mensch sich auch entscheiden mag, ob diskursiv oder gefühlsbedingt, und in welcher Kulturtradition er auch erzogen worden ist, immer dient das *Gefühl* als übergeordnete Instanz und integrierender Faktor, wodurch es der Wirklichkeitsauffassung des Individuums oder der Gesellschaft Kohärenz verleiht. Sowohl ein rational begründetes System als auch religiöse Glaubenssätze müssen vom Gefühl des Menschen getragen und mit einem Werterlebnis verbunden sein, bevor sie zur Strukturierung der Wirklichkeit im Bewußtsein des Individuums beitragen (Fig. 21).

Der Philosoph G. E. MOORE hat in seinen *Philosophical Studies* (1922) und *Principia Ethica* (1929) den Standpunkt vertreten, daß die Wertqualität eines Objekts nicht beschrieben werden könne. Wenn ein Wert objektiv in einem Ding vorhandenn wäre, sei er ausschließlich auf das Objekt selbst und nicht auf einen vorgegebenen Betrachter zurückzuführen. Nach Segerstedt sind Werturteile nur dann möglich, wenn wir die Beziehung zwischen den Objekten A und B beachten, die auf dem gemeinsamen Kriterium C beruht. Das Werturteil ist von der relativen »konkreten Situation« als Ganzes, nicht von einem einzigen fest-

Fig. 21 *Segerstedt*

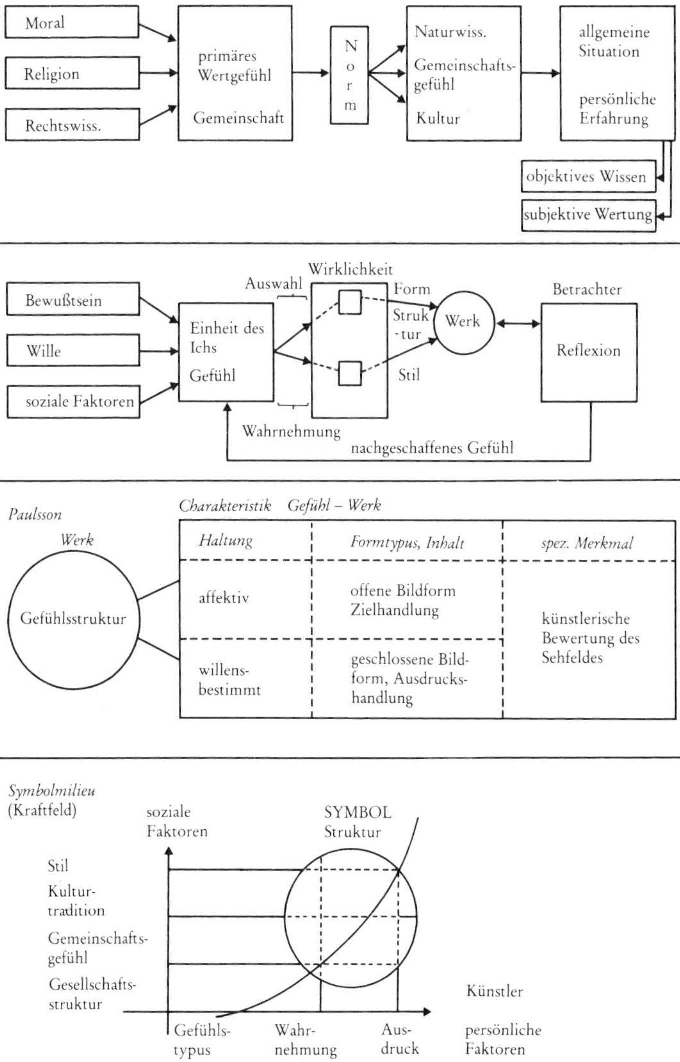

gelegten Bezug zwischen Subjekt und Objekt abhängig. Der Wert erscheint dadurch als Qualität, die einem Objekt *zuerkannt* wird. Auch wenn das Werturteil intuitiv, aus der unmittelbaren Erfahrung der Wirklichkeit entsteht, erhält es erst einen sozialen Sinn, wenn es allgemein anerkannten Normen entspricht und die verschiedenen Faktoren jener dynamischen Situation widerspiegelt, die zu ihm geführt haben. Die ästhetische Wertschätzung eines Werkes, die von mehreren Personen geteilt wird, bewirkt ein Gefühl der Zusammengehörigkeit *(pathic communion)*. Dieses Gefühl übt wiederum eine Wirkung auf die einzelnen Angehörigen der Gruppe und ihre Auffassung der Wirklichkeit aus. Es trägt auch zu ihrer späteren ästhetischen Wertschätzung des Kunstwerks bei.

Aus der Wertgemeinschaft, dem Zugehörigkeitsgefühl der Gruppe, erwächst das *Gefühl* des Individuums, das wahrnehmend der sichtbaren Welt ihre spezifische »Gestalt« verleiht; diese Struktur wird in ihrem Dasein und in ihrem Wert anerkannt und besitzt objektive Gültigkeit für die Gruppe als Ganzes. Das soziale Normensystem stellt jenes Symbolmilieu dar, das nach Segerstedt der Wirklichkeitsauffassung eines jeden Kulturkreises Sinn und Einheit gibt.

Der Frage, wie die sozial geprägte Auffassung der Wirklichkeit auf das künstlerische Schaffen gewirkt hat, ist Gregor Paulsson in einigen Studien nachgegangen. In »Gefüge (oder Bau) des Kunstwerks« (*Konstverkets byggnad*, 1942) beschreibt er die Selektion und Schematisierung, die bei der Wahrnehmung und künstlerischen Gestaltung einsetzen. Schon Jacob Burckhardt hatte die Kunst als Produkt einer Zeit und einer spezifischen Gesellschaftsform interpretiert. Bei Worringer, Riegl und Wind war der »Stilwille« als treibende Kraft hinter dem Kunstwerk aufgedeckt worden. Wölfflin ging seit der Jahrhundertwende von der Phänomenologie der einzelnen Kunstwerke aus und suchte daraus auf die künstlerischen Gestaltungsprinzipien zu schließen, die später als allgemeine Stilkriterien galten. Diese werden als optische Schemata oder Sehweisen verstanden, deren zeitliche Gebundenheit durch die Gegenüberstellung polarer Begriffe veranschaulicht wird. So finden wir in seinen *Kunstgeschichtlichen Grundbegriffen* (1915) die Gegensätze Linear – Malerisch, Flächenhaft – Tiefenhaft, Geschlossene Form – Offene Form, Vielheitlich – Einheitlich und Absolute bzw. Relative Klarheit. In diesen Darstellungsformen spiegelt sich die Einschätzung der Wirklichkeit zu bestimmten Epochen. Wölfflin weist dies im Vergleich von Renaissance und Barock nach. (Die Kritik, die von stilhistorischer und geschichtstheoretischer Seite gegen diese Systematisierung gerichtet worden ist, wird hier nicht berücksichtigt; vgl. Dittmann 1967, 55–83.) Paulsson suchte in seinem Buch »Gefüge des Kunstwerks« die schematischen Begriffspaare Wölfflins mit den neuen Erkenntnissen der Wahrnehmungspsychologie in Einklang zu bringen. Die sozialen Faktoren, die für die Wirklichkeitsauffassung des Einzelnen ausschlaggebend sind und seine Wahrnehmung und Selektion steuern, führen schließlich zur strukturierten künstlerischen Form. Stil und Gestalt der Kunst werden im Lichte einer sozialpsychologischen Werttheorie interpretiert.

Ebenfalls 1942 hatte Langer ihre auf das »Gefühl« gegründete Symboltheorie veröffentlicht. In ihrer Darstellung wurden die dunklen, oft unbewußten Lebenskräfte, die der Existenz und dem Lebensgefühl des Individuums zugrunde liegen, als entscheidend für den künstlerischen Schaffensprozeß herausgestellt. Der diskursive Verstand nimmt nur nachträglich an der Auswertung des Symbols teil. Nach Segerstedt und auch Paulsson werden auch das klare Bewußtsein und der Wille des Menschen vom Gefühl beherrscht. Die Struktur der Kunstwerke, durch die angeführten Begriffspaare Wölfflins charakterisiert, dient als Ausdruck sowohl der seelischen Affekte als auch des Willens. Letzterer findet nach Paulsson seinen spezifischen Ausdruck in der konzentrierten Handlung und in der geschlossenen, plastischen Form. Eine offene Bildform und vage Struktur entsprechen einer affektiven Einstellung, das Gefühl erhält eine größere »Streuung«.

Der Inhalt ist ebenfalls durch zwei Handlungstypen gekennzeichnet: die *Ausdrucks*handlung, die nach Paulsson durch den Duktus, die Darstellung von Gestik und von Figuren sichtbar gemacht wird, und die *Ziel*handlung (eigenartigerweise mehr gefühlsmäßig bedingt), die der Darstellung des Menschen im Rahmen der Geschichte sowie in Bewegung auf ein Ziel *hin* entspricht. Entscheidend für die Struktur des Kunstwerks ist darüber hinaus die Bewertung des Sehfeldes seitens des Künstlers, d. h. die Beurteilung des Objekts und seiner Bewegung und Position im Bilde.

Das Gefüge des Kunstwerks spiegelt demnach das Gefühl, das darin zum Ausdruck kommt – es ist die zusammenhaltende Kraft. Auf unmittelbarem, sinnlichem Wege vermag das Kunstwerk die entsprechenden Regungen in der Seele des Betrachters neu zu erwecken. Dabei tritt der äußerst komplizierte Mechanismus der Wahrnehmung, der Assoziationen und Gedächtnisbilder in Funktion (Perzeption, Apperzeption, die Erfassung der wesentlichen Gestalt, die Verschmelzung verschiedenartiger Elemente, Gedächtnisbilder, Raumvorstellungen usw.). Nach der Logik des Kunstwerks werden verschiedene Komponenten oft gegensätzlicher Natur miteinander verbunden. Bauch vorwegnehmend heißt es, daß Form und Inhalt nicht antinomisch, sondern komplementär seien. (Bauch spricht von »gegenseitig«.) Die wahrgenommene Form wird nicht »konsumiert«, sondern praktisch nacherschaffen (hier ist auf Müller-Freienfels zu verweisen). Die Unterscheidung Platons zwischen dem »Kunstschönen« und dem »Naturschönen« wird durch den symbolisierenden Charakter der Wahrnehmung und der Assoziationen aufgehoben: »Ein Objekt erscheint dann naturschön, wenn ich es als eine Verschmelzung verschiedener Bedeutungen sehe, die durch gewisse gemeinsame formale Elemente in der Lage sind, ein Symbol zu bilden.« (1942, 77 – Übers. d. Verf.) Der rezeptive Charakter dieses Vorgangs wird in der Nachfolge Kants und der Romantiker durch die hinzugefügte Kategorie der »Ästhetik des Häßlichen« (»det fulas skönhet«) bestätigt.

Im zweiten Teil seines Buches geht es PAULSSON um die Beziehung zwischen Struktur und Gefühl im Bild und darum, wie zusammengesetzte Gefühle zum Ausdruck kommen. Hier steht er vor denselben Schwierigkeiten wie die Wahrnehmungspsychologen, die zu klären suchten, welche Farbe einer spezifischen Gemütslage entspreche (z. B. BULLOUGH oder ALLESCH, auf die sich Paulsson bezieht). Oft ruft eine Farbe verschiedene Gefühle beim Individuum hervor. Auch wird die Farbe natürlich von der Konstellation geprägt, in der sie erscheint. Dieselbe Relativität gilt für das Gefüge des Kunstwerks. Die Beziehung zwischen Struktur und Gefühl scheint mir deshalb eher, wenn man den Ausführungen Paulssons folgt, auf dem *dynamischen* bzw. *statischen* Charakter des Gefühls, nicht auf dem jeweiligen Inhalt (wie z. B. Freude oder Leid) zu beruhen. Gewisse nachweisbare Grundhaltungen des Gefühlslebens liegen einigen strukturellen Typen zugrunde. Aber die Möglichkeit, aus der Strukturanalyse tiefere Schlüsse auf konstante Ausdrucksformen des Gefühls in der bildenden Kunst zu ziehen, scheint, trotz Paulssons Versuch, sehr begrenzt zu sein (ein ähnlicher Einwand gilt für Kaschnitz-Weinbergs »Konstante«).

Nur beiläufig hat Paulsson die symbolisierende Funktion im Zusammenhang mit der ästhetischen Wahrnehmung erwähnt. 1943 sollte er sie in der Studie »Gegenstände der Kunstgeschichte« *(Konsthistoriens föremål)* aus mehr historisch-soziologischer Sicht erörtern. 1923 hatte ALLESCH versucht, künstlerischen Wert und formale Struktur in ihrer gegenseitigen Verschränkung zu erfassen (*Über den künstlerischen Wert, Psychologische Forschungen,* 4, 1923 ff.). Gefühlsausdruck und -intensität werden als künstlerische Struktur vom Betrachter unmittelbar erkannt (vgl. die identische Auffassung Langers). Als historisches

Problem bei der kunsthistorischen Betrachtung stellt sich nun die Beziehung der konkreten Erscheinung zum Typischen (HEDICKE) oder die Gedankenkonstruktion des »freien Idealtypus« (MAX WEBER, *Gesammelte Aufsätze zur Wissenschaftslehre,* 1922, 195ff.). Dieselbe Tendenz wie in der historischen Theorie, die soziale Existenz des Betrachters stärker zu berücksichtigen, macht sich nun bemerkbar. Paulsson verweist insbesondere auf KARL MANNHEIM, der schon 1925 die soziale Natur des Wissens erläutert hatte *(Das Problem einer Soziologie des Wissens).* Als entscheidende Faktoren nennt er den selektiven Prozeß der jeweiligen Kulturtradition sowie gruppendynamische und zeitlich bedingte Denkmodelle, die das Wahrheitsideal des Subjekts und seine historische Perspektive beeinflussen.

Die historische Beurteilung von Kunstwerken ist in sich natürlich auch wertorientiert. Dies war von HEINRICH RICKERT am Begriff des historischen Individuums erörtert worden. Die implizit wertende Kulturanalyse ist von MAX WEBER im soziologischen Sinne als subjektive Stellungnahme zur Welt charakterisiert worden, deren objektiver Charakter durch die Positionsbestimmung des Betrachters erst gewährleistet wird (1922, 126; vgl. Paulsson 71ff.). So haben Rickert, Weber und Mannheim entscheidend zur Werttheorie und historischen Perspektive Segerstedts und Paulssons beigetragen.

Die historische Strukturanalyse PAULSSONS mündet in eine psychologische Werttheorie, wie sie schon in der immanenten Literaturkritik I. A. RICHARDS exerziert worden war (*Principles of Literary Criticism,* 1924). Ein Kunstwerk ist sowohl auf seinen Urheber als auf die sozialpsychologische Situation zu beziehen. Aus der Sicht der Kulturwissenschaften erhält es »symbolischen Wert« – trotz seiner vieldeutigen Struktur kann es als eindeutiges »Ausdruckssymbol« einer bestimmten historischen Situation und Stimmungslage gelten. Ein kompliziert aufgebautes Musikstück etwa vermag durchaus ein einheitliches Gefühl auszudrücken. Paulsson fordert kunsttheoretische Feldbegriffe, die all jene Faktoren, die zur Entstehung eines Kunstwerks beitragen, angemessen und einheitlich bezeichnen. Dieses Desiderat einer ästhetischen Milieumorphologie sollte später in den Begriff des »Symbolmilieus« gefaßt werden.

In *Konstverkets byggnad* beschreibt Paulsson die formalen Mittel, mit denen ein Künstler seine Wirklichkeitsauffasssung kundtut, d. h. seine Bewertung der Welt im allgemeinen und des Motivs im besonderen. In *Konsthistoriens föremål* wird die historische Relativität der Kunstgeschichte diskutiert und für die Interpretation der Kunstwerke eine soziale Werttheorie und feldtheoretische Terminologie verlangt.

1955 erschien *Die soziale Dimension der Kunst,* worin die frühere Strukturanalyse von einer Funktionsanalyse des Kunstwerks im weitesten Sinne ergänzt wird. Die Beziehung des Werkes zur kulturellen und sozialen Situation ist Ausgangspunkt der Fragestellung. Im Gegensatz zur statischen Auffassung der Gestaltpsychologie und der Strukturanalyse wird nun der dynamische Charakter, das Veränderliche und Relative des sozialen Rahmens und der ihm innewohnenden Bezüge betont. Paulsson greift auf Segerstedts Begriff des »Symbolmilieus« zurück – er spricht von einem dynamischen soziologischen »Feld«, das in seiner Vielfalt nie ganz zu fassen ist. Das Kunstwerk wird davon erschaffen (konstituiert), es ist ein Symbol und infolgedessen selbst vieldeutig. Im Spannungsfeld von Künstlerpersönlichkeit und Gesellschaft, subjektivem Ausdruck und herkömmlicher Stiltradition, optischen Schemata und Gefühlsinhalten lebt das Kunstwerk als veränderliches Symbol, dessen Eigenart und Bedeutung nur durch eingehende Kenntnis des kulturellen und sozialen Hintergrundes ermöglicht wird (Fig. 21). Paulsson bewegt sich hier in der Nähe der »dritten Sinnschicht« Panofskys, die den »symbolischen Wert« *(symbolical value)* definierte. Dabei wurde das Augenmerk jedoch in erster Linie auf die kulturelle Tradition und damit zusammenhängende ikonographische Probleme gerichtet, während es Paulsson mehr um die sozialen Faktoren und die formale Struktur des Kunstwerks geht. Beide hatten sie entscheidende Anregungen von Karl Mannheim, Paulsson auch von Max Weber erhalten.

Man muß sich fragen, inwiefern die von Paulsson geforderte »feldtheoretische Methode«, die auch eine strukturanalytisch ausgerichtete »Psychologie der Vorstellungsformen« beinhalten soll, wirklich möglich ist, und ob der Kunsthistoriker die historische Situation nachzuzeichnen vermag, aus der das einzelne Kunstwerk hervorging. Wie Paulsson selbst betont hat, tragen so viele Faktoren zur Entstehung und Strukturierung eines Kunstwerks bei, daß der Versuch, ein authentisches Symbolmilieu zu rekonstruieren, als müßig erscheine. Die nachträgliche Beschreibung eines historischen Phänomens ist engstens an eine Selektion gebunden, und diese läßt sich nicht von der Person des Historikers und seinem soziologischen Umfeld trennen. (Wie E. H. Carr jedoch bemerkt hat, trägt das Bewußtsein des Historikers um seine subjektive Perspektive dazu bei, daß der Rekonstruktionsversuch objektiver ausfällt.) Ähnlich wie Gombrich in *Search of Cultural History* wehrt sich Paulsson gegen den Vorwurf, einer holistischen Geschichtsinterpretation verfallen zu sein. Die vielen Aspekte in jedem Werk und in der historischen Gesamtsituation sowie die Unmöglichkeit, all dies auf *eine* Ursache zurückzuführen, stehen dem entgegen. Dennoch dürfen wir sagen, daß die »soziale Dimension« im Lichte der sozialpsychologischen Werttheorie Form und Inhalt der Kunst in entscheidender Weise prägt. Der künstlerische Stil wird zum Ausdruck gesellschaftlicher Werturteile und Normen, auf die jede tiefere Deutung des Kunstwerks schließlich abzielt: »Wenn diese sozialpsychologische Forschung weitergetrieben werden kann, wird sie uns in Stand setzen, hinter die phänomenologische Analyse der Formwelt, als Ausdruck einer bestimmten Sehweise zu greifen, und diese Sehweise in Begriffen der wahrnehmenden Persönlichkeit und ihrer sozialen Gruppe auszudrücken.« (1955, 25f.)

Wir haben es nicht mit einem statischen Symbolmilieu zu tun. Paulsson verwendet Begriffe wie »Kraftnetz« und »Feld«, um seinen veränderlichen, dynamischen Charakter zu veranschaulichen. Die Kunstwerke werden zwar als Symbole für Wertnormen verstanden, die das soziale Feld prägen, aber sie sind zugleich selbst dynamische Bestandteile des Symbolmilieus und tragen dadurch zu seiner Strukturierung und Veränderung bei. So erscheint das Kunstwerk nicht nur als »Dokument«, sondern auch als »Monument«, wie es Panofsky gleichzeitig formuliert hat (*The History of Art as a Humanistic Discipline,* 1940). Es besitzt einen eigenen ästhetischen Wert und erhebt den Anspruch, ästhetisch beachtet zu werden. Die Kunst ist eine lebendige Schöpfung des Menschen, kein totes Dokument, und es ist die Aufgabe der Humanwissenschaften, sie am Leben zu erhalten.

Dieser letzte Gesichtspunkt wird bei allzu einseitiger Betrachtung der »sozialen Dimension« des Kunstwerks und Anwendung der sozialpsychologischen Methode geschwächt. Kunsthandwerkliche Produkte oder andere Dinge, die das »soziale Feld« zur Zeit ihrer Entstehung widerspiegeln, können dem Kunsthistoriker interessanter erscheinen, als qualitativ hochstehende Kunstwerke, die in dieser Hinsicht weniger aussagen. In der Studie Paulssons kommt einem Stuhl dieselbe Bedeutung zu wie einem Meisterwerk. Am deutlichsten ist die soziale Dimension der Kunst in solchen Werken zu spüren, die eine innere Spannung von Form und Inhalt aufweisen, welche auf der sozialen oder psychologischen Situation zur Entstehungszeit beruht. Diese dialektische Struktur läßt die gegensätzliche Stellung des Künstlers zu vorherrschenden Normen der Gesellschaft zutage treten. Sie kann auch als Äußerung eines »antithetischen Lebensgefühls« der Zeit schlechthin verstanden werden. Wie bei der Ikonologie weicht das qualitative Urteil der Auslegung von Form und Inhalt im Sinne eines sozialen Symbols: Manets malerische Technik wird von Paulsson als Aus-

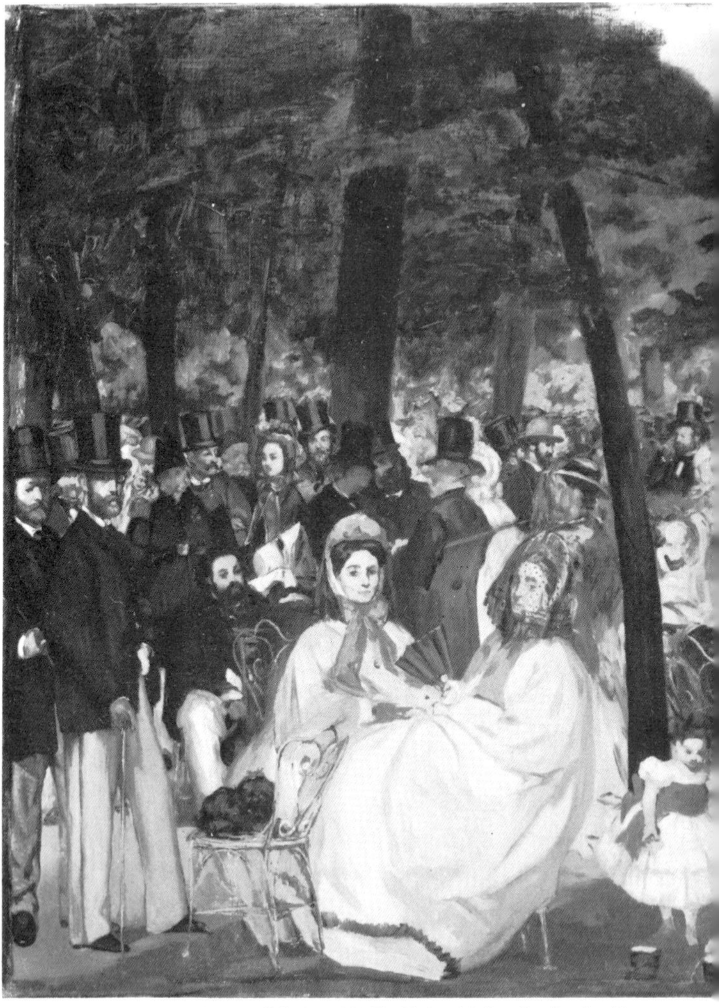

32 Edouard Manet, La musique aux Tuileries, 1862, The National Gallery, London. Das Kunstwerk als Spiegel des Werturteils und des Symbolmilieus (Segerstedt, Paulsson).

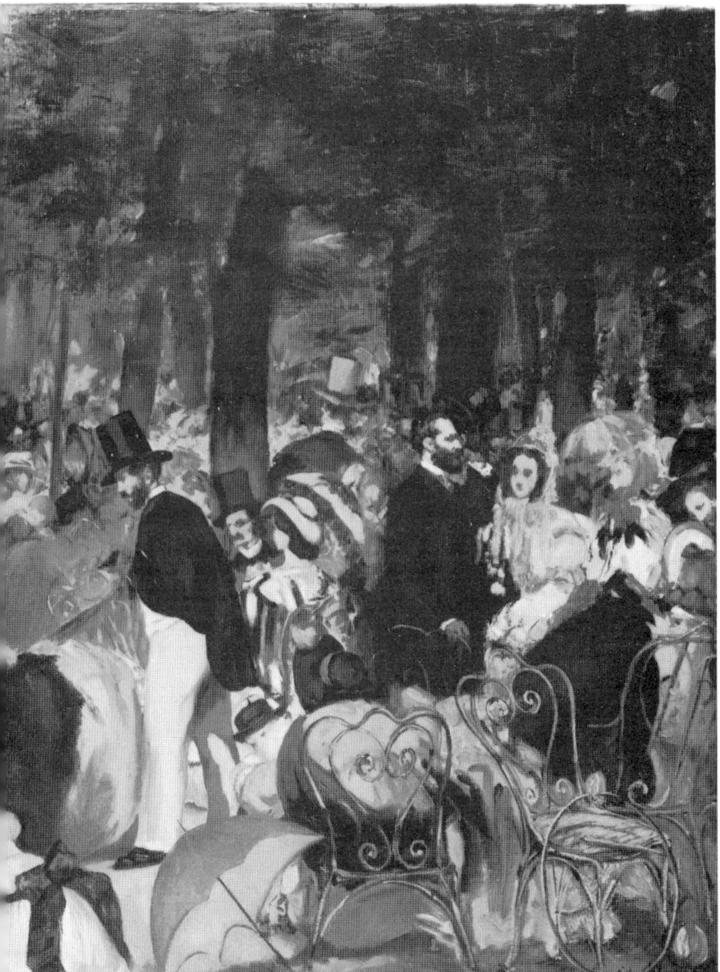

druck einer sozialen und politischen Stellungnahme gesehen, »ein bestimmtes Erleben, das wir als Stellungnahme zum gesellschaftlichen Leben inhaltlich interpretieren dürfen und müssen.« (1955, 46; Abb. 32)

So klärt die »soziale Dimension« nicht nur die symbolische Funktion des Kunstwerks, sondern ist auch künstlerisches Gestaltungsprinzip, zureichender Grund des persönlichen Stils und der Technik. Sei es als These oder Antithese – das einzelne Werk läßt sich ohne Widerspruch in das erschlossene Symbolmilieu einfügen, für das es als repräsentatives Symbol erscheint.

Eine Paulsson sehr verwandte sozialpsychologische Theorie hat Pierre Bourdieu entwickelt. Der Franzose dürfte von der neueren Soziologie der sechziger Jahre ausgegangen sein; ob er die Versuche Segerstedts und Paulssons gekannt hat, bleibt ungewiß. Die Nähe seines Entwurfs zu diesen ist frappant, wenn auch die politisch-ideologischen Konsequenzen des Systems erst bei Bourdieu klar zutage treten.

Im ersten Kapitel wird die wissenschaftstheoretische Forderung nach analogen soziologischen Strukturmodellen erhoben, die »eine intelligible Relation zwischen konstruierten Beziehungen« aufstellen (*Zur Soziologie der symbolischen Formen*, 1970, 32). Theorie ist keine wörtliche Übersetzung der Realität – »die Struktur der Symbole symbolisiert vielmehr die Struktur der experimentell aufgestellten Beziehungen. Zwischen Theorie und Gegenstand, zwischen Verstand und Erfahrung besteht also immer noch eine strukturelle homologe Beziehung.« (1970, 17) Bei Segerstedt haben wir gesehen, wie eine Werttheorie im sozialen Bereich durch Relativität und gemeinsame Bezugspunkte einzelner Elemente überhaupt erst möglich wird, wobei von einem Symbolisieren seitens der Wissenschaft gesprochen werden konnte. Bourdieu erläutert auch, wie die Funktion der unbewußten »Denk-, Wahrnehmungs- und Handlungsschemata« von der Lage im sozialen Gefüge, dem »geometrischen Ort der Determinismen und Entscheidungen *(déterminations)*«, abhängig sind, und wie die »erlebten Hoffnungen, der objektiven Zukunft und des subjektiven Entwurfs« davon bestimmt werden (40).

Im zweiten Kapitel werden die »Klassenstellungen« und die »Klassenlage« in ihrer Bedeutung für das soziale Raster besprochen. Es bleibt zu untersuchen, »ob die ökonomischen und sozialen Bedingungen und Differenzen in symbolische Formen übersetzt werden können«, die im Grunde einer anderen »Gliederung und Organisation einer Logik gehorchen.« (74)

Die künstlerische Konzeption gehört zum Bereich des intellektuellen Symbolmilieus. Bourdieus Definition und auch sein Sprachgebrauch unterscheidet sich kaum von Paulssons – es ist von »intellektuellem Kräftefeld« und »Kraftlinien« die Rede. Verschiedene Gruppen üben ihren Einfluß auf den Künstler aus, der ihnen in diesem strukturellen Kräftefeld unbewußt ausgesetzt ist und einen bestimmten, als »Positionseigenschaft« bezeichneten Stellenwert hat (76; vgl. Fig. 21). Das spezifische Kräftefeld des »Westens« wird das »intellektuelle« genannt; darin sei auf dem Gebiet der Kultur die Ratio als Selektionsprinzip wirksam und führe zur Auslese bestimmter Äußerungen, z. B. des Künstlerischen. Im Gegensatz zu den ökonomisch-sozialen Kräften des Daseins habe sich das geistige Leben im Laufe der Säkularisierung der abendländischen Kultur durch »spezifisch intellektuelle Auslesungs- und Bestätigungsinstanzen« herauskristallisiert (77). Immanente, notwendige Prinzipien der Kunst müßten dem sozialen Druck des Publikums und einer ästhetisierenden Tendenz angepaßt werden. Bildende Kunst, Literatur und Theater stellen die Legitimationssphäre des kulturellen Feldes mit Anspruch auf universale Anerkennung dar (vgl. 109). Die symbolischen Formen der Künste werden in diesem Zusammenhang zu Produkten des intellektuellen Kräftefeldes reduziert. Auf diese Gefahr ist schon bei Paulssons »Symbolmilieu« hingewiesen worden.

Die Nähe zu früheren Werttheorien wird bei Bourdieu auch am Begriff des »kulturellen Unbewußten« offensichtlich. Erst Bildung und Geschmack der Gesellschaft, Epoche oder Klasse, gewährleisten durch jenen »Konsensus über diese stillschweigend vorausgesetzte Axiomatik der Verständigung und des Fühlens die Grundlage der logischen Integration einer Gesellschaft oder eines Zeitalters.« (117) So schafft der Künstler stets im Geiste eines *sensus communis*, der Urteile und (in unserem Falle) künstlerische Gestaltung erst ermöglicht. Auch wo Konflikte zwischen »Richtungen« und »Doktrinen« einer Zeit auftauchen, sind diese letztendlich auf die höhere, objektive Einheit des kulturellen Kräftefeldes, den Konsensus im Dissensus, zurückzuführen (123). Man fragt sich, wo hier künstlerische Kreativität und Abweichung möglich sind. Keiner entrinnt im Grunde dem deterministischen Gang des Ganzen, da Begriffe wie »Freiheit« und »Künstlerische Originalität« als Produkte des Legitimationsdranges in der neuzeitlichen ästhetischen Revolution entlarvt werden (vgl. 81 ff.). Das soziologische Problem bleibt jedoch, nach Bourdieu, in methodischer Hinsicht bestehen, denn dort wo ökonomische und soziale Kräfte auf das intellektuelle Kräftefeld einwirken, werden sie selbst »einer Verwandlung ihres Sinnes und ihrer Bedeutung« unterzogen: »Sie können in die künstlerische Praxis nur eingreifen, indem sie sich in Objekte der Reflexion oder Imagination verwandeln.« (124)

Im vierten Kapitel über den *Habitus* als vermittelnde Instanz zwischen Sozialstruktur und Praxis (ursprünglich als Nachwort zu Panofskys *Gothic Architecture and Scholasticism,* 1951, verfaßt) zieht Bourdieu die soziologische Bilanz aus Panofskys Versuch, die scholastische Architektur in Beziehung zur Schule als »verhaltensnormierende Instanz« zu setzen. Sie dient zur Klärung unterschiedlicher »Strukturen verschiedener symbolischer Systeme einer Gesellschaft oder Epoche«. (138) Im Falle der Scholastik entsteht aus dem Schulsystem die Norm, der *Habitus,* der imstande gewesen sei, das »kollektive Erbe in ein sowohl *individuell* als *kollektiv Unbewußtes* zu verwandeln«. (139) Er kann demnach als Grundlage und Muster aller Wahrnehmungen und Handlungen dienen. Die Einheit von Stil und Bedeutung erwächst aus dem Werden der Bauformen selbst – nicht als etwas Vorgegebenes, sondern aus dem Entstehungsprozeß und der damit verbundenen Wahl verschiedener, existenter Schemata. Bei dieser Selektion sind nicht nur ästhetisch-künstlerische, sondern auch andere Faktoren wirtschaftlicher, geschichtlicher, sozialer und psychischer Natur beteiligt, wie es Panofsky am Beispiel des *Abtes Suger von St-Denis* zeigt. Bourdieus *Soziologie der symbolischen Formen* findet in dieser Schrift Panofskys ein kunstwissenschaftliches Gegenstück, worin die sozio-kulturellen Bezüge am schärfsten herausgestellt, die künstlerischen Gestaltungsprinzipien und die Stilentwicklung von der Scholastik her erklärt werden, die als »symbolische Form« hinter den vielfältigen Erscheinungen des kulturellen Kräftefeldes der Zeit steht.

Wie das Kunstschaffen, so ist auch die Interpretation der Kunst der Einwirkung des soziologischen Kräftefeldes unterworfen. Im Spätwerk Panofskys hat sich das Schwergewicht auf die ikonographische Deutung der Kunstwerke verlagert, die dadurch den Stellenwert der »dritten Sinnschicht« im ikonologischen System einnimmt. Auch Bourdieu spricht hypothetisch vom »adäquaten Verstehen« des Kunstwerks als einem »speziellen Fall«, der nur möglich ist, wenn der kulturelle Schlüssel, der seine Dekodierung gewährleistet, einem Betrachter auf Grund seiner Kompetenz und Rezeptionsfähigkeit unmittelbar zur Verfügung stände (1970, 159). An Panofskys Beispiel der ikonologischen Interpretation in *Iconography and Iconology. An Introduction to the Study of Renaissance Art* (in *Meaning in the Visual Arts,* 1955, 33–35) wird die Kunsterfahrung einer Epoche als Grundlage des Kunstschaffens und der Kunstwahrung beschrieben, wobei das Problem der Entschlüsselung sich erst gar nicht stellt. Wo die geistige Kohärenz des sozialen Feldes nicht gegeben ist, entsteht das Problem, die ehemalige sozio-kulturelle Situation historisch zu klären. Nur aus dem Verständnis der Gesamtkultur sind »Codes« zu gewinnen, welche die künstlerischen Erscheinungen entschlüsseln können. Dabei sind die verschiedenen Sinnschichten des Kunstwerks zu berücksichtigen. Bourdieu geht dazu über, diese Kategorien der Ikonologie in ihrer soziologischen Signifikanz zu beschreiben. So wird die erste Sinnschicht (vgl. Fig. 19) von denen, die keinen Bezug zur historischen Überlieferung haben, an anderen Kriterien gemessen, als von denen, die entsprechend vorgebildet sind. (Mit Recht wird betont, daß der Begriff vom »reinen Auge« eher ideologisch denn wahrnehmungspsychologisch zu begründen sei; vgl. 1970, 167.) Bourdieu schließt: »Das Kunstwerk im Sinne eines symbolischen – und nicht so sehr ökonomischen – Guten [. . .] existiert als Kunstwerk überhaupt nur für denjenigen, der die Mittel besitzt, es sich anzueignen, d.h. es zu entschlüsseln.« (169) Die ästhetische Kompetenz eines Subjekts wird vom Interpretationsschema her bestimmt, über das es verfügt. Der Kenner ordnet das Kunstwerk stilgeschichtlich ein, indem er es mit anderen möglichen oder nicht möglichen Epochen, Schulen, Themen, Autoren etc. vergleicht. Ein Kunstwerk ästhetisch betrachten, heißt, es »in Beziehung zu allen Werken (und nur zu diesen Werken)« zu setzen, »die insgesamt die Klasse bilden, der es angehört.« (171) Dieser Art der Selbstbezogenheit, des »interesselosen Wohlgefallens« stellt Bourdieu in Anlehnung an Kants Terminologie das Angenehme oder das Verstandesinteresse entgegen, die bei den unteren Klassen in Richtung auf ein Ziel in Funktion tritt, demzufolge jedes Bild eine Aufgabe, und sei es nur eine verweisende, zu erfüllen habe. Das Unverständnis, das heute noch den nichtfigurativen Künsten entgegengebracht wird, möge als Beispiel dienen.

Die künstlerischen Codes und damit verbundenen Urteilsprinzipien nehmen den Charakter einer gesellschaftlichen Institution an, wobei zwischen objektiven, vom Kunstwerk her erforderlichen Codes, und sozialen, historisch bedingten unterschieden wird. Die Interpretation und Lesbarkeit sind, gemäß der von Bourdieu verwendeten Terminologie, vom Emissionsniveau und Rezeptionsniveau abhängig.

Das Problem der künstlerischen Neuerung wird in dialektischer Weise gelöst, indem der wahre Avantgardist bewußt mit allen etablierten Codes brechen muß, und dies von einem verfeinerten Publikum erkannt und akzeptiert wird *(Appropriation)*. Die Bedeutung des Kunstwerks (oder Symbols) liegt in der »Bedeutung des Werdens«, »des Niedagewesenen und doch mit Notwendigkeit Eingetroffenen« (184f.) –

eine Erkenntnis, die erst nachträglich aus der vergleichenden Schau erwächst. Auf dem Wege des gezielten Kunstunterrichts, der den sozialen Ausgleich verschiedener Emissionsstufen herbeiführen würde, wäre vielleicht eine Erweiterung der privilegierten Klasse möglich, die in der Lage sei, sich die Kunst als Bildungsgut anzueignen. Wie solle aber verhindert werden, daß der Mythos der Bildung als Geschenk der Natur und »der Liebe zur Kunst« nicht als Zeichen einer »Erwähltheit« von jenen in Anspruch genommen werde, die dadurch auf soziale Rangunterschiede verweisen und das »Monopol« der Manipulation der Kulturgüter (Max Weber) für sich geltend machen? Zum Museum als Institution heißt es, »daß nämlich die Welt der Kunst im selben Gegensatz zur Welt des alltäglichen Lebens steht wie das Heilige zum Profanen.« (199) Dieselbe Forderung der Didaktik und Entweihung, wenn auch in viel idealistischerem Sinne, war einst von Morris und seinen Nachfolgern sowie zu Beginn des 20. Jahrhunderts erhoben worden.

Warburg, Jung und Read, um nur einige Vertreter der expressiven Symbolauffassung zu nennen, haben die soziale Funktion der Kunst in ihrer symbolischen Wirkung gesehen; von der Struktur des Kunstwerks ginge eine heilsame Wirkung auf den Menschen und die Gesellschaft aus, das Symbolische wurde als ein immanenter Wert und eine wirkliche Größe verstanden. Für Bourdieu geht es um ein soziologisches und auch ideologisches Problem, weil seiner Meinung nach allein die Bourgeoisie beanspruche, »ihre *symbolische,* nämlich einzig legitime Art der Aneignung [der Kunstschätze] als ein Naturrecht zu begründen.« (210) Die ästhetische Erfahrung der Kunst wird ebenfalls ein Mittel, den Klassenkampf von oben zu führen, um bei sich »das Gefühl der Zugehörigkeit, bei den anderen das Gefühl der Ausgeschlossenheit zu verstärken.« (198) »Symbolisch« erscheint die Kunst nun im negativen soziologischen Sinne – es geht nicht mehr, wie in der Ikonologie, um einen geglaubten symbolischen Wert der Kulturgüter, der in der dritten Sinnschicht aufgedeckt wird, sondern um die Entlarvung solcher Vorstellungen als sozial negativ wirksame, abschirmende Ideologien.

Nachträglich läßt sich nun auch erklären, warum Bourdieu der im Grunde elitären Methode der Ikonologie, insbesondere Panofskys Scholastik-Buch, das in der Kunstgeschichte ohne Einfluß gewesen ist, zustimmt. Wird doch darin gerade das »Schulprinzip« als Schlüssel zum Verständnis der Zeit gesehen«. Von Natur aus dialektisch, hat es das Denken der Zeit bestimmt – einer Epoche, in der das »intellektuelle Kräftefeld« noch nicht als soziologische Größe ausgebildet war und die symbolischen Formen angefangen hatten, »Unheil« zu stiften.

Ernst H. Gombrich steht den Versuchen, Kunstwerke allzu stereotyp als Ausdruck oder »Symbol« einer Zeit zu interpretieren, äußerst skeptisch gegenüber. »It is one thing to see the interconnectedness of things, another to postulate that all aspects of a culture can be traced back to one key cause of which they are the manifestations.« (*In Search of Cultural History*, 1969, 30) In erster Linie geht es in seinen Schriften um die Kontinuität gewisser geistiger Strömungen und ihren Einfluß auf die Bildtraditionen sowie um Veränderungen der Stilkonventionen und der Ikonographie. Man könnte sagen, daß er die »zweite Sinnschicht« der Ikonologie behandelt, während die allzuweit gehenden Schlüsse der »dritten Sinnschicht« und die intuitive Schau der »symbolischen Werte« nicht seine Sache sind. In seiner kritischen Stellungnahme zum Historismus ist Gombrich von K. R. Popper beeinflußt worden, der metaphysische Spekulationen und naturalistische Geschichtstheorien ablehnt. Stilveränderungen gelten ihm nicht als Symptome eines übergreifenden historischen »Kunstwillens«, sondern eher als eine von vielen Tendenzen einer Zeit.

Gegen die psychoanalytische Deutung des Kunstwerks als Symptom primärer Störungen im Seelenleben seines Urhebers (Freuds »Symbol«) wird ebenfalls heftig Einspruch erhoben (*Psycho-Analysis and the History of Art*, in *Meditations on a Hobby Horse*, 1963, 30–44). Er ging dabei von einer Schrift Ernest Jones' aus: *The Theory of Symbolism*, 1916. Darin wird die kulturelle Evolution in der Entwicklungsgeschichte der Menschheit, wie später bei Cassirer, als ein ständig fortschreitender Prozeß der Symbolisierung geschildert. Jedes Symbol, das die Beziehung des Menschen zu seiner Umwelt spiegelt, erscheint zum einen als Zeichen einer veränderten Zielsetzung in der Entwicklung zu immer komplexeren symbolischen Formen, zum anderen als Enthüllung früherer Symbole, die im Lichte der neuen nur teilweise als wahr gelten können. (Der erste, epistemologische Aspekt der Definition steht der Auffassung Cassirers nahe, der zweite entspricht dem Prinzip des Ersatzes, das auch in Jungs System eine bedeutende Rolle spielt.)

Gombrich wäre offensichtlich bereit, einer solchen Definition hinsichtlich Stiltradition und Modi der Darstellung *(modes of representation)* in den verschiedenen Phasen der Kunstgeschichte zuzustimmen. Aber Jones führt nur Wissenschaft und Religion als kulturhistorische Symbolformen an. Kunst wird, wie der Traum, als Ausdruck verdrängter Gefühle interpretiert, die im frühen Kindesalter entstanden, um später im Erwachsenenleben in den verschleierten Formen der Kunstwerke in Erscheinung zu treten.

Das künstlerische Schaffen besteht aber nach Gombrich nicht nur darin, die von der Stilkonvention bereitgestellten symbolischen Formen einer Zeit mit solch einem Inhalt zu füllen oder neue Formen der Darstellung unterdrückter Wünsche, die nach der Psychoanalyse meist sexueller Natur sind, zu ersinnen. Die Kritik an Freud und der psychoanalytischen Methode geht in dieselbe Richtung wie bei Jung: Die Person des Künstlers ist zwar notwendig, wenn es um die Entstehung und Gestaltung des Kunstwerks geht. Aber diese Selbstverständlichkeit ist nicht der wichtigste oder wahrste Aspekt des Kunstwerks. Wenn der Psychoanalytiker nicht Zugang zu ausführlichem biographischem Material hat, ist die Methode von vornherein zum Scheitern verurteilt; und auch dann, wenn solche Daten vorliegen, läßt sich fast nichts über die formale Gestaltung sagen. So erscheint eine starke psychische Abblockung eher als Hindernis denn als Antrieb beim künstlerischen Schaffensprozeß. Die Vielfalt und Komplexität der verschiedenen Faktoren, die da hineinspielen, ist zu groß und die psychoanalytische Methode zu einseitig, als daß dadurch dem einzelnen Werk Gerechtigkeit widerfahren würde.

Seine klassische Schulung und kulturgeschichtliche Orientierung hat Gombrich in Wien unter Julius von Schlosser erhalten. Er wurde auch von der Gestaltpsychologie angeregt (Koffka und Ehrenfels) und hörte zu Beginn der dreißiger Jahre die Vorlesungen Koehlers in Berlin. So wurde er schon früh auf Probleme der Wahrnehmungspsychologie aufmerksam, mit denen er sich in Werken wie *Art and Illusion* (1959) und *The Sense of Order* (1979) kunstgeschichtlich auseinandersetzte.

Gombrichs kunstwissenschaftliche Betrachtungsweise ist sowohl von einem allzu abstrakten Historismus als von einer allzu expressiven, psychologisierenden Methode abgegrenzt. Man könnte sagen, der romantische Symbolbegriff werde in seinem metaphysischen, aber auch in seinem organischen Aspekt reduziert. Gombrich gebraucht den Begriff Symbol zur Charakterisierung der bildkünstlerischen Sprache während der Renaissance und des Barock, als es darum ging, eine tiefere Wahrheit in einer für Außenstehende verschleierten rätselhaften Form auszudrücken. Der Symbolbegriff wird also *historisch* aufgefaßt. Funktion und Inhalt der Bilder erhalten durch den Historiker nachträglich ihre rationale Klärung.

In der Studie *Icones Symbolicae* (1948/1972) erörtert Gombrich die Entwicklung des Begriffs in großen Zügen bis hin zu Vico und der neuen Definition Kants (das 18. und 19. Jahrhundert werden jedoch nur sehr summarisch behandelt). Als wesentlicher Anstoß der romantischen Symboltradition wird dabei das *platonische Erbe* in der abendländischen Kultur betrachtet: das Unzureichende der diskursiven Sprache, die Unmittelbarkeit der mystischen Vision und die primäre Funktion des Gesichts und Gehörs bei der Orientierung des Menschen in der Welt. Bilder, Töne und Lyrik erscheinen als Ausdruck einer tieferen Weisheit und eines verborgenen Sinnes. Der primitive Mensch, das Kind, der Träumer oder der vom göttlichen Wahnsinn Befallene, alle stehen sie der Urquelle, den unbewußten oder göttlichen Mächten näher als der rational ausgerichtete Denker und Redner. (Dies gilt natürlich besonders für die Nachfolger Platons, nicht für seine negative Beurteilung des Dichters und Künstlers oder seine Geringschätzung der nachahmenden Künste, *mimetiké téchne*.)

Aber auch die Vertreter des sprachlichen Ausdrucks und der diskursiven Logik trugen zur Entwicklung des Symbolbegriffs bei. Durch die *Poetika* und die *Rhetorik* des Aristoteles konnte die Definition der Metapher gemäß der gängigen Formel *ut pictura poesis* auch auf andere Kunstgattungen angewandt werden. Bei der Metapher ging es darum, die Bedeutung eines Wortes oder eines Dinges auf andere bzw. in ein anderes Medium zu übertragen. Die Aristoteliker meinten, daß die Sprache alle Kategorien und möglichen Kommunikationsformen in der Gesellschaft adäquat auszudrücken vermöge. Es wurde demnach kein grundlegender Unterschied zwischen simultanen und diskursiven Symbolformen gemacht (vgl. z. B. Batteux).

Durch die Verschmelzung dieser beiden geistigen Traditionen sollte der Symbolbegriff seine Kraft erhalten. In seiner Schrift *De Oratore* (die übrigens von dem *idea*-Begriff Platos beeinflußt war) sagt Cicero, daß die Metapher dann als Ersatz dienen müsse, wenn die herkömmlichen Mittel der Sprache nicht ausreichten. Sie verweise auf Ähnlichkeiten zwischen Gegenständen unter besonderer Berücksichtigung ihrer Erscheinungsweise und der Wahrnehmung des Menschen.

Als höchste Form der Erkenntnis wird von Platon die direkte Schau des Göttlichen, der Ideen, beschrieben. Immer wieder sollte diese geistige Vision in der neuplatonischen Erkenntnistheorie und ihrer symbolischen Kunstauffassung angesprochen werden, so z. B. von Augustin, Pseudo-Dionysius Areopagita, Johannes Scotus, Bonaventura, Ulrich von Straßburg, den Mystikern des 14. Jahrhunderts, Ficino, Pico della Mirandola, Galilei, Père le Moine im 17. Jahrhundert sowie von Shaftesbury und Vico zu Beginn des 18. Jahrhunderts. Für Vico erschienen die ägyptischen Hieroglyphen jedoch als natürliche

Ausdrucksweise des primitiven Menschen, nicht als Symbole, deren Inhalt bewußt verdeckt sei.

Die Bedeutung des Bildes oder Symbols ist noch nicht dadurch erschöpft, daß man eine rational diskursive Erklärung für es gefunden hat. Seine Eigenart besteht vielmehr in der endlosen Vielzahl möglicher Deutungen und in seiner rätselhaften Natur. Im Augenblick der intuitiven Schau gelingt es dem Betrachter zuweilen, die Komplexität und Universalität zu ahnen, die sich darin verbergen. Eben dieser Charakter des Unfaßbaren hat zu metaphysischen und psychologischen Spekulationen hinsichtlich des Symbols geführt.

Es ist nicht verwunderlich, daß Gombrich mit seiner breitgefächerten kulturhistorischen Orientierung (bei zugleich empirischer Zurückhaltung) eher zur »rationalen« Seite der Symbolinterpretation tendiert. Er weiß jedoch, wie unzureichend die Sprache manchmal ist und sein muß, wenn es darum geht, einen komplexen Gefühlsinhalt zu vermitteln. Die Poesie oder die bildenden Künste sind anderen Gesetzen unterworfen als denen der rational-diskursiven Logik. Eine Metapher ist mehr denn nur die Überführung eines Begriffs von einem Medium in ein anderes. Sprache und Bild bewirken eine neue Strukturierung dessen, was wir die »Wirklichkeit« nennen. In manchen Fällen besitzen die neugeschaffenen Asusdrucksformen eine solche Kraft und anerkannte Gültigkeit, daß sie als unveräußerlicher Bestandteil der Kultur und Zivilisation weiterleben. Diese Definition der Literatur und der bildenden Kunst steht dem Symbolbegriff Cassirers und seiner Nachfolger nahe, obgleich »Symbol« von Gombrich nicht so allgemein, sondern nur auf die dynamisch nachwirkenden Kunstwerke des Menschen angewandt wird.

Als wissenschaftlicher Gegenstand ist die künstlerische Symbolform jedoch nur im Rahmen der kulturellen Wertungen, Normen und der vorherrschenden Stiltradition jener Zeit zu verstehen, in der sie entstanden ist. Es ist schließlich dieser Aspekt, nicht so sehr das Kunstwerk als Ausdruck der letztlich doch nicht greifbaren Künstlerseele, der den Gegenstand von Gombrichs Forschung ausmacht. »Iconology must start with a study of institutions rather than with a study of symbols«, wobei der Begriff hier im expressiven Sinne gemeint ist (*Aims and Limits of Iconology*, in *Symbolic Images*, 1972, 21). Der Historiker könne nicht hoffen, *alle* Faktoren aufzudecken, die bei der Entstehung eines Kunstwerks mitgewirkt haben. Die Ikonologie solle sich lieber darauf beschränken, die Bedeutung und den Einfluß eines Werkes so genau wie möglich zu bestimmen: »We are rather concerned with categories of social acceptance as in the case with all symbols and sign systems.« (1972, 18) Hier wird der Begriff »Symbol« in der im angelsächsischen Sprachgebrauch herkömmlichen Bedeutung von »Zeichen«, »Bild« oder »Figur« gebraucht, die einen Gegenstand oder eine Beziehung darstellen. Es ist ein Sprachgebrauch, der sich dem der Soziologie nähert. Gombrich ist jedoch weniger optimistisch als z. B. Paulsson, wenn es darum geht, ein historisch authentisches Kräftefeld zu rekonstruieren. Von einem »Symbolmilieu«, das imstande sei, das Kunstwerk in all seinen Aspekten zu erklären, ist eben nicht die Rede.

Angesichts dieser Einschränkungen neigt Gombrich nicht dazu, die künstlerische Symbolsprache von Bildern und die ikonographischen Programme als eindeutig feststellbare Beziehungen, wie sie zwischen einem Zeichen und dem Bezeichneten bestehen, zu erklären. Das Bild ist nie nur an eine Bedeutung gebunden, vielmehr sind seine Suggestivkraft und spezifische Funktion darauf zurückzuführen, daß es eine unendliche Zahl von Bedeutungen in sich zu bergen vermag. Hierdurch wird der Betrachter stets zu neuen Interpretationen und ästhetischen Stellungnahmen angehalten.

Diese Erkenntnis mag am Beispiel des rätselhaften Bildes des Universums im *Horapollo* (Abb. 22) deutlich werden: die Schlange, die sich in den Schwanz beißt. In der Renaissance galt sie als Verkörperung der endlosen Zeit oder des zyklischen Verlaufs der Jahre. Jung und Neumann sehen im »Uroboros« einen repräsentativen Ausdruck des Vor-Archetypischen, jenes chaotischen, unbewußten Urzustandes, wo das Männliche und Weibliche, das Positive und das Negative, sich noch nicht herauskristallisiert hatten.

Ein anderes Beispiel eines solchen vieldeutigen Kunstwerks stellen die Gemälde Botticellis, »Die Geburt der Venus« und »Der Frühling«, in den Uffizien dar (Abb. 12). Von letzterem Bild weiß man, daß Ficino in einem Brief 1478 an den jungen Lorenzo di Pierfrancesco de' Medici ihm eine heilsame, magische Kraft, der eines Talismans vergleichbar, zugeschrieben hat. In einer Studie zu diesen Werken (1945) suchte Gombrich durch eine genaue Analyse der kulturellen Situation der Zeit dem Sinn des Gemäldes näher zu kommen. Die weitschweifenden neuplatonischen Erklärungen Marsilio Ficinos enthalten auch christlich-moralische, didaktische Gedanken. Venus ist die verkörperte »Humanitas«, die dem jungen Pierfrancesco den Weg weisen soll. Diese Interpretation ist nur eine unter vielen ikonologischen Deutungsversuchen, die später folgten (insbesondere ist hier auf Winds *Pagan Mysteries in the Renaissance,* 1967, zu verweisen, wo dem Sinn der bewußt verschleierten Symbole in der Renaissance nachgegangen wird – *nec mysteria quae non occulta,* wie es bei Pico heißt – *Heptaplus, prooemium;* Winds Deutung der »Primavera« im neuplatonischen Geiste in Kap. 7 seines Werkes). Im Vorwort seiner revidierten Botticelli-Studie (*Symbolic Images*, 1972) weist Gombrich darauf hin, daß man das Gemälde nicht als Illustration eines philosophischen Programmes ansehen dürfe, sondern eher als Ausdruck einer didaktischen Aufforderung, die die suggestive Form des Mythos erhalten habe. Die Meinungsunterschiede der Ikonographen, was die phantasievolle künstlerische Gestaltung des mythologischen Stoffes betrifft, sind weniger wichtig für das Verständnis dieses Werkes, als die Wirkung, die damit beabsichtigt war. Von dieser historisch-psychologischen Warte aus erscheint nicht der Inhalt, sondern die Funktion des Bildes als »symbolisch« – ein Schluß, der der »Feldtheorie« der soziologisch ausgerichteten Kunstgeschichte nahesteht.

Das Bestimmte und das Vieldeutige, das Offene und das Verborgene, das Konventionelle und das Abweichende im Stil – dies sind alles gleich wichtige und wirksame Faktoren in der komplexen Situation, die vom Kunstwerk, vom Urheber, vom Auftraggeber und vom Publikum geschaffen wird. Auch wenn er die geschichtlichen und kulturellen Verhältnisse sehr genau dargelegt und seine eigene psychische Veranlagung und Erwartung berücksichtigt hat, darf der Historiker nicht hoffen, die ganze Wahrheit zu erkennen, die im Kunstwerk steckt. So hält Gombrich eine redliche historische Annäherung an das Kunstwerk und die Klärung seiner Funktion für eine dringlichere Aufgabe der Forschung als einseitige ikonologische Spekulationen hinsichtlich eines vermuteten symbolischen Inhalts.

Verweisende Symbolfunktion

Die Psychoanalyse sowie die Gestalt- und Wahrnehmungspsychologie haben dazu beigetragen, das große Symbolgebiet romantischer Spekulationen zu entmythologisieren. Dennoch haben wir gesehen, wie die existentielle, idealistische Symbolauffassung bei Kunst- und Kulturhistorikern wie Warburg, Jung, Cassirer, Panofsky, Langer und Read fortwirkt. So lange man geneigt ist, dem Kunstwerk einen Eigenwert zuzugestehen, der über das Alltägliche und Notwendige hinausgeht, der ursprüngliche Lebenserfahrung auszudrücken vermag, den Kern unseres Daseins berührt und Vitalität, Kraft und Schönheit besitzt, so lange wird die existentielle und expressive Symboldeutung ihre Fürsprecher finden. »Art creates values in objects«, heißt es lapidar bei

Berenson, und der Symbolbegriff dient dazu, die intuitiv empfundene Qualität oder den Wert eines Kunstwerkes zu bezeugen und zu erklären. Seiner Natur nach ist das Symbol veränderlich und vieldeutig, es öffnet sich neuen Deutungsversuchen und setzt neue Prozesse der Symbolisierung in Gang. In der empirisch begründeten Symboldeutung, etwa Arnheims Untersuchungen der Wahrnehmung, bleibt der Symbolbegriff trotz exakter Terminologie und psycho-physischer Nachprüfbarkeit doch a) an das primäre Erlebnis der symbolischen Gestalt als Ganzes und b) an die a priori vorhandene Kenntnis seiner tieferen Bedeutung gebunden (vgl. z.B. die universale Figur des *T'ai-chi tu;* Abb. 26). Das Rätsel der Simultaneität, die vermittelnde und verweisende Funktion des Symbols und sein gleichzeitig repräsentativer, autonomer Charakter, entzieht sich uns, sobald wir versuchen, unser Erlebnis des Kunstwerks nachträglich in Worte zu fassen.

Dies gilt auch für die nüchterne Verwendung des Symbolbegriffs bei Gombrich oder bei dem schwedischen Kunsthistoriker Gunnar Berefelt. In der Tradition von Runge, den Berefelt in seiner Habilitation und späteren Artikeln behandelt hat, spricht er von einem »Totaleffekt« des Bildes in all seinen Bedeutungsschichten. Runge ging es um eine Analogie des Werkes, die dem Betrachter eine metaphysische Wahrheit vermitteln könne.

Berefelt beschränkt sich darauf, die verschiedenen Stufen zu beschreiben, auf denen solch eine Analogie entstehen und auf den Betrachter wirken kann (z.B. in der Funktionskette Künstler – Gefühl – Werk – Betrachter – Gefühl). Dabei kritisiert er an Langer, daß sie die Eigenschaften eines Werkes, die gewisse Gefühle beim Betrachter auslösen oder ihnen entsprechen, nicht präzisiere und auch nicht zeige, wie eine solche Analogie nachzuweisen wäre. Jedoch hat Langer dargestellt, wie das primäre Raum-Zeit-Erlebnis, das nach Cassirer das eigentliche Substrat der Gefühle und der symbolschaffenden Aktivität des Menschen ausmacht, gemäß der Eigenart der verschiedenen künstlerischen Medien umgesetzt wird. Wie einige Vorgänger (z.B. Panofsky oder Paulsson) unterscheidet Berefelt mehrere Sinnschichten im Kunstwerk:

1. die sichtbaren Formen,
2. deren Plastizität und darstellende Qualitäten,
3. die symbolischen oder expressiven Qualitäten des Inhalts,
4. das Zusammenwirken der verschiedenen Schichten.

Die symbolische, verweisende Funktion kann auf verschiedenen Stufen als mimetische, perzeptuelle oder metaphorische Qualität des Kunstwerks in Kraft treten (*On Symbol and Allegory,* 1966). »Symbol«

wird demnach im Sinne des Verweisenden und Bedeutenden gebraucht, das erst durch die Interpretation und wertende Betrachtung als Funktion in Erscheinung tritt. Hier sei auf Thomas Munros Aufsatz *Suggestion and Symbolism in the Arts* (1956) verwiesen, an den Berefelt offensichtlich anknüpft.

Die verschiedenen Symbolfunktionen, die obiger Einteilung entsprechen, rufen eine ganzheitliche Wirkung perzeptueller, darstellender und metaphorischer Eigenschaften des Kunstwerks hervor. Munro spricht von »arbitrary or stipulated symbol«, »analogy-symbol« und »contiguity-symbol«. Als Beispiel solch eines integrierten Symboleffekts *(contiguity-symbol)* nennt Berefelt Caspar David Friedrichs »Klosterfriedhof im Schnee« (Abb. 33). Das Suggestive, das von diesem Werk ausgeht, beruht auf dem Bezug der starren formalen Struktur zum Thema der leblosen Bäume und der Ruine sowie auf der dynamisch schwachen Kurve der Prozession, dem einzigen Bewegungsmotiv in der absoluten, atemlosen Stille dieser Bildwelt: »With regard to the total symbolic functions of its constituents, I will call this picture symbolic (as an *integration-symbol*). This special function, as I have suggested above was, I believe, lacking in the former painting by Runge (»Die Lehrstunde der Nachtigall«, Kunsthalle Hamburg), which *for me* had the character of an allegory.« (1966, 338; vgl. Abb. 7) Das Bild Runges bestehe aus einer Reihe von symbolischen Gegenständen, die zu einem komplexeren Muster zusammengefügt worden seien. Im Anschluß an den Allegoriebegriff der Romantiker spricht Berefelt von einer rational verweisenden Bildfunktion, die sich an den Verstand des Betrachters wendet und mit Hilfe von Bildern eine abstrakte Idee zu veranschaulichen sucht. Dennoch bleibt die Frage offen, ob nicht jener symbolische Totaleffekt in Analogie mit der Natur, den Runge erstrebt hat, auch in einem so rationalen, literarischen Werk wie »Die Lehrstunde der Nachtigall« auftritt. Jedenfalls entspricht die vierte Sinnschicht in Berefelts System (der »Totaleffekt des Kunstwerks«, das *integration-symbol*) jenen »charakteristischen Zeichen« Runges, die imstande sein sollten, den symbolischen Inhalt der Natur zu offenbaren. Wir nähern uns auch in diesem Falle der »referentiellen Symboldeutung«, der Verwendung des Symbolbegriffs im Sinne des Autonomen und Repräsentativen; demnach vermag der Mikrokosmos des Kunstwerks infolge seines ganzheitlichen Charakters eine universale Ordnung zu spiegeln und eine offenbarende Funktion zu erfüllen.

Später ist Berefelt – Arnheim und neueren Erkenntnissen der Wahrnehmungspsychologie folgend – dazu übergegangen, die verschiedenen Eigenschaften eines Bildes (mimetische, perzeptuelle und metapho-

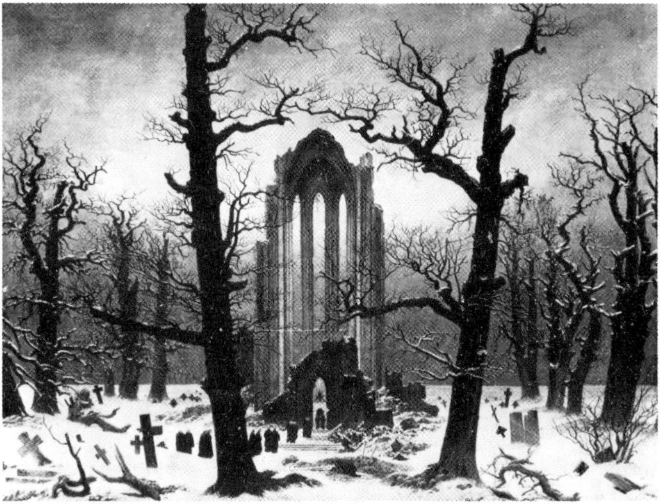

33 Caspar David Friedrich, Klosterfriedhof im Schnee, 1810, Nationalgalerie, Berlin (West). »Der leihende Akt, wodurch wir dem Unbeseelten unsere Seele und ihre Stimmungen unterlegen« (Vischer). Ein »Integrations-Symbol« (Berefelt).

rische) durch eine einheitliche Terminologie zu erklären. Die Analogie zwischen Bild und abstraktem Begriff könne einmal durch eine rein gedankliche Assoziation (»ideomorphes Symbol«), zum anderen durch eine strukturelle Ähnlichkeit zwischen Zeichen und Bezeichnetem (»isomorphes Symbol«) entstehen (*ABSe om bildperception*, 1976). Aber im Prinzip wird das frühere System nicht verändert, und die Allegorie, wie bei Runges »Die Lehrstunde der Nachtigall«, als rebushafte Verknüpfung von einzelnen Motiven und Symbolen verstanden.

Mit gewissem Recht kann man sagen, daß die »referentiellen Symbole« bei Munro, Berefelt und anderen die Interpretation von Kunst und Zeichen im verweisenden Sinne mit ihrer Beziehung zur Wahrnehmungspsychologie, Werttheorie und Semiotik sehr weit von der romantischen Symboltradition und der expressiven Deutung in der Ästhetik und Kunstwissenschaft des 20. Jahrhunderts entfernt haben. Dies heißt aber nicht, daß die grundlegenden Fragen, die von den Romantikern in oft überschwenglichen Worten gestellt wurden, nicht auch für unsere Zeit wichtig wären. Berefelt, Lankheit und andere haben auf die Beziehung der modernen Kunsttheorie zur Romantik hingewiesen. Dies gilt auch für die Symboltradition der letzten Jahrzehnte, wie sie hier beschrieben wurde; Berefelt hat dies erkannt (1966, 338): »The Romanticists posed the problem [die symbolische Funktion des ganzheitlichen Kunstwerks], but in their efforts to clarify it, they became enmeshed in a tangle of metaphysical speculation and abstruse phraseology. Yet in their groping endeavours to find a solution, they made a significant contribution to the shaping of the modern view not only of ›symbol‹, but the general communicative function of art.«

Ein anderer Vertreter der rationalen Symboldeutung ist GÖRAN HERMERÉN, der, von der Philosophie her kommend, Fragen der kunstwissenschaftlichen Methodologie und Wertung erörtert hat. In seiner Habilitation *Representation and Meaning in the Visual Arts* (1969) werden Methode und Argumentation der Ikonologie erneut kritisch analysiert und insbesondere ihr semantischer Gebrauch des Symbolbegriffs besprochen (Panofsky, Wind, Tolnay, Katzenellenbogen, Heckscher, Schapiro und Meiss). Darüber hinaus war dem Autor daran gelegen, für künftige ikonographische und ikonologische Untersuchungen zur symbolischen Funktion und Bedeutung der Kunst ein brauchbares logisches Gerüst zu ersinnen (vgl. 1969, 14).

Der symbolische Charakter des Kunstwerks muß nach Hermerén im Lichte seiner vermittelnden Funktion und der Komplexität, welche die kommunikative Situation insgesamt auszeichnet, gesehen werden (hier sei an Paulsson und Bourdieu erinnert). Die »kommunikative Situation« ist von der Stiltradition, den Absichten und der kulturellen Orientierung des Künstlers und des Publikums abhängig. Was das Kunstwerk darstellt oder was damit gesagt werden soll, führt, aus der Perspektive des Künstlers oder des Betrachters gesehen, zu verschiedenen Beschreibungen, Deutungen und semantischen Konnotationen. Mit welchen Fragen und Methoden hat die Ikonologie zur Bereicherung der Kunstgeschichte beigetragen? Hermerén will nicht eine neue ikonologische Methode begründen, sondern sucht durch eine logisch-semantische Analyse der Ikonologie auf eine Reihe ihr immanenter Probleme hinzuweisen. Auch der Symbolbegriff erweist sich in seiner Untersuchung als schillernd – aus struktureller wie inhaltlicher Sicht. In erster Linie wird er gemäß des angelsächsischen Sprachgebrauchs im Sinne des Hinweises und der funktionalen Verknüpfung *(connotation)* verwendet; weitläufiger betrachtet umfaßt er die Beziehung zwischen Werk, Urheber, Betrachter und kulturellem Umfeld.

Bei der Beschreibung der »referentiellen Symbolfunktion« wendet sich der Autor gegen die häufig vorkommende Vermischung der Begriffe »Symbol«, »Allegorie« und »Illustration«:

Für die *Illustration* eines Dinges, eines Ausspruchs, einer Geschichte oder einer Weltanschauung gibt es verschiedene Möglichkeiten. Die Doppelnatur der Illustration liegt auf der Hand: pragmatisch gesehen kann sie einen Text kommentieren oder veranschaulichen; semantisch verstanden zeigt sie Objekte, Personen und Handlungen (vgl. Fig. 22).

In der Einleitung zu seinen *Studies in Iconology* hat PANOFSKY zwischen *secondary* oder *conventional subject matter* (der zweiten Sinnschicht) und *intrinsic meaning* oder *content* »constituting the world of ›symbolical values‹« (der dritten Sinnschicht) unterschieden (vgl. Fig. 19). Bilder, die abstrakte, allgemeine Ideen (wie z. B. Glauben, Weisheit) ausdrücken, bezeichnet Panofsky als *personifications* oder *symbols* (vgl. ed. 1962, 6, Anm. 1). Allegorien stellen Kombinationen solcher Personifikationen und/oder Symbole dar; dies entspricht der neueren Verwendung des Begriffs.

HERMERÉN hat diese Begriffsbestimmung Panofskys zum Ausgangspunkt seiner Erörterung der ikonographischen Symbole gemacht – vielleicht zu Unrecht, da Panofsky den Begriff in diesem engen verweisenden Sinne nur beiläufig in einer Anmerkung verwendet und er nur einen Teilaspekt der zweiten Sinnschicht betrifft. Mit BEARDSLEY (1958, 289) stellt Hermerén fest, daß Gemälde und Motive »symbolisch« im semantischen Sinne sind, »they depict or represent symbolic objects like the cross and the tower of chastity« (1969, 77). HOSPERS (1946, 29) beschreibt den Symbolbegriff im selben Sinne, gemäß der Definition in *Webster's Dictionary,* als »any situation in which there is something that stands for something else«. In der näheren Erörterung der semantischen Beziehung zwischen Symbol und Bezeichnetem unterscheidet Hospers zwischen »konventionellen« und »natürlichen Symbolen«, und bestimmt darüber hinaus noch eine dritte Gattung, die »halbkonventionellen« – eine Kombination der beiden erstgenannten.

Als Beispiele für »konventionelle Symbole« in der Darstellung HOSPERS' dienen Embleme, verschiedene Attribute und heraldische Zeichen. Hermerén zählt auch den Heiligenschein oder etwa die Hieroglyphen dazu. Der Begriff bezieht sich auf die rational festgelegte Bedeutung, die mit diesen symbolischen Zeichen und Dingen verbunden wird. Hingegen beruht die verweisende Funktion der »natürlichen Symbole« auf einer Ähnlichkeit oder einer kausalen Beziehung zwischen Form und Inhalt des Zeichens. Noch komplexer ist die Funktion der »halbkonventionellen Symbole«, bei denen das Bild sowohl als konventionell festgelegter Ausdruck abstrakter Ideen dient, zugleich aber auch eine Ähnlichkeit oder Verwandtschaft zwischen abgebildetem Objekt und seiner vorgegebenen Bedeutung herausstellt. Diese

Fig. 22 *Beardsley, Hospers, Hermerén*

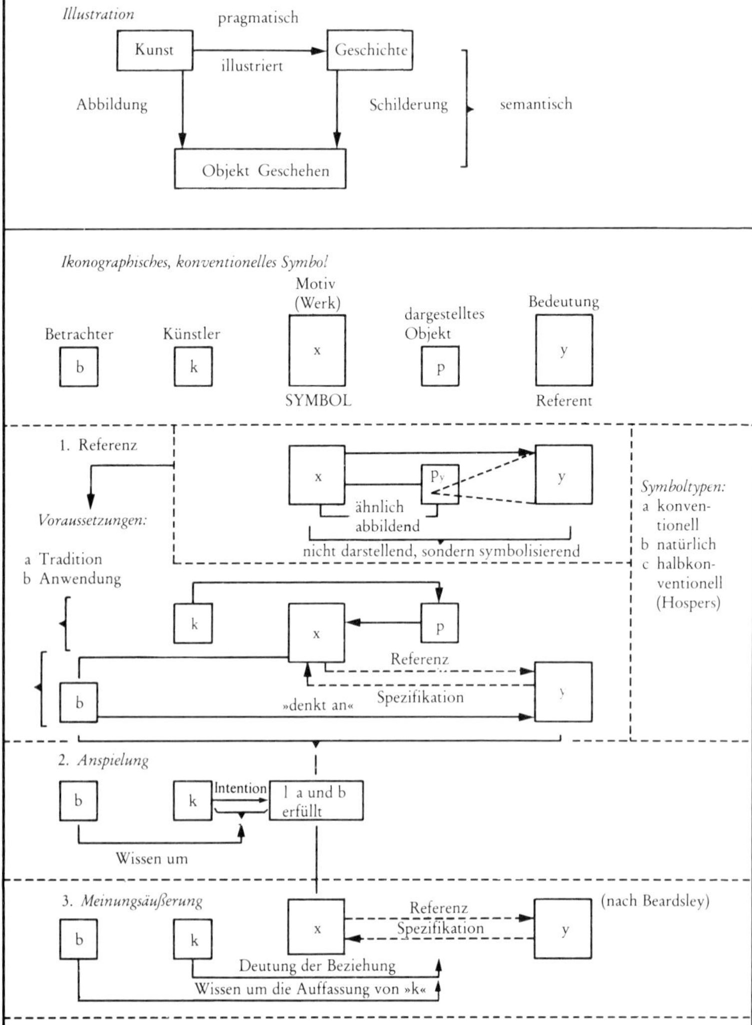

4. *»offenes Symbol«:* Referenz (1) oder Anspielung (2) Voraussetzung für x in p.
»verborgenes Symbol«: x kann in p als symbolisch nach 1 oder 2 gedeutet werden.

drei Definitionen des »referentiellen Symbols« bei Hospers entsprechen der Terminologie, der wir bei MUNRO kennengelernt haben: »stipulated«, »analogy« und »contiguity symbol«.

Nach HERMERÉN geht es bei den »ikonographischen Symbolen« um die Identifikation von Bildern oder Gegenständen (X, P) mit dahinterliegenden Bedeutungskomplexen (Y) – (vgl. 1969, 86). Dies kann auf direktem Weg geschehen (Signifikanz) oder indirekt, in der Form der Anspielung. Drei Sätze müssen dabei notwendigerweise erfüllt werden:

1. X bringt den Betrachter b dazu, an Y zu denken.
2. Der Betrachter b und der Künstler k wissen, was X bedeutet.
3. X darf Y nicht direkt abbilden oder darstellen.

Fig. 22 zeigt die verschiedenen Typen referentieller Natur, die in der Erörterung des ikonographischen Symbolismus bei Hermerén vorkommen: Referenz, Anspielung, Meinungsäußerung (engl. »suggestion«) sowie offenes und verborgenes Symbol. Die »Anspielung« zeichnet sich durch das Bewußtsein des Betrachters aus, daß der Künstler die Absicht hat, eine referentielle Situation herzustellen. Die »Meinungsäußerung« entspricht der Auffassung des Künstlers hinsichtlich der Beziehung zwischen einem Symbol (X) und seinem Bedeutungskomplex, dem Referenten (Y). Das »verborgene Symbol« tritt nicht klar zutage, sondern ist von der Interpretation eines Motives in einem Werk (X) abhängig, das als Signifikanz oder Anspielung des Bedeutungskomplexes (Y) im Kontext des Werkes dient. Das »offene Symbol« ist mit der evidenten »Referenz« oder der »Anspielung« gleichzusetzen, wobei X Y nicht auf direktem Wege abbilden darf, sondern nur als Symbol darauf verweist.

Was die *Allegorie* betrifft, weist Hermerén verschiedene Typen nach. Der erzählende Typus macht die gemeinte Bedeutung direkt sichtbar (wie z.B. der Sturz des Hochmütigen vom Pferd); der abstrakt-symbolische führt dem Betrachter eine bestimmte Handlung, Glaubenswahrheit oder Doktrin vor Augen (z.B. »Der Triumph des Hl. Thomas über die Häretiker«). Allegorien enthalten nach Hermerén (und Panofsky) stets verweisende Symbole, die zwischen Darstellung und abstraktem Sinngehalt vermitteln. Beim allegorischen Bild geht der Künstler immer vom Referenten, d.h. der abstrakten Idee (Y) aus, bei der symbolschaffenden Tätigkeit hingegen vom als »symbolisch« erkannten Objekt selbst (P und dann seiner künstlerischen Umsetzung X). Die Unterscheidung zwischen Allegorie- und Symbolbegriff wird in Berefelts Interpretationen von Runges »Die Lehrstunde der Nachtigall«

bzw. Friedrichs »Klosterfriedhof im Schnee« deutlich (Abb. 7 und 33; Fig. 23; vgl. auch die Erörterung Bandmanns).

Berefelts und Hermeréns Definitionen der Begriffe »Allegorie« und »Symbol« entsprechen der Auffassung der Vorromantik: bei der Allegorie geht man von der abstrakten Idee aus, beim Symbol vom Objekt selbst. Konvention und Tradition spielen eine wichtige Rolle, wenn ein ikonographisches Symbol identifiziert werden soll. Für das Verständnis der Allegorie sind sie geradezu Voraussetzung – ihr rationaler Charakter war so ausgeprägt, daß die diskursive Anschauungsform von Kant als das eigentliche Kennzeichen des Allegorischen überhaupt bezeichnet wurde.

Die *ikonologische* Symboldeutung zielt auf eine tiefere Sinnschicht »symbolischer Werte«, als es bei der Illustration, dem »ikonographischen Symbol« oder dem referentiell festgelegten Inhalt der Allegorie der Fall war. Im »Dokumentsinn«, dem »intrinsic meaning« des Kunstwerks (Panofsky) sollen Lebensgefühl und Weltanschauung aufgedeckt werden, die die verschiedenen Kunst- und Kulturäußerungen, die philosophischen Systeme und die historische Situation einer Zeit prägen (vgl. Fig. 19). Hermerén hat den Bezug zwischen Weltanschauung, Kunst und philosophischen Tendenzen schematisch dargestellt (vgl. Fig. 23, »ikonologisches Symbol«; die senkrechte bzw. waagerechte Verknüpfung entspricht m. E. der »semantischen« bzw. »pragmatischen« Beziehung im Schema der Illustration – Fig. 22).

Bei der Analyse des »ikonologischen Symbolbegriffs« wird *das Unbekannte* des Referenten Y als entscheidende neue Komponente herausgestellt – der »ikonographische Symbolbegriff« galt als Hinweis auf eine allgemein bekannte Bedeutung des Referenten Y. Schon 1932 hat Panofsky von der »ungewollten und ungewußten Selbstoffenbarung eines grundsätzlichen Verhaltens zur Welt« seitens des Künstlers gesprochen. Der verschwommene Charakter des ikonologischen Referenten Y entspricht dem vagen Begriff der »Weltanschauung«. Deren Interpretation, die Panofsky in der Nachfolge von Karl Mannheim unternommen hat, erfolgt einmal als Deutung von X als Symptom (oder Symbol) für die Weltanschauung des Künstlers K oder der vorherrschenden kulturellen Situation (Y) (Fig. 23 unter »Deutung«). Aber die Vertrautheit mit der letzteren kann bei der Analyse auch einen pragmatischen Zweck erfüllen und zur Erklärung mancher Eigenschaften von X beitragen (Fig. 23).

Bei der symbolischen Funktion ist immer von der Ähnlichkeit oder der Analogie zwischen dem Symbol X und dem Referenten Y die Rede. Dies gilt auch für die Ikonologie, d. h. für die Beziehung zwischen X

Fig. 23 *Hermerén* (Fortsetzung)

Allegorie

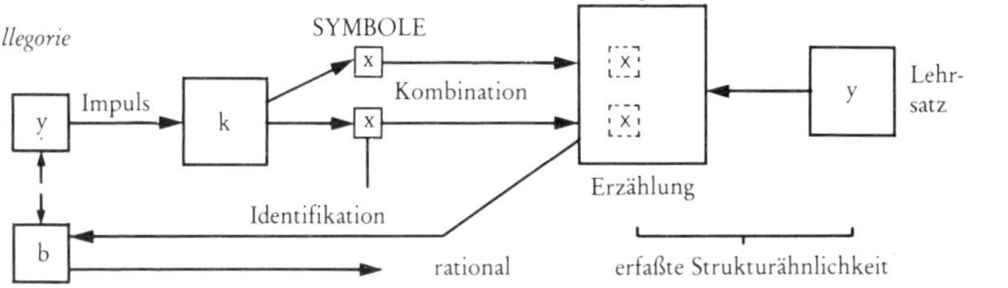

Ikonologisches Symbol: Panofsky (nach Hermerén)

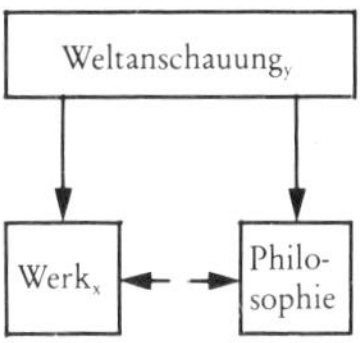

α Deutung: »x« als Symptom für »k« od. »y«:

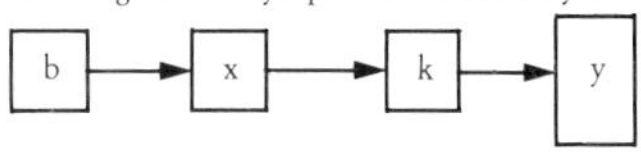

β Deutung von »x« mit Hilfe von »k« und »y«

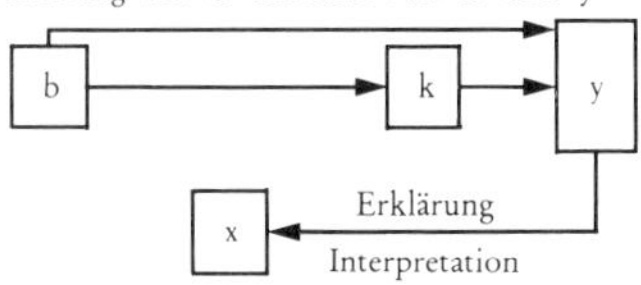

Kriterien für eine relevante Ähnlichkeit zwischen Werk (x) und Weltanschauung (y):

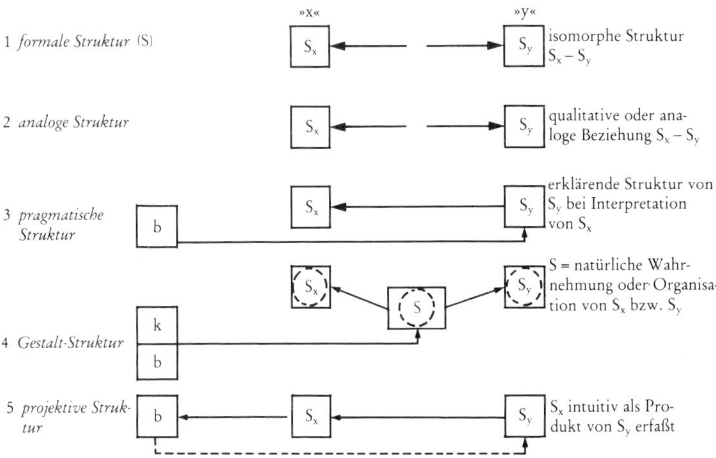

und der »Weltanschauung« Y. Hermerén verweist auf BEARDSLEY (*Thinking Straight*, 1966, 131), der die Voraussetzung einer Analogie im ikonologischen Sinne zwischen X und Y nur dann für gegeben hält, wenn ein ganzer Komplex von Ähnlichkeiten nachgewiesen werden kann. Die Ähnlichkeit kann in Attributen, Proportionen und verschiedenen Beziehungen struktureller Art bestehen. Letztere sind, nach gestaltpsychologischen Erkenntnissen, von der selektiven Wahrnehmung des Betrachters, seiner Wertung der Form und des Inhalts abhängig.

In Fig. 23 sind fünf Typen relevanter Ähnlichkeit zwischen einem Werk X und einer Weltanschauung Y skizziert, die nach Hermerén auf verschiedenen Arten struktureller Übereinstimmung (S) beruhen (vgl. 1969, 147).

Trotz dieser Versuche der logischen Klärung stellt Hermerén fest, daß es fast unmöglich ist, eine strukturelle Analogie zwischen einem Werk X und einer vagen »Weltanschauung Y« exakt zu definieren. Die Ähnlichkeit, die dabei nachgewiesen werden kann, ist in den Augen des Ikonologen letzen Endes doch auf die Wirkung zurückzuführen, die von Y auf X ausgeht. Auch wenn dieser kausale Bezug nicht in allen Kunstwerken nachweisbar ist, erscheint er doch in jenen, die ikonologisch erörtert werden (vgl. Fig. 23 unter »Kriterien, 5: projektive Ähnlichkeit«). Wie Panofsky und Paulsson verweist Hermerén darauf, daß Künstler und Werk konstitutive Faktoren in dem dynamischen Feld sind, welches die kulturelle Situation darstellt. Nicht die »expressive« oder »projektive« Deutung des Kunstwerks als Kultursymptom ist deshalb nach Hermerén im ästhetischen Zusammenhang gefragt, sondern die Ähnlichkeit zwischen X und Y im strukturellen, analogen Sinn, die bei der pragmatischen Fragestellung auftritt (vgl. Fig. 23 unter »Kriterien, 3: pragmatische Ähnlichkeit«).

Hermerén geht es in seiner Argumentationsanalyse darum, die Voraussetzungen für künftige ikonographische und ikonologische Forschungen zu prüfen und die methodischen Anforderungen näher zu bestimmen. Dabei wurde auch die Verwendung des Symbolbegriffs einer logisch-semantischen Analyse unterzogen. Für die rationale Symboltradition mit ihrer diskursiven, logischen Begriffsbestimmung, die letztlich auf die aristotelische Denkweise zurückgreift, erscheint die Forderung nach strikter, kohärenter Argumentation berechtigt; sie hat auch zu fruchtbaren Ergebnissen geführt. Der konventionelle ikonographische Symbolbegriff in Hermeréns Analyse scheint in dieser Symboltradition zu stehen; er dürfte entscheidend zur Diskussion referentieller, logischer Probleme beigetragen haben, die in der amerikanischen Ästhetik seit den vierziger Jahren so großen Raum einnimmt (Bernheimer, Hospers, Munro und Beardsley).

Was den zweiten Aspekt der Begriffsanwendung in der Ikonologie betrifft, bei dem es um Wert und kultursymbolischen Sinn geht, ist die strukturelle Ähnlichkeit zwischen Symbol und »Weltanschauung« meist so unbestimmt und vage, daß eine logisch-semantische Erörterung nach Hermeréns Modell kaum möglich und sinnvoll ist. Panofsky war sich dessen wohl bewußt, als er in seiner Beschreibung der »dritten Sinnschicht« darauf verwies, daß der Ikonologe auf dieser Stufe seiner Intuition und seinem Gefühl für den analogen Zusammenhang zwischen Werk und historischer Situation folgen müsse. So läßt sich der »symbolische Wert«, der auch der rationalen, referentiellen Symboldeutung zugrunde liegt, doch nur intuitiv, vom Gefühl her erfassen. Die kulturgeschichtliche Zielsetzung der ikonologischen Methode und Interpretation erscheint mit jener Einstellung verwandt, die seit jeher in der neuplatonischen Symboltradition bestimmend gewesen ist.

Der religiöse Symbolbegriff

Rainer Volp hat die Problematik und Verwendbarkeit des Symbolbegriffs in Erörterungen religiöser Kunst eingehend untersucht: *Das Kunstwerk als Symbol – Ein theologischer Beitrag zur Interpretation der bildenden Kunst,* 1966. Das Symbol lebe im polaren Spannungsfeld zwischen Zeichen und Gegenstand, dem Verweisenden und dem Repräsentativen. Im allgemeinen sei mit diesem Begriff »eine lebendige und gültige Gestalt« sowohl in der Kunst als auch im religiösen Zusammenhang gemeint (14). In der Existenzphilosophie Karl Jaspers' und in der Theologie stehe »Symbol« immer noch für »die Einheit des Lebens, eine Weltseele oder einen absoluten Geist« (14), es bleibe mit dem Grund oder Überbau des Lebens und der Welt engstens verbunden.

Um dem ursprünglichen Phänomen des Symbols gerecht zu werden, geht Volp früheren Definitionen und dem Gebrauch des Begriffs in der Theologie nach. Nach Paul Tillich (*Religiöse Verwirklichung,* 1930) lebt das *religiöse* Symbol aus seiner Transparenz, seinem »uneigentlichen« Charakter. (Hier ist auf die romantische Tradition zu verweisen.) Dennoch besitzt es eine »Anschaulichkeit«, die dem Begrifflichen Gestalt verleiht. Im Gegensatz zu anderen Zeichen sei das Symbol nicht austauschbar, sondern »selbstmächtig«, und seine Wirkung beruhe auf der sozialen Anerkennung, die ihm zuteil werde. Volp erkennt eine gewisse Widersprüchlichkeit in Tillichs Begriffsbestimmung, da das »Selbstmächtige« das »Uneigentliche« aufhebt, das Anschauliche wiederum eine Einengung des anerkannt Gültigen bedeutet.

Eine Ausweitung der Wesensmerkmale religiöser Symbole erfolgt bei Stephan Wisse (*Das religiöse Symbol,* 1963). Er hebt die Dynamik des Symbols im sozialen Bereich sowie seine Suggestivkraft und seinen emotionalen Charakter stärker hervor. Die von ihm angesprochene *Polarität* von Gott und Natur, dem Angemessenen und Unangemessenen, dem Eindeutigen und dem Vieldeutigen scheint der Romantik stark verpflichtet zu sein.

Gerade dieser im Grunde herkömmliche Wesenszug, die *Spannung* des Symbols, gilt Volp als neuzeitliches Merkmal. Mit einer Fülle von Belegen aus der neueren theologischen und philosophischen Literatur sucht er diesen Standpunkt zu untermauern (vgl. 17 ff.). Dabei muß die Gestaltqualität des Symbols stets gewahrt bleiben, sei es als zeichenhafte Chiffre, sei es als ausladendes Bild. Es stellt »die Mitte zwischen dem Logos und dem Figürlichen« dar (Kaulbach, *Grundlegung zu einer wissenschaftlichen Symbolik,* 1954). Im Phantasma der Gestalt wird die ursprüngliche mythische Einheit wieder hergestellt, werden Bedeutung und Bedeutendes, Ding und Begriff miteinander verwoben: »So sehen wir im Symbol am besten eine *Gestalt,* die in einem Gefüge von spannungsgeladenen Polaritäten zu verstehen ist.« (20) Zu dieser Definition ist Volp durch ein extensives Studium der neuzeitlichen philosophisch-theologischen Begriffsanwendung gelangt; er bleibt damit durchaus im Rahmen der Anschauungen des deutschen Idealismus und der Romantik, die dadurch freilich an Aktualität gewinnen. Volps Verweis auf das Vieldeutige des Symbols und die Dynamik seiner Struktur, die den Betrachter als konstitutiven Faktor in den hermeneutischen Kreis der Interpretation einbezieht, dürfte sich als ebenso fruchtbar erweisen wie die verwandten Gedankengänge in der neuzeitlichen Kunsttheorie, die hier erörtert worden sind.

Bei der Bestimmung des Symbolischen ist es nach Volp nicht mit dem Hinweis auf eine spezifische Bewußtseinshaltung des Betrachters oder eine objektiv vorhandene Eigenschaft eines Zeichens oder Kunstwerks getan. Beide Aspekte sind so eng miteinander verflochten, daß die historische Situation der Entstehung und der Rezeption des Symbols bei seiner Beurteilung unbedingt berücksichtigt werden muß: »Mit ihm [dem Symbol] markiert man eine Gestalt, die durch Sinngebung und Wirkung unsere Erkenntnis erweitert.« (25) Bei der Bestimmung des »symbolischen Charakters« eines Kunstwerks müssen

Inhalt, Struktur und Funktion untersucht werden. (In diesem Zusammenhang hat Volp Sedlmayrs deduktives Vorgehen bei der Strukturanalyse kritisiert.) Beispiele neuerer Symboldeutung, die Volps Anforderungen genügen dürften, sind Munros und Berefelts Versuche.

Wie stark der von äußeren Faktoren abhängige, relative Charakter der Symbolfunktion auch von Volp hervorgehoben wird, so schließt er doch nicht die Möglichkeit von Motiven und Formen aus, die vom Bewußtsein unmittelbar als »symbolisch« erkannt werden. Aus der Vielfalt der Formen und Motive im Bildgefüge und dessen innerer Spannung entsteht eine Gestalt, die unseren Bewußtseinshorizont zu erweitern vermag und mit der wir uns identifizieren können. Der Symbolbegriff wird von Volp mit dem Bewußtseinszustand des Betrachters in Beziehung gesetzt und die spezifische Erfahrung des Symbolischen zugleich vom herkömmlichen ästhetischen Erlebnis oder der rationalen Allegorie abgehoben. Nur jene Gebilde erhalten den Charakter von Symbolen, die als solche hermeneutisch erkannt werden: »Weder das Festhalten überzeitlicher Bildmotive noch das Malen von Metaphern, sondern höchstens deren Verarbeitung, auf jeden Fall die Aufnahme von Vorstellungsbildern, die der gegebenen Existentialstruktur entsprechen, können zum Symbol werden.« (32) Dies schließt jedoch nicht aus, daß bestimmte Bildmotive sich im Laufe der Zeit aus dem Verband lösen, »überzeitliche Valenz« gewinnen. Das Unerklärbare und Vieldeutige haben ebenso an diesem Phänomen teil wie die historische Wirkung. Wie der Glaube, so übt auch das Kunstwerk fortgesetzt eine Wirkung auf uns aus: »Die Frage nach dem Symbol ist die Frage nach der gültigen, nach der erhellenden Gestalt. Aus einer nie ganz erklärlichen Unvertauschbarkeit heraus berührt es unser Leben in der Mitte.« (229)

Durch den Beitrag Volps und seine theologische Interpretation der bildenden Kunst wird die grundlegende Bedeutung des Symbolbegriffs und der damit verknüpften Bewußtseinshaltung besonders für die Beurteilung religiöser Kunst und Literatur aufgezeigt.

Zusammenfassung

Die zwei großen Strömungen des abendländischen Geisteslebens seit der Antike, der Platonismus und der Aristotelismus, haben auch nachhaltig den Symbolbegriff geprägt. In der aristotelischen Tradition erhält das Bild – vergleichbar mit der Metapher der Sprache – seinen Sinn durch die Übertragung einer Bedeutung von einem Objekt oder Medium auf ein anderes. Vom Menschen wird diese Übertragung als eine Analogie verstanden. Die soziale Verwurzelung der Sprache (oder der Bildtradition) läßt die Metapher bzw. das Bild geeignet erscheinen, einer allgemeinen Lebensweisheit oder Situation anschaulichen Ausdruck zu verleihen. Für Cicero hingegen stellt die Metapher ein sprachliches Mittel dar, um etwas auszudrücken, was eigentlich nicht in der diskursiven Form des Satzes gesagt werden kann (*De oratore,* III, 155), eine Einschränkung, die dem Aristoteliker wohl fremd gewesen sein dürfte und womöglich auf platonischen Einfluß zurückzuführen ist. In Platons *Phaedon* wird die Begegnung des Menschen mit der Welt der reinen Ideen als intellektuelle Intuition und unmittelbare Anschauung beschrieben; die sichtbare Welt muß als Ausdruck einer höheren, geistigen Wirklichkeit und Schönheit verstanden werden. Die Kluft zwischen der sichtbaren Welt und jener der Ideen blieb jedoch bei Platon im Grunde unüberbrückbar, und durch diesen ontologischen Riß wurden das Sichtbare sowie das Bild als künstlerisches Mittel herabgewürdigt, ja als ein Trug empfunden. In stärkerem Ausmaß hat deshalb das philosophische System des Neuplatonismus zur symbolischen Anschauungsform beigetragen. Diese Funktion des Bildes konnte in zweifacher Weise in Kraft treten – einmal als Erleuchtung und Theophanie, d. h. als unmittelbare Ausstrahlung des Göttlichen und seiner Manifestation in der Materie, zum anderen auf dem Wege der *coincidentia oppositorum,* d. h. durch die verweisende Funktion unangemessener Zeichen (Johannes Scotus Eriugena spricht von *dissimilia signa*). Die neuplatonische Auslegung des Symbolbegriffs sollte für die mittelalterliche Auffassung des Schönen und der Kunst verbindlich werden – ja sie tritt in der Geschichte des Symbols in der Folgezeit immer wieder zutage.

In der Frührenaissance, insbesondere bei Ficino und seinen Nachfolgern, ist die neuplatonische Symbolauffassung vorherrschend. Die Bilder besitzen eine Vieldeutigkeit und metaphysische Bedeutung, die nur von dem Weisen und Eingeweihten in Augenblicken göttlicher Inspiration in ihrer tiefen Symbolik als Ganzes erfaßt werden kann. So ist das Symbol unauflöslich mit dem Mysteriösen verbunden und bedarf zu seiner Erhellung des Interpreten. In dieser Weise wurde z. B. die Symbolsprache der Hieroglyphen im humanistischen Sinne »entziffert«, die Weisheit der Alten den Zeitgenossen offenbart. Gemäß dieser Anschauung erhielten die symbolischen Zeichen eine heilbringende, fast magische Kraft, und dieser Aspekt taucht auch immer wieder in der späteren Symboltradition auf.

Im 16. und 17. Jahrhundert sollten beide Interpretationsarten der *icones symbolicae* fortleben – die rhetorische Tradition und ihre Anwendung der Illustrationen mündet in den reichen Schatz der *imprese* und der Emblematik (z.B. Tesauro) – eng werden Bild und Spruchwort miteinander verwoben. Im Gegensatz zu dieser rational ausgerichteten Deutung und Anwendung der sichtbaren Zeichen hat die neuplatonische Symboltradition den metaphysischen Charakter der Bilder und ihre intuitive Auslegung befürwortet.

In seiner Übersicht zur Entwicklung des Symbolbegriffs *icones symbolicae* hat E.H. Gombrich auf Addisons *Dialogues on the Usefulness of Ancient Medals* (1726) hingewiesen. Die neuplatonische, mystische Interpretation des Symbols wird dort zugunsten der rationalen Deutung der Zeichen abgewertet, das Symbol im Sinne einer illustrierten Metapher und somit als eine Ausdrucksform des diskursiven Verstandes definiert. Diese Auffassung war für das Zeitalter der Aufklärung repräsentativ; sie bildet sozusagen den »negativen« Ansatzpunkt dieser Studie: Das sprachliche Zeichen wird als Ausdruck einer abstrakten, *symbolischen* Erkenntnisform verstanden, während das Bild, dem Bereich des Sinnlich-Intuitiven zugehörig, im allgemeinen als »natürliches Zeichen« oder als »Allegorie« umschrieben wird.

Durch Kants *Kritik der Urteilskraft* 1790 sollte der rationalen Auslegung des Symbolbegriffs der Boden entzogen werden. Das Symbol ist nach Kant als eine intuitive Anschauungsform zu verstehen – auf dem Weg der Analogie vermag das Bild die abstrakte Idee indirekt darzustellen. In der nachträglichen ästhetischen Reflexion erscheint das Schöne im Kunstwerk für Kant und später auch für Schiller als das Symbol des Sittlichguten. Diese ästhetische Haltung ist für Schiller nicht nur eine Gewähr für die Freiheit des Betrachters, sondern unentbehrliches Mittel der moralischen Erziehung des Menschen. Das Symbolische ist demnach mehr im Sinne einer *Anschauungs*form des Menschen, die in erster Linie von der Wahrnehmung und Funktion des Kunstwerks abhängig ist, zu verstehen.

Die neuplatonische Tradition mit ihrer Betonung des Symbols als *Ausdrucks*form konnte sich trotz der rationalen Auslegung des Symbolbegriffs während der Aufklärung durch die expressive, primitivistisch ausgerichtete Literaturtheorie der Zeit behaupten (so z. B. durch Vico in Italien, Blackwell, Lowth, Young und Wood in England, Hamann, Herder und Goethe in Deutschland, Du Bos, Rousseau und später Chateaubriand in Frankreich, um nur einige ihrer Vertreter zu nennen). Im Gegensatz zu der betonten Antinomie von Idee und Gestalt bei Kant und Schiller wird das Symbol meist als eine organische, autonome Einheit aufgefaßt, bei der das Besondere imstande ist, das Allgemeine direkt zu vergegenwärtigen (so beim späten Herder, Goethe und Schelling). Zu dieser dynamisch-expressiven Symboltheorie und dem Begriff des »Natursymbols« hat die Klimalehre und der weitverbreitete Organismusgedanke in der zweiten Hälfte des 18. Jahrhunderts beigetragen.

Die Vorliebe für die abgeklärte, geschlossene künstlerische Form in der klassizistischen Kunsttheorie dürfte wohl bewirkt haben, die Symbolauffassung auf das Autonome, Objektive hin zu bewegen, wie es bei Karl Philipp Moritz und Goethe nach der italienischen Reise 1786–88 geschah. So wird das Kunstwerk in seiner Genesis von inneren formalen Gesetzen gesteuert, wächst zu einem naturphysiognomischen, autonomen Gebilde empor, das als Mikrokosmos in neuplatonischem Sinne das Ganze zu repräsentieren vermag, zugleich aber auch als Ausdruck der Begegnung des Individuums mit der Welt dient. Dabei ist auch der Organismusgedanke, wie er von Goethe in dem »tiefsten« seiner Gedanken, dem der »Metamorphose der Pflanze«, entwickelt wurde, auf den Entstehungsprozeß des Kunstwerks übertragen worden. In Goethes langer und vielseitiger Entwicklung wechselt die Symbolauffassung mehrfach, um schließlich die Autonomie und zugleich repräsentative Funktion des Symbols zu betonen.

Die schillernde Deutung der symbolischen Zeichen, wie sie der neuplatonischen und naturmystischen Anschauung zu eigen ist, sollte in Friedrich Creuzers *Symbolik und Mythologie der alten Völker* (1810/

1819) in voller Stärke hervortreten. Einmal wird dem Symbol der Charakter des Totalen, Mysteriösen und Unergründlichen zuerkannt, anderseits wird gerade die »Incongruenz des Wesens mit der Form«, »die Überfülle des Inhalts in Vergleichung mit seinem Ausdruck« betont. Insbesondere die Diskrepanz zwischen der organisch gewachsenen Form und der Überfülle des dunklen, gefühlsträchtigen Inhalts sollte in der Folgezeit von der romantischen Symboltheorie immer wieder hervorgehoben werden. Schon nach 1802 hatte sich Runge zu einer natursymbolischen Kunstauffassung bekannt und zuvor schon Schelling: in der Natur und im gestalteten Werk, das sich im Spannungsfeld zwischen Geist und Materie befindet, schimmert das Göttliche durch. Polarität im Aufbau und autonome Existenz sind bei Schelling Kennzeichen der symbolischen Form. Runge und Creuzer haben durch Vorträge und Schriften Friedrich Schlegel dazu bewogen, nach 1808 seine frühere rationale, allegorische Einstellung aufzugeben und sich der natursymbolischen Richtung anzuschließen. Von seinem Begriff der »Universalpoesie« und Runges »Totaleffekt des Kunstwerkes« ausgehend, hat später, um die Jahrhundertmitte, Richard Wagner seine Theorie vom »kollektiven Gesamtkunstwerk« entwickelt: Das Kunstwerk konnte als Ausdruck eines Volkes und einer Epoche dienen, Künstler und Publikum eins werden lassen.

Auch Hegel folgte in seiner *Ästhetik* der romantisch-expressiven Symbolauffassung und hat dabei insbesondere die Diskrepanz zwischen Form und Inhalt betont. Dem Bereich des unbewußten Gefühlslebens und der morgenländischen Mystik entwachsen, konnte der entsprechenden Kunstform nur der Rang einer »symbolischen Vorkunst« eingeräumt werden; es drohte in ihr das Grenzenlose und Ungestalte die Form zu überwältigen. Der symbolischen Vorkunst wurde das reine Ideal der klassischen griechischen Kunst entgegengestellt, bei der in einmaliger Weise Bild und Bedeutung *eins* geworden waren. Die Synthese dieser beiden Ausdrucksformen, der unangemessen symbolischen und der autonomen klassischen, stand noch aus.

Der Symbolbegriff in der Romantik ist engstens mit dem Organismusgedanken der Zeit, den naturmystischen Vorstellungen und den damit verknüpften Theorien des dynamischen Seelenlebens und des expressiven Ausdrucks des Menschen verwoben. Trieb und Traum als dunkle Mächte des Unbewußten kommen im Bild (sowie in der Poesie) unmittelbar zum Durchbruch. Zu diesen Aspekten des Symbols kommt der aus der früheren »objektiven Symbolauffassung« erwachsene Totalitätsanspruch des Kunstwerks, das dank seiner mikrokosmischen Struktur den ganzen Menschen, Zeit und Universum zu spiegeln vermag. Letzten Endes läßt sich die romantische Symboltheorie in ihren Grundzügen auf die neuplatonische Tradition zurückführen, die von jeher sowohl den Abstand zwischen Idee und sichtbarer Welt als auch die Identität des Zeichens mit dem Göttlichen und dessen expressiven Charakter betont hatte. Der aristotelische Standpunkt – das Symbol als Vehikel der analogen Übertragung einer Bedeutung von einem Medium ins andere – blieb dabei noch verbindlich, wurde aber aus seiner rationalen Sphäre gelöst und nunmehr als eine intuitive Fähigkeit des menschlichen Gefühlslebens, analoge Zusammenhänge wahrzunehmen, verstanden.

Als Vermittler der romantischen Symboltradition in Deutschland in der zweiten Hälfte des 19. Jahrhunderts gilt Friedrich Theodor Vischer, dessen Ästhetik viele Kunstgeschichtler beeinflussen sollte. Im Grunde erscheint das Symbol bei ihm, wie bei Creuzer und Hegel, als eine Frucht morgenländischer Mystik und Magie, christlichen Strebens nach Unendlichkeit und unartikulierten Gefühlslebens. Dem Symbol sollen Klarheit und Rationalität entgegengesetzt werden. In seinen späteren Schriften (insbesondere *Das Symbol,* 1887), die zur Zeit des französischen Symbolismus erschienen, wird die negative Beurteilung des Symbols gemildert. Die früher im Objekt vorherrschende Diskrepanz zwischen magischem Glauben, dunklem Gefühlsleben und künstlerischer Form wird nun auf den Bereich des ästhetischen Lebens selbst übertragen. Die Diskrepanz wird somit als psychisch bedingt verstanden; die früheren Formen der Magie und der klassischen Mythologie werden zwar im künstlerischen Schaffensprozeß verwendet, jedoch schenkt man ihnen keinen rechten Glauben. Nur im Augenblick ästhetischen Bewußtseins tritt der Mensch mit den dunklen Mächten in Verbindung. Hinter diesem »poetischen Glauben« steht das Wissen des aufgeklärten Menschen, der sich stets des schmerzhaften Verlustes der Einheit von Gefühl und Verstand, Mensch und Umwelt bewußt ist. Aus dem dämmernden Halbbewußtsein erwächst jene projizierende Tätigkeit des Menschen, mittels der er auch der unbeseelten Natur die Stimmung seiner Seele »unterlegen« kann.

Die Korrespondenzlehre der französischen Symbolisten, das starke Interesse für das unbewußte Seelenleben (Charcot), die Automatik des Traumes (Lasalle), die Traum- und Phantasiebilder als Widersacher des Willens und der Vernunft (Taine, Ribot), die experimentelle Erforschung der menschlichen Psyche (Wundt) usw. – diese breite psychologische Strömung, die in der Nachfolge der Romantik stand und mit der Naturwissenschaft und dem Positivismus in den letzten Jahrzehnten des 19. Jahrhunderts eine Allianz eingegangen ist, hat zum Fortbestand jener Symboltradition beigetragen, deren Wurzeln im Neuplatonismus zu suchen sind. In den Humanwissenschaften, nicht zuletzt in der Kunstgeschichte, hat sich diese Tradition mächtig ausgewirkt.

Die Symboltheorien in der Ästhetik und Kunstwissenschaft nehmen nur in manchen Fällen den Charakter voll entwickelter Systeme an. Meistens haben wir es mit vergleichbaren Interpretationen der Kunst, des Kunstschaffens und der Kultur überhaupt zu tun – ist der Symbolbegriff doch seit dem ausgehenden 18. Jahrhundert mit dem intuitiven Erkenntnisvermögen des Menschen verbunden und noch länger mit seiner Fähigkeit, sich in Metaphern und Bildern auszudrücken. Zusammenfassend wird hier noch einmal auf einige Erscheinungen der früheren Symboltradition und ihre Entsprechungen in der Ästhetik und Kunsttheorie unseres Jahrhunderts hingewiesen:

Der projektive Charakter des Kunstwerkes, der insbesondere in der Literaturtheorie der Romantik und der Kulturinterpretation der Sturm-und-Drang-Zeit stark betont wurde, steht der Symbolauffassung nahe, die die psychoanalytisch ausgerichtete Kunstwissenschaft und auch die Struktur- und Gestaltanalyse vertreten.

Die suggestive Kraft und numinose Wirkung, die dem Zeichen oder Bild im philosophisch-ästhetischen System des Neuplatonismus zuerkannt wurden, sowie die verweisende und zugleich enthüllende Funktion finden eine Fortsetzung in Jungs Interpretation der archetypischen künstlerischen Symbolformen.

Die polare Struktur, die in den Augen der Romantiker und auch nach Vischer dem Kunstwerk und dem Symbol im Spannungsfeld zwischen unbewußtem Triebleben und aufgeklärtem hellen Bewußtsein zu eigen war, hat die Anschauung mehrerer Forscher beeinflußt. Sie prägt nicht nur einen grundlegenden Gedanken bei Jung und in der anthroposophischen Ästhetik, sondern hat auch die Kulturphilosophie Aby Warburgs bestimmt.

Die »objektive« Symbolauffassung, die im ausgehenden 18. Jahrhundert entwickelt wurde, sowie den damit verbundenen Gedanken der ganzheitlichen Wirkung des Natursymbols oder der künstlerischen Form hat Cassirer in seiner Definition der künstlerischen Symbolform und ihrer repräsentativen Natur wieder aufgegriffen. Die fortwirkende mythische Kraft des Symbols heben auch Frankfort, Białostocki und Gombrich hervor.

Vom psychodynamischen Aspekt der Symboltheorie Cassirers und Jungs ausgehend, hat Langer versucht, das Kunstwerk im Sinne eines symbolischen Ausdrucks menschlicher Gefühle zu interpretieren. Im Falle der Musik handele es sich um eine Spiegelung ihrer Morphologie. So werden in der Symboltheorie Langers sowohl expressive als auch objektiv-repräsentative Aspekte berücksichtigt.

Dies trifft auch für die strukturanalytische Schule der Kunstwissenschaft zu, die sich auf die Gestalt- und Wahrnehmungspsychologie beruft und ebenfalls die mitgestaltende, dynamische Rolle des Betrachters in ihre Auffassung einbezieht. Von Sedlmayr ist der Symbolbegriff mehr im kulturhistorischen Sinne, von Kaschnitz-Weinberg und Arnheim ausdrücklich als Charakteristik von Formkonstanten und struktureller Dynamik verwendet worden. Spengler hat den einmaligen Charakter der Symbolformen betont.

Bei Creuzer und Hegel war die symbolische Funktion der Kunst der historischen Frühzeit zugeordnet. In der Völkerkunde und Anthropologie hat diese Vorstellung in Verbindung mit evolutionistischen Gedankengängen nachgewirkt. Totemismus und Magie sind beide dem Symbol verpflichtet; als übergeordnetes, sozial strukturierendes Zeichen oder als Ausdruck des Lebendigen, im Jagdzauber Beschworenen. Welche Erklärungen und Methoden in unserem Jahrhundert bei der Interpretation der frühzeitlichen Kunst herangezogen wurden, stets blieb ihre symbolische Funktion unbestritten – auch dort, wo wir es mit »naturalistischen« Darstellungen zu tun haben (Breuil, Maringer, Laming, Leroi-Gourhan). So ist der Begriff zur Charakteristik der sozialen Funktion herangezogen worden.

Auch die neuzeitliche Kunst ist aus sozialpsychologischer Warte erörtert worden. Schon in den zwanziger und dreißiger Jahren wurde in Anschluß an Max Weber und andere das Modell des sozialen Kräftefeldes und der damit verbundenen Werttheorie entwickelt. Als Beispiele wurden hier Segerstedt und Paulsson angeführt, die diese Aspekte mit strukturanalytischen Gedanken zu verbinden suchten. Im Kunstwerk manifestieren sich die Gefühle des Künstlers und seine Einstellung zur Umwelt, zugleich aber auch die allgemein anerkannten Normen und vorherrschenden Tendenzen. In den fünfziger Jahren wurde der soziale Aspekt von Paulsson noch stärker betont – die äußeren Faktoren bilden ein »Symbolmilieu«, in dessen Kraftfeld das Kunstwerk entsteht und von dem es letztlich strukturiert wird. Vom Werk und seiner Struktur kann man auf das Feld schließen, in umgekehrter Weise auch die symbolischen Formen erklären.

Als Vertreter einer neueren »Soziologie der symbolischen Formen« greift Bourdieu den Symbolbegriff der Ikonologie auf, um ihn im pragmatischen Sinne zu verwenden. Kunstwerke werden als Produkte individueller und sozialer Faktoren verstanden, die zugleich das intellektuelle Kräftefeld konstituieren. Die Ikonologen glauben, den Sinn und Wert der Werke, die in der letzten Sinnschicht begründet liegen, aufschlüsseln zu können und bedienen sich dabei des Symbolbegriffs. So scheint dieser nach Bourdieu selbst sozial, ideologisch bedingt zu sein – Frucht einer Zeit, die Intellektualität als Mittel des Klassenerhalts einsetzt.

In seinen ersten kunsttheoretischen Arbeiten ging Panofsky von zwei wichtigen Aspekten früherer Symboldeutung aus: Das Kunstwerk im polaren Spannungsbereich der sichtbaren Welt in ihrer chaotischen Fülle und der durch den menschlichen Verstand geschaffenen, rigiden Ordnung. Die Kunstwerke werden als strukturelle, zeitlose Lösungen jenes ontologisch gegebenen Urproblems verstanden, vor das sich jeder Künstler zu jeder Zeit gestellt sah. In ihnen offenbart sich die Weltanschauung des Künstlers und seiner Zeit schlechthin. In seinem ikonologischen System hat Panofsky später die Interpretation des Inhalts stärker herausgearbeitet und dessen Deutung in wachsendem Ausmaß eigentlichen Wert und Symbolgehalt zugesprochen. Bedeutung und Gehalt von Bildern und Allegorien konstituieren jene *»symbolical values«*, aus denen sich die Welt »symbolischer Werte« bildet. Diese werden vom Interpreten durch seine Kenntnis der faktischen Traditionsgeschichte »intuitiv« erkannt. (Zugleich bleibt die Symboldeutung im engeren Sinne des Verweisenden auf der Ebene der zweiten Sinnschicht gewahrt.) Der ikonographische Aspekt des Systems hat sich in den fünfziger Jahren auf Kosten des ikonologischen verstärkt – man kann mit Heidt und Kaemmerling sagen, der letztere habe sich »ausgeweitet« und dabei immer mehr den Charakter von Inhaltsdeutung angenommen. In diesem Zusammenhang kommt die Diskrepanz, die den romantischen Symbolbegriff charakterisiert, im Sinne des Auseinanderklaffens, der »Unangemessenheit von Bild und Bedeutung« wieder zum Vorschein. In den sechziger Jahren geht es der Forschung in erster Linie um die Erschließung ikonographischer Inhalte, wobei der »symbolische Wert« sich vornehmlich in der Ausdeutung erschöpft. Dabei erscheint mir die Unangemessenheit implizit nicht als Merkmal des Werkes, sondern eher als bezeichnend für die Deutungssituation. Ob wirklich von einem bewußt »verkleideten Symbolismus« gesprochen werden darf, wie Panofsky es im Zusammenhang mit der spezifischen Tradition der Altniederländischen Malerei tat, ist von Gombrich bezweifelt worden. Die neueren Untersuchungen zur Methodik und Begriffsbildung der Ikonologie haben nicht zuletzt den schwankenden Gebrauch des Symbolbegriffs deutlich hervortreten lassen.

Ikonologisch ausgerichtet war auch die Architekturforschung Bandmanns, obwohl er den Symbolbegriff anders verwendet. Die verweisende Funktion wird als historische Tatsache und Größe gesehen, die allen Architekturformen des Mittelalters zugrunde liegt. Es geht demnach nicht um den überhistorischen »symbolischen Sinn« der Kulturerscheinungen. Im Verlauf seiner Untersuchung stellt sich das Problem heraus, daß gerade das Symbolische die Einheit von Typus, Stoff und Form gefährdet. Auch können allegorische Interpretationen einzelnen Architekturgliedern nachträglich unterlegt werden. Mit fortschreitender Bewußtseinsbildung geht die symbolische Funktion der mittelalterlichen Kunst verloren. Im Zeitalter der Säkularisierung stellen Ästhetik und Rationalismus der Architektur neue Aufgaben. Verweisend bleibt die Kunst dabei letzten Endes doch, die Absichten des Urhebers enthüllend, auf Geistiges gerichtet.

Gombrich hat zum einen die Begriffsanwendung der Symboltradition in großen Zügen bis zum 19. Jahrhundert verfolgt, zum anderen die symbolische, mythenbildende Funktion des Kunstwerks erörtert. Trotz seiner Abneigung gegen jegliche metaphysische Auslegung des Begriffs hat er, von der neueren Wahrnehmungspsychologie ausgehend, den alten, schon von den Neuplatonikern gehegten Gedanken vertreten, daß das sichtbare Zeichen oder das komplexe Kunstwerk stets vieldeutig ist und daß es eine Suggestivkraft besitzen kann, die zu ständig neuen Symbolformen den Anstoß gibt. Diese geschichtsbildende Macht des Kunstwerks stelle den Historiker vor eine viel dringlichere Aufgabe als die Interpretation des Werkes hinsichtlich des Urhebers.

In der nüchternen Verwendung des Symbolbegriffs in der neueren, vor allem amerikanischen Ästhetik wird insbesondere die semantische, referentielle Funktion der Kunst und die Rolle des Interpreten hervorgehoben. Der expressive Aspekt, der in der Romantik und den ihr verpflichteten späteren Systemen der Ästhetik und Kunstwissenschaft in den Vordergrund getreten war, wird nun zugunsten der logischen Klärung der symbolischen Funktion und der semantischen Verknüpfungsarten zurückgedrängt. Diese Haltung entspricht etwa der früheren aristotelischen Tradition, die in der Emblematik des 17. Jahrhunderts und auch noch in der abstrakt-diskursiven Verwendung des Symbolbegriffs im 18. Jahrhundert ihre Fortsetzung fand (Hospers, Munro, Beardsley, Berefelt, Hermerén).

Im Spannungsfeld zwischen »Logos« und »Figürlichem« steht nach Volp das künstlerische Symbol. Seinem Inhalt und Aufbau nach werde es als gültig erkannt. Das Symbol wirke unmittelbar auf den Betrachter und sein Leben ein. Romantische Aspekte wie Polarität, Vieldeutigkeit und Suggestivkraft werden mit Vorstellungen der Autonomie und Repräsentanz gepaart. Die Wirkung des Symbols wird vom ästhetischen Erlebnis abgehoben, nähert sich der religiösen Erfahrung. So ist es letztlich an den vorangestellten Grund des Glaubens gebunden, und die Begriffsbestimmung Volps wird von dem apriorischen religiösen Ausgangspunkt her bestimmt.

Solange das Kunstwerk als Ausdruck der Künstlerpersönlichkeit gilt und ihm als Träger von Ideen und Gefühlen eine wichtige Funktion im ästhetischen Leben des Individuums und der Gesellschaft zuerkannt wird, solange dürfte der Symbolbegriff in expressiver oder referentieller Form in der Ästhetik und Kunstwissenschaft fortleben. Wenn man dem Werk eine objektive, existentielle Qualität der Form oder der inhaltlichen Aussage zuschreibt, wird auch der symbolische Aspekt einer vorhandenen tieferen Kraft und Bedeutung aktualisiert. Da das Vermögen des Menschen, die Welt und die Dinge frei, ästhetisch wahrzunehmen und zu gestalten, angeboren ist, der Natur und dem Bedürfnis seiner Psyche entspricht, scheint mir die existentielle und expressive Verwendung des Symbolbegriffs auch logisch vertretbar zu sein. Darüber hinaus besitzt das Kunstwerk eine Qualität, wodurch es in der Geschichte fortzuwirken vermag, selbst mythenbildend wird. Dies heißt nicht, den Symbolbegriff als Ausdruck einer metaphysischen Macht und Größe zu verstehen.

Bibliographie

A Quellen (einschließlich theoriebildender Werke des 20. Jahrhunderts)

ARISTOTELES, Poetik. Übersetzung, Einleitung und Anmerkungen von O. Gigon, Stuttgart 1969.

ARNHEIM, R., Art and Visual Perception. Berkeley 1954 (deutsch: Berlin 1965).

– Toward a Psychology of Art. Berkeley 1966.

BACHOFEN, J. J., Versuch über die Gräbersymbolik der Alten, 1859. In: Gesammelte Werke, IV (Hrsg. E. Howald), Basel 1954.

BANDMANN, G., Mittelalterliche Architektur als Bedeutungsträger. Berlin 1951.

– Das Kunstwerk als Gegenstand der Universalgeschichte. (In: Jahrbuch für Ästhetik und allgemeine Kunstwissenschaft, VII), Köln 1962, 146–166.

– Der Wandel der Materialbewertung in der Kunsttheorie des 19. Jahrhunderts. (In: Beiträge zur Theorie der Künste im 19. Jahrhundert, I), Frankfurt 1971, 129–157.

BATTEUX, CH., Les Beaux Arts réduits à un même principe. Paris 1746. (Nachdruck: Principes de la Littérature, I. Genf 1967).

BAUDELAIRE, CH., Les Fleurs du Mal. Paris 1857.

– Curiosités esthétiques. (In: L'Art romantique, II, Hrsg. M. Lévi), Paris 1868.

– Œuvres Complètes. (Hrsg. Y. G. Dantec et al.), Paris 1961.

BEARDSLEY, M., Aesthetic. New York 1958.

BEREFELT, G., On ›Symbol‹ and ›Allegory‹. (In: Konsthistoriska Studier tillägnade Sten Karling), Stockholm 1966, 321–340.

– Abse om bildperception. Stockholm 1976.

BLACKWELL, TH., An Enquiry into the Life and Writings of Homer. London (1735), 1736.

BLAKE, W. – GRAY, TH., William Blake's Water Colour Designs for the Poems of Thomas Gray. (Hrsg. G. Keynes), London 1972.

– Siehe auch unter Literatur: Eaves, M.

BOAS, F., Primitive Art. (1927) New York 1955.

Bourdieu, P., Zur Soziologie der symbolischen Formen. Frankfurt 1970.
Breitinger, J. J., Kritische Abhandlung von der Natur, den Absichten und dem Gebrauch der Gleichnisse. Zürich 1740. (Hrsg. W. Bender, Stuttgart 1966).
Cassirer, E., Der Begriff der symbolischen Form im Aufbau der Geisteswissenschaften. (In: Vorträge der Bibliothek Warburg, 1921/22), Leipzig 1923, 11–39.
– Philosophie der symbolischen Formen, I–III. Berlin 1923–1929. Bd. IV, Berlin 1931.
Cicero, De Oratore. Drei Bücher vom Redner, übers. von V. R. Kühner. Stuttgart 1858.
Chateaubriand, F.-A., Génie du Christianisme. Paris (1802) 1838.
Cohen, H., Ästhetik des reinen Gefühls. Berlin 1912.
Creuzer, F., Symbolik und Mythologie der alten Völker, besonders der Griechen, (1810/12). Zweite, wesentlich erweiterte Auflage Leipzig 1819/22.
Diderot, D., Salons. (Texte établi et présenté par Jean Seznec et Jean Adhémar), 1759–1781, Bd. I–IV. Paris 1957–1967.
– Salons. In: Collection Miroir de l'art (Hrsg. J. Seznec), Paris 1967.
– Essai sur la peinture, 1766, 1796. (Hrsg. J. A. Naigeon), Paris 1798.
Dilthey, W., Ideen über eine beschreibende und zergliedernde Psychologie, 1894. (In: Gesammelte Schriften, V), Leipzig 1924.
Du Bos, J. B., Réflexions critiques sur la poésie et la peinture, I–II. Paris 1719. (Nachdruck: Genève 1967).
Dvořák, M., Idealismus und Naturalismus in der gotischen Skulptur und Malerei, 1918. (In: Kunstgeschichte als Geistesgeschichte, Studien zur abendländischen Kunstentwicklung. Hrsg. K. Swoboda, J. Wilde), München 1924.
Ehrenfels, Chr. v., Kosmogonie, 1916. (In: Gestalthaftes Sehen. Festschrift Christian Ehrenfels. Hrsg. F. Weinhandl), Darmstadt 1960, 44–46.
Ermatinger, E., Das dichterische Kunstwerk. Grundbegriffe der Urteilsbildung in der Literaturgeschichte. Leipzig, Berlin 1921.
Fiedler, K., Über die Beurteilung von Werken der bildenden Kunst, 1876.
– Über den Ursprung der künstlerischen Tätigkeit, 1887.
– Schriften über Kunst. (Hrsg. H. Konnerth), Leipzig (1896) 1913/14.
– Schriften über Kunst. (Hrsg. H. Eckstein), Köln 1977.
Fraser, J. G., Totemism. London 1887.
– The Golden Bough. London 1890.
Freud, S., Die Traumdeutung, 1900. (Gesammelte Werke, III).
– Der Witz und seine Beziehung zum Unbewußten, 1905. (Gesammelte Werke, VI).
– Eine Kindheitserinnerung des Leonardo da Vinci, 1910. (Gesammelte Werke, VIII).
– Der Moses des Michelangelo, 1914. (Gesammelte Werke, X).

– Das Unbehagen in der Kultur, 1930. (Gesammelte Werke, XIV).
– Gesammelte Werke, I–XVII. London 1940–1952.
Frey, D., Kunstwissenschaftliche Grundfragen, Prolegomena zu einer Kunstphilosophie. Wien 1946.
Giedion, S., The Eternal Present. Washington 1957.
Goethe, J. W. v., Von deutscher Baukunst, 1773.
– Einfache Nachahmung der Natur, Manier und Stil, 1789.
– Über die Gegenstände der bildenden Kunst, 1797. (In den Propyläen mit H. Meyer).
– Über Laokoon, 1797.
– Zur Farbenlehre, 1808.
– Über Ruysdael als Dichter, 1816.
– Maximen Nr. 279 (1824), 1112, 1113. Reflexion Nr. 752.
– Versuch einer Witterungslehre, 1825.
– Kunst im Alterthum, 1826.
– Sämtliche Werke (Hrsg. H. Kurz, C. Meyer), Leipzig o. J.
– Sämtliche Werke. Jubiläumsausgabe in 40 Bänden, Stuttgart, Berlin o. J.
Gombrich, E. H., Botticelli's Mythologies. A Study in the Neoplatonic Symbolism of His Circle, 1945. (In: Symbolic Images), London 1972, 31–81 (erheblich erweitert).
– Icones Symbolicae, the Visual Image in Neoplatonic Thought, 1948. (In: Symbolic Images), London 1972, 123–191 (erheblich erweitert).
– The Use of Art for the Study of Symbols. (In: The American Psychologist, XX), 1965, 34–50.
– Norm and Form, Studies in the Art of the Renaissance. London 1966.
– Symbolic Images. Studies in the Art of the Renaissance. London 1972.
– Siehe auch unter Literatur.
Hegel, G. W. F., Ästhetik, 1835/1837. (Hrsg. F. Bassenge, Einführung G. Lukács), Berlin 1955.
Herder, J. G., Plastik. Einige Wahrnehmungen über Form und Gestalt aus Pygmalions bildendem Traume. Riga 1778.
– Vom Erkennen und Empfinden der menschlichen Seele, 1778.
– Über Denkmale der Vorwelt, 1792.
– Kalligone, 1800. (Hrsg. H. Begenau, Beiträge zur deutschen Klassik, I), Weimar 1955.
– Sämtliche Werke. (Hrsg. B. Suphan, Nachdruck der Berliner Ausgabe von 1892), Hildesheim 1967.
Hermerén, G., Representation and Meaning in the Visual Arts. A Study in the Methodology of Iconography and Iconology. (Lund Studies in Philosophy, 1), Lund 1969.

Hildebrand, A. v., Das Problem der Form in der bildenden Kunst. Straßburg (1893), 3. Auflage 1913.
Hirn, Y., The Origins of Art. London 1900.
Hospers, J., Meaning and Truth in the Arts. Chapel Hill 1946.
Jantzen, H., Über den gotischen Kirchenraum und andere Aufsätze. Berlin 1951.
– Kunst der Gotik. Hamburg 1957.
Jones, E., The Theory of Symbolism, 1916. (In: Papers on Psycho-Analysis), London 1948, 87ff.
Jung, C. G., Wandlungen und Symbole der Libido, 1911/1912. (Gesammelte Werke, V), Zürich 1973.
– Die transzendente Funktion, 1916. (Gesammelte Werke, VIII), Zürich 1967.
– Psychologische Typen, 1921. (Gesammelte Werke, VI), Zürich 1967.
– Über die Beziehung der analytischen Psychologie zur poetischen Kunst, 1922. (Gesammelte Werke, XV), Zürich 1971.
– Psychologie und Literatur, 1929. (In: Philosophie der Literaturwissenschaft. Hrsg. E. Ermatinger et al.), Berlin 1930.
– Gesammelte Werke. Hrsg. M. Niehus-Jung et al., Zürich, Freiburg.
Kainz, F., Strukturen und Typen der Kunsteinstellungen. (In: Probleme der Weltanschauungslehre, Reichls Philosoph. Almanach, IV, Hrsg. E. Rothacker). Darmstadt 1927, 215–281.
Kandinsky, W., Über das Geistige in der Kunst, 1910. (4. Auflage), Bern 1952.
Kant, I., Kritik der Urteilskraft, 1790. (Hrsg. K. Vorländer), Hamburg 1954.
– Werke, I–XI. (Hrsg. E. Cassirer), Berlin 1912–1922.
Kaschnitz-Weinberg, G. v., Mittelmeerische Kunst – eine Darstellung ihrer Strukturen. (Hrsg. P. von Blanckenhagen), Berlin 1965.
Klee, P., Wege des Naturstudiums. Staatliches Bauhaus, Weimar 1919–1923. Weimar, München 1923.
– Das bildnerische Denken. Form und Gestaltungslehre, I. (Hrsg. J. Spiller), Basel, Stuttgart 1971.
Klibansky, R., Panofsky, E., Saxl, F., Saturn and Melancholy, Studies in the History of Natural Philosophy, Religion and Art. London 1964.
Kris, E., Psychoanalytical Explorations in Art. New York 1952.
Larsson, H., Intuition. Några ord om diktning och vetenskap. Stockholm 1892 (deutsch: Jena 1926).
– Poesiens logik. Lund 1899.
Laming, A., Lascaux. Paintings and Engravings. Harmondsworth 1959.
Langer, S. K., Philosophy in a New Key. Cambridge (Mass.) 1942 (deutsch: Frankfurt 1965).
– Feeling and Form. A Theory of Art Developed from Philosophy in a New Key. London 1953.

LAUGIER, M. A., Essai sur l'architecture. Paris 1753. (2. Auflage 1755).
LEROI-GOURHAN, A., Prähistorische Kunst. Freiburg 1971.
– (siehe auch Bull. soc. préhist. LV, 1957/1958 zum Symbolismus).
LESSING, G. E., Laokoon: oder über die Grenzen der Malerei und Poesie, 1766.
– G. E. Lessings sämtliche Schriften (Hrsg. K. Lachmann, 3. Auflage Hrsg. F. Muncker), Stuttgart 1893.
LIPPS, TH., Grundlegung der Ästhetik, I–II. Hamburg 1903.
LONGINUS, On the Sublime. (Hrsg. D. A. Russell), Oxford 1964.
LOWTH, R., Lectures on the Sacred Poetry of the Hebrews. London 1787 (lateinische Ausgabe 1753).
MACPHERSON, J., Ossian, Fingal – an ancient epic poem in six books, translated by James Macpherson. London 1762.
MALLET, P. H., Introduction à l'histoire de Dannemarc où l'on traite de la religion, des loix, des moeurs et des usages des anciens Danois. Kopenhagen 1755.
MONTESQUIEU, CH. L. DE, De l'esprit des lois, I–II. Genf 1748.
MOORE, G. E., Principia Ethica. Cambridge (1903) 1948.
– Philosophical Studies. London (1922) 1948.
MORITZ, K. PH., Über die bildende Nachahmung des Schönen, 1788.
– Die Signatur des Schönen. In wie fern Kunstwerke beschrieben werden können?, 1788. (In: Monats-Schrift der Akademie der Künste ...), Berlin 1789.
– Über die Allegorie, 1789. (In: Monats-Schrift der Akademie der Künste ...)
– Götterlehre oder mythologische Dichtungen der Alten, 1791.
– Schriften zur Ästhetik und Poetik. (Hrsg. H. J. Schrimpf, R. Alewyn, R. Gruenter), Tübingen 1962.
MÜLLER-FREIENFELS, R., Psychologie der Kunst. Leipzig (1912) 1922.
MUNRO, TH., Suggestion and Symbolism in the Arts. (In: The Journal of Aesthetics and Art Criticism, XV), 1956, 152–180.
NEUMANN, E., Kunst und schöpferisches Unbewußtes. Zürich 1956.
– The Great Mother. An Analysis of the Archetype. (Bollingen series, XLVII), New York 1955.
– Der schöpferische Mensch. Zürich 1959.
NIETZSCHE, F., Die Geburt der Tragödie aus dem Geiste der Musik, 1871.
NOHL, H., Stil und Weltanschauung. Jena 1920.
– Die mehrseitige Funktion der Kunst. (In: Deutsche Vierteljahrsschrift für Literaturwissenschaft und Geistesgeschichte, Bd. II), 1924, 179 ff.
NOVALIS, (HARDENBERG, F. v.), Schriften. (Hrsg. P. Kluckhohn, R. Samuel), Stuttgart 1960–1975.
PANOFSKY, E., Das Problem des Stils in der bildenden Kunst. (In: Zeitschrift für Ästhetik und Allgemeine Kunstwissenschaft, X), 1915, 267–291. (Hrsg. H. Oberer, E. Verheyen: Aufsätze ... Berlin 1964, 23–31).

– Die Entwicklung der Proportionslehre als Abbild der Stilentwicklung, 1921. (In: Aufsätze, Berlin 1964, 169–204).
– Die Perspektive als symbolische Form. (In: Vorträge der Bibliothek Warburg, 1924/25), Leipzig, Berlin 1927, 258–330. (In: Aufsätze ... Berlin 1964, 99–167).
– Über das Verhältnis der Kunstgeschichte zur Kunsttheorie: ein Beitrag zu der Erörterung über die Möglichkeit ›kunstwissenschaftlicher Grundbegriffe‹, 1925. (In: Aufsätze, Berlin 1964, 49–75).
– Zum Problem der Beschreibung und Inhaltsdeutung von Werken der bildenden Kunst, 1932. (In: Aufsätze, Berlin 1964, 85–97; Hrsg. E. Kaemmerling 1979, 185–206).
– Studies in Iconology. Humanistic Themes in the Art of the Renaissance. (1939) New York 1962. (Bes.: Introductory) Deutsch: Köln 1975.
– Gothic Architecture and Scholasticism. Latrobe (Pa.) 1951 (französisch: Paris 1967, Nachwort P. Bourdieu).
– Meaning in the Visual Arts. New York 1955. (Bes.: Iconography and Iconology: An Introduction to the Study of Renaissance Art, 21–41; deutsch: Hrsg. E. Kaemmerling 1979, 207–225).
– Early Netherlandish Painting, Its Origins and Character. Cambridge (Mass.) 1953.
– Saturn and Melancholy (siehe: Klibansky, 1964).
– Aufsätze zu Grundfragen der Kunstwissenschaft. (Hrsg. H. Oberer, E. Verheyen), Berlin 1964.
Paulsson, G., Konstverkets byggnad. Stockholm 1942.
– Konsthistoriens föremål. (In: Uppsala Universitets årsskrift, 5), Uppsala 1943.
– Die soziale Dimension der Kunst. (Übers. R. Zeitler), Bern 1955.
Pinder, W., Das Problem der Generation in der Kunstgeschichte Europas. Berlin 1926.
Raphael, M., Prehistoric Cave Paintings. New York 1945.
Read, H., Education through Art. London (1943) 1958.
– Icon and Idea. London 1955.
Reinach, S., L'Art et la Magie. Paris 1903.
Riegl, A., Stilfragen, Grundlegungen zu einer Geschichte der Ornamentik. Berlin 1893.
– Spätrömische Kunstindustrie. Wien 1901.
Rimbaud, A., Voyelles, 1871.
Runge, Ph. O., Hinterlassene Schriften, I–II. Hamburg 1840/1841.
Sauer, J., Symbolik des Kirchengebäudes in seiner Ausstattung in der Auffassung des Mittelalters. Freiburg 1924.
Saussure, F. de, Cours de linguistique générale. Paris 1916.

Schelling, F. W. J., Von der Weltseele, 1798.
– System des transcendentalen Idealismus, 1800.
– Philosophie der Kunst, 1802. (Nachdruck Darmstadt 1960).
– Danteanalyse, 1802/1803.
– Werke (Hrsg. M. Schröter), I–VI. München 1927–1954.
Schiller, F., Rezension über Matthissons Gedichte, 1794.
– Briefe über die ästhetische Erziehung des Menschen, 1795.
– Über naive und sentimentalische Dichtung, 1795/1796.
– Briefwechsel zwischen Schiller und Goethe in den Jahren 1794–1805. Stuttgart, Tübingen 1828/1829.
– Schillers Werke, Nationalausgabe. (Hrsg. seit 1961 L. Blumenthal und B. v. Wiese), Weimar 1943 ff.
Schlegel, A. W., Die Kunstlehre. Kritische Schriften und Briefe, II. (Hrsg. E. Lohner), Stuttgart 1963.
Schlegel, F., Aphorismen, Nr. 116. (Fragment 1798 in Athenäum). Stuttgart 1960.
– Philosophische Vorlesungen, 1804–1806.
– Gespräche über die Poesie, 1800. (Gesammelte Werke, V), Wien 1823.
– Gesammelte Werke, I–X. Wien 1822–1825.
– Kritische Friedrich Schlegel Ausgabe (Hrsg. E. Behler, J. J. Anstett, H. Eichner), Paderborn, München, Wien 1958 ff.
Schopenhauer, A., Die Welt als Wille und Vorstellung, 1818/1860.
– Sämtliche Werke, I–VI. (Hrsg. J. Frauenstädt), Leipzig 1873/1874.
Schubert, G. H., Die Symbolik des Traumes, 1814. (Nachdruck, Hrsg. G. Sauder), Heidelberg 1968.
Sedlmayr, H., Gestaltetes Sehen. (In: Belvedere, Bd. VIII), 1925, 65–73.
– Summative Stilkritik. (In: Belvedere, Bd. IX), 1926, 21–23.
– Verlust der Mitte, Die bildende Kunst des 19. und 20. Jahrhunderts als Symptom und Symbol der Zeit. Salzburg 1948.
– Die Idee einer kritischen Symbolik. (In: Umanesimo e Simbolismo), Padua 1958, 75–82.
– Epochen und Werke, I–II. Gesammelte Schriften zur Kunstgeschichte. Wien 1959.
Segerstedt, T., Verklighet och värde, inledning till en socialpsykologisk värdeteori. Lund 1938.
Semon, R., Die Mneme als erhaltendes Prinzip im Wechsel des organischen Geschehens. Leipzig (1904) 1920.
Solger, K. W. F., Erwin, 1815. (Hrsg. W. Henckmann), München 1971.
– Vorlesungen über Ästhetik, Leipzig 1829. (Nachdruck von K. W. L. Heyses Ausgabe), Darmstadt 1969.
Spengler, O., Der Untergang des Abendlandes, 1918. München 1979.

SULZER, J. G., Allgemeine Theorie der schönen Künste, 1771–1774.
TIECK, L., Phantasien über Kunst, 1799.
VICO, G.B., Principi di una scienza nuova, 1725. (engl. Übers. von T.G. Bergin, M.H. Fisch), Ithaca 1948.
VISCHER, FR. TH., Ästhetik oder Wissenschaft des Schönen, 1847–1857. (Hrsg. R. Vischer, I–VI), 2. Auflage Stuttgart 1922/1923, Nachdruck 1975.
– Kritik meiner Ästhetik, 1866/1873. (In: Kritische Gänge, IV, Hrsg. R. Vischer), München 1923.
– Das Symbol. (In: Philosophische Aufsätze Eduard Zeller gewidmet), Leipzig 1887, 153–193. (vgl. auch Kritische Gänge, IV, 420–456).
– Das Schöne und die Kunst, Zur Einführung in die Ästhetik. (Hrsg. R. Vischer), Stuttgart 1898.
– Kritische Gänge, 1860–1866, 1873. (Neu hrsg. von R. Vischer, I–VI), München 1922/1923.
VISCHER, R., Über das optische Formgefühl. Stuttgart 1873.
VOLKELT, J., Der Symbolbegriff in der neuesten Ästhetik. Jena 1876.
– System der Ästhetik, I. München 1905.
VOLP, R., Das Kunstwerk als Symbol. Ein theologischer Beitrag zur Interpretation der bildenden Kunst. Gütersloh 1966.
WAGNER, R., Die Kunst und die Revolution, 1849. (In: Schriften . . . III), Leipzig 1872, 7–50.
– Das Kunstwerk der Zukunft, 1849. (In: Schriften . . . III), Leipzig 1872, 51–210.
– Schriften und Dichtungen, I–X. Leipzig 1871ff.
WARBURG, A., Sandro Botticellis »Geburt der Venus« und »Frühling«. Eine Untersuchung über die Vorstellungen der Antike in der italienischen Frührenaissance, 1893. (In: Gesammelte Schriften, II), 1932, 6–59.
– Italienische Kunst und internationale Astrologie in Palazzo Schifanoja zu Ferrara, 1912. (In: Gesammelte Schriften, II), 1932, 459–481.
– Heidnisch-antike Weissagung in Wort und Bild zu Luthers Zeiten, 1920. (In: Gesammelte Schriften, II), 1932, 487–558.
– Orientalisierende Astrologie, 1926. (In: Gesammelte Schriften, II), 1932, 559–565.
– Gesammelte Schriften, I–II. Berlin, Leipzig 1932.
– Siehe auch: GOMBRICH, E. H., Aby Warburg.
WINCKELMANN, J. J., Gedanken über die Nachahmung der griechischen Werke in der Mahlerey und Bildhauerkunst. Dresden 1755.
– Geschichte der Kunst des Alterthums, I–II, Dresden 1764.
– Versuch einer Allegorie besonders für die Kunst, 1766. (Hrsg. A. Dressel), Leipzig 1866.

Wind, E., Ästhetischer und kunstwissenschaftlicher Gegenstand; ein Beitrag zur Methodologie der Kunstgeschichte. (Diss.), Hamburg 1922.
– Siehe auch unter Literatur.
Wölfflin, H., Prolegomena zu einer Psychologie der Architektur, 1886. (In: Kleine Schriften), Basel 1946, 13–47.
– Renaissance und Barock, Eine Untersuchung über Wesen und Entstehung des Barockstils in Italien. München 1888. Darmstadt 1968.
– Die klassische Kunst, Eine Einführung in die italienische Renaissance. München 1899.
– Kunstgeschichtliche Grundbegriffe, Das Problem der Stilentwicklung in der neueren Kunst. München 1915.
– Kleine Schriften (1886–1933). (Hrsg. J. Gantner), Basel 1946.
Wood, R. A., A comparative view of the ancient and present state of the Troads, to which is added an essay on the original genius and writings of Homer. London 1768.
Worringer, W., Abstraktion und Einfühlung. München 1908.
Young, E., Conjectures on original composition, 1759. (Hrsg. E. Morley), Manchester 1918.

B Literatur

Abrams, M. H., The Mirror and the Lamp, Romantic Theory and the Critical Tradition. New York 1953.
Adorno, Th. W., Ästhetische Theorie. Exkurs über den Ursprung der Kunst. (In: Gesammelte Schriften, Bd. VII). Frankfurt 1972, 480–490.
Bandmann, G., Gedenkschrift für Günter Bandmann. (Hrsg. W. Busch, R. Haussherr, E. Trier), Berlin 1978.
Bauch, K., Kunst als Form. (In: Jahrbuch für Ästhetik und allgemeine Kunstwissenschaft, VII), 1962, 167–188.
Berefelt, G., The Regeneration Problem in German Neoclassicism and Romanticism. (In: Journal of Aesthetics and Art Criticism, XVIII), 1960, 475 ff.
– Bemerkungen zu Philipp Otto Runges Gestaltungstheorie. (In: Baltische Studien, Bd. 48), 1961, 51–61.
– Philipp Otto Runge, Zwischen Aufbruch und Opposition 1777–1802. (In: Stockholm Studies in History of Art, 7), Uppsala 1961.
– Formuleringen av ett nonfigurativt bildspråk och den romantiska traditionen. (In: Konsthistorisk Tidskrift, Bd. 38), 1969, 1–21.
Białostocki, J., Stil und Ikonographie. Studien zur Kunstwissenschaft. Dresden 1966. Köln 1981.
– Skizze einer Geschichte der beabsichtigten und der interpretierenden Ikonographie, 1973. (Hrsg. E. Kaemmerling), Köln 1979, 15–63.

BIEDERMANN, H., Bildsymbole der Vorzeit. Graz 1977.
BISANZ, R. M., The Romantic Synthesis of the Arts: nineteenth-century German theories on a universal art. (In: Konsthistorisk Tidskrift, Bd. 44), 1975, 38–46.
BLANCK, A., Den Nordiska Renässansen. Stockholm 1910.
BRANDELL, G., Vid seklets källor. Stockholm (1961) 1970.
BOWRA, M., The Romantic Imagination. Oxford (1950) 1961.
CARR, E. H., What is History? London 1961.
CASSIRER, E., The Philosophy of the Enlightment. Boston 1955. (Engl. Übersetzung der Philosophie der Aufklärung, Tübingen 1932).
– Wesen und Wirkung des Symbolbegriffs. Darmstadt 1956.
CORNELL, H., Karakteriseringsproblemet i konstvetenskapen. Uppsala 1928.
DIECKMANN, L., Friedrich Schlegel and Romantic Concepts of the Symbol. (In: Germanic Review, Bd. XXXIV). 1959, 276–283.
DITTMANN, L., Stil – Symbol – Struktur. Studien zu Kategorien der Kunstgeschichte. München 1967.
– Zur Kritik der kunstwissenschaftlichen Symboltheorie. (Hrsg. E. Kaemmerling), Köln 1979, 329–352.
DOLEZOL, TH., Adam zeugte Adam, Abstammung und Urgeschichte des Menschen. München 1979.
DUTHIE, E. L., L'Influence du Symbolisme Français dans le Renouveau Poétique de l'Allemagne (les »Blätter für die Kunst«). Paris 1933.
EAVES, M., William Blake's Theory of Art. Princeton 1982.
ECO, U., Einführung in die Semiotik. München 1972. (1. italienische Auflage: La struttura assente, 1968).
EKELUND, M., Sigmund Freuds estetik och en diskussion kring hans »Eine Kindheitserinnerung des Leonardo da Vinci« (Magisterarbeit). Stockholm 1971.
ELIADE, M., Schamanismus und archaische Ekstase. (1951) Darmstadt 1975.
– Geschichte der religiösen Ideen, I. Freiburg 1978.
FANT, Å., Framtidens byggnad 1913–1923. Stockholm 1977.
FORSSMAN, E., Ikonologie und allgemeine Kunstgeschichte. (In: Zeitschrift für Ästhetik und allgemeine Kunstwissenschaft, XI), 1966, 132–169. (Überarbeitete Fassung, Hrsg. E. Kaemmerling), Köln 1979, 257–300.
FRANKFORT, H., The Archetype in Analytical Psychology and the History of Religion. (In: Journal of the Warburg and Courtauld Institutes, XXI), 1958, 166–178.
FRYKENSTEDT, H., Idé och gestalt i tysk romantik och klassicism. (In: Svenska Humanistiska Förbundets Skriftserie, 75), Stockholm 1966.
GOMBRICH, E. H., Psycho-Analysis and the History of Art. (In: Meditations on a Hobby Horse), London 1963, 30–44.
– Kunstgeschichte und Kunsttheorie im 19. Jahrhundert. (Rez. in: Art Bulletin, 46), 1964, 418–420.

– In Search of Cultural History (The Maurice Deneke Lecture, 1967). Oxford 1969.
– Aby Warburg, An Intellectual Biography. With a Memoir on the History of the Library by F. Saxl. London 1971 (deutsch: Frankfurt 1981).
– Introduction: Aims and Limits of Iconology. (In: Symbolic Images), London 1972, 1–25, 199/200. (Deutsch: P. Gerlach, Ziele und Grenzen der Ikonologie, Hrsg. E. Kaemmerling), Köln 1979, 377–433.

Hazard, P., La Crise de la Conscience européenne 1680–1715, I–III. Paris 1934/1935.

Heidt, R., Erwin Panofsky – Kunsttheorie und Einzelwerk. (Dissertationen zur Kunstgeschichte, 2), Köln, Wien 1977.

Herrmann, W., Laugier and Eighteenth Century French Theory. (Studies in Architecture, 6), London 1962.

Hettner, H., Literaturgeschichte des achtzehnten Jahrhunderts, I–III. Braunschweig 1865–1870. Bd. III: Geschichte der deutschen Literatur im achtzehnten Jahrhundert. Braunschweig 1870.

Holt, E. Gilmore, A Documentary History of Art. Bd. III: From the Classicists to the Impressionists. New York 1966.

Jacobi, J., Komplex, Archetypus, Symbol in der Psychologie C. G. Jungs. Zürich 1957.

Jones, E., Sigmund Freud, Life and Work, I–III. London 1953–1957.

Jonsson, I., Ideer och teorier om ordens konst. Stockholm 1971.

Kaemmerling, E. (Hrsg.), Ikonographie und Ikonologie, Theorien, Entwicklung, Probleme. Bildende Kunst als Zeichensystem, 1, Köln 1979.

Kayser, W., Das sprachliche Kunstwerk. Bern (1948) 1969.

Kunstgeschichte und Kunsttheorie im 19. Jahrhundert. (Probleme der Kunstwissenschaft, 1; Hrsg. H. Bauer et al.), Berlin 1963.

Lamm, M., Upplysningstidens romantik, I–II. Stockholm 1918/1920.

Lankheit, K., Die Frühromantik und die Grundlage der »gegenstandslosen« Malerei. (In: Neue Heidelberger Jahrbücher, N. F.), 1951, 55 ff.

Larsson, L. O., Metoder i konstvetenskapen. Stockholm 1971.

Mann, Th., Freuds Humanismus. (In: Psychoanalyse und Kultur, Hrsg. H. Meng), München 1965, 7–13.

Mannheim, K., Beiträge zur Theorie der Weltanschauungsinterpretation, Kunstgeschichtliche Einzeldarstellungen, II. Wien 1923.
– Das Problem einer Soziologie des Wissens. (In: Archiv für Sozialwissenschaften, 54), 1925.

Maringer, J., Vorgeschichtliche Religion. Zürich 1956.

May, K., Lessing und Herders kunsttheoretische Gedanken in ihrem Zusammenhang. (In: Germanische Studien, H. 25), Berlin 1923.

Oelmüller, W., Friedrich Theodor Vischer und das Problem der nachhegelschen Ästhetik. Stuttgart 1959.

Pächt, O., Panofsky's Early Netherlandish Painting. (Rez. in Burlington Magazine, XCVIII), 1956, 110–116.
– Methodisches zur kunsthistorischen Praxis. (Ausgewählte Schriften, Hrsg. J. Oberhaidacher, A. Rosenauer, G. Schikola), München 1977.
– Kritik der Ikonologie. (Auszug aus: Methodisches... Hrsg. E. Kaemmerling), Köln 1979, 353–376.
Philipson, M., Outline of a Jungian Aesthetics. Northwestern University Press 1963.
Pochat, G., August Wilhelm Schlegel als Vorläufer einer hermeneutischen Kunstgeschichte. (In: Problemi di Metodo: Condizioni di esistenza di una storia dell'arte, Hrsg. L. Vayer. Atti del XXIV Congresso Internazionale di Storia dell'Arte, 1979, Bd. 10), Bologna 1982, 45–53.
– Friedrich Theodor Vischer und die zeitgenössische Kunst. (In: Kunst, Kultur und Politik im deutschen Kaiserreich, Bd. 3. Hrsg. S. Waetzoldt, E. Mai), Berlin (in Druck).
Popper, K. R., The Poverty of Historicism. (1957) London 1969 (deutsch: Tübingen 1978).
Ringbom, S., Art in ›the Epoch of the Great Spiritual‹. Occult Elements in the early theory of abstract painting. (In: Journal of the Warburg and Courtauld Institutes, XXXIX), London 1966, 386–418.
Rosner, R., Reinecke, H. P., Zeichenprozesse – Semiotische Forschung in den Einzelwissenschaften. Wiesbaden 1977.
Rossholm, M., Bilden som mikrokosmos eller bilden som själsspegel. En studie i fransk och germansk symbolism. (In: Konsthistorisk Tidskrift, Bd. 41), 1972, 95–112.
Sandström, S., (Hrsg.) Konst och psykologi. Lund 1970.
Schapiro, M., Leonardo and Freud: An Art-Historical Study. (In: Journal of the History of Ideas, Bd. 17) 1956.
Schilpp, P. E., (Hrsg.) The Philosophy of Ernst Cassirer. (The Library of Living Philosophy, VI), Evanston (Illin.) 1949.
Schlesinger, M., Geschichte des Symbols. Ein Versuch. Berlin 1912. (Nachdruck: Hildesheim 1967).
Sørensen, B. A., Symbol und Symbolismus in den ästhetischen Theorien des 18. Jahrhunderts. Kopenhagen 1963.
Szondi, P., Poetik und Geschichtsphilosophie, I. Frankfurt (1974) 1976.
Texte, J., J.-J. Rousseau et les Origines du Cosmopolitisme littéraire. Paris 1895.
Titzmann, M., Strukturwandel der philosophischen Ästhetik, 1800–1880. Der Symbolbegriff als Paradigma. München 1978.
– Allegorie und Symbol im Denksystem der Goethezeit. (In: Formen und Funktionen der Allegorie, Symposion Wolfenbüttel 1978, Hrsg. W. Haug), Stuttgart 1979, 642–665.

Ucko, P., Rosenfeld, A., Paleolithic Cave Art. London 1967.
Umanesimo e Simbolismo, Atti del IV Convegno Internazionale di Studi Umanistici. Padua 1958.
Vogt, A. M., Panofskys Hut, Ein Kommentar zur Bild-Wort-Debatte, mit Exkurs in die Architektur. (In: Architektur und Sprache, Gedenkschrift für Richard Zürcher, Hrsg. C. Braegger), München 1982, 279–296.
Weber, M., Gesammelte Aufsätze zur Wissenschaftslehre. Tübingen 1922.
Wellek, R., A History of Modern Criticism 1750–1950. I: The Romantic Age. New Haven 1955.
Wind, E., Warburgs Begriff der Kulturwissenschaft und seine Bedeutung für die Ästhetik. (In: Beilageheft zur Zeitschrift für Ästhetik und allgemeine Kunstwissenschaft, Bd. 25), 1931, 163–179. Hrsg. E. Kaemmerling, Köln 1979, 165–184.
Zeitler, R., Klassizismus und Utopia. Interpretationen zu Werken von David, Canova, Carstens, Thorvaldsen, Koch. (In: Figura, Studies edited by the Institute of Art History, University of Uppsala, Bd. 5), Uppsala 1954.

Abbildungsverzeichnis

17 Leonardo da Vinci, Mona Lisa, um 1503, Öl/Holz, 76,8×53 cm, Musée du Louvre, Paris.

18 Leonardo da Vinci, Hl. Anna Selbdritt, um 1501–06, Öl/Holz, 168,6×130,2 cm, Musée du Louvre, Paris.

19 Michelangelo, Moses, um 1513, S. Pietro in Vincoli, Rom.

20 Tibetanische Mandala, Nationalbibliothek, Paris.

21 Maria, Terra und Mare, Miniatur, 12. Jh., Nationalbibliothek, Paris.

22 Kopie nach Dürer: Das Universum, Kunsthistorisches Museum, Hofbibliothek, Wien.

23 Figurengefäß der Chimukultur, Peru, ca. 12.–13. Jh., 20 cm hoch, Staatliche Museen Preußischer Kulturbesitz, Museum für Völkerkunde, Berlin.

24 Sumerisches Monster, um 3500–3000 v. Chr., Brooklyn Museum, New York.

25 Schale mit Steinbockdekor, Susa I, um 4000 v. Chr., Musée du Louvre, Paris.

26 T'ai-chi tu, taoistisches Symbol.

27 Stier, Felsmalerei, Altamira.

28 Reliefskulptur, La Madeleine.

29 Zauberer, Flöte spielend, Les Trois Frères, Abriège.

30 Matthias Grünewald, Auferstehung Christi, Teil des Isenheimer Altars, 1512–16, Öl/Holz, Museum Unterlinden, Colmar.

31 Verkündigung und Visitatio, um 1220, Kathedrale zu Reims.

32 Edouard Manet, La musique aux Tuileries, 1862, Öl/Lwd., 76×118 cm, The National Gallery, London.

33 Caspar David Friedrich, Klosterfriedhof im Schnee, 1810, Öl/Lwd., 121×170 cm, Nationalgalerie, Berlin-West (Kriegsverlust).

DuMont Taschenbücher

Stand Frühjahr '83

Band 2
Horst W. und Dora Jane Janson
Malerei unserer Welt

Band 3
August Macke – Die Tunisreise

Band 4 Uwe M. Schneede
René Magritte

Band 6 Karin Thomas
DuMont's kleines Sachwörterbuch zur Kunst des 20. Jahrhunderts

Band 8 Christian Geelhaar
Paul Klee

Band 12 José Pierre
DuMont's kleines Lexikon des Surrealismus

Band 13 Joseph-Émile Muller
DuMont's kleines Lexikon des Expressionismus

Band 14 Jens Christian Jensen
Caspar David Friedrich

Band 15 Heijo Klein
DuMont's kleines Sachwörterbuch der Drucktechnik und grafischen Kunst

Band 17 André Stoll
Asterix – das Trivialepos Frankreichs

Band 18 Horst Richter
Geschichte der Malerei im 20. Jahrhundert

Band 22 Wolfgang Brückner
Elfenreigen – Hochzeitstraum

Band 23 Horst Keller
Marc Chagall

Band 25 Gabriele Sterner
Jugendstil

Band 26 Jens Christian Jensen
Carl Spitzweg

Band 27 Oto Bihalji-Merin
Die Malerei der Naiven

Band 30 Johannes Pawlik (Hrsg.)
Malen lernen

Band 31 Jean Selz
DuMont's kleines Lexikon des Impressionismus

Band 32 Uwe M. Schneede
George Grosz

Band 33 **Erwin Panofsky**
Sinn und Deutung in der bildenden Kunst

Band 35 Evert van Uitert
Vincent van Gogh

Band 38 Ingeborg Tetzlaff
Romanische Kapitelle in Frankreich

Band 39 Joost Elffers (Hrsg.)
DuMont's Kopfzerbrecher
TANGRAM

Band 41 Heinrich Wiegand Petzet
Heinrich Vogeler – Zeichnungen

Band 43 Karl Heinz Krons
Gestalten mit Papier

Band 44 Fritz Baumgart
DuMont's kleines Sachlexikon der Architektur

Band 45 Jens Christian Jensen
Philipp Otto Runge

Band 47 Paul Vogt
Der Blaue Reiter

Band 48 Hans H. Hofstätter
Aubrey Beardsley – Zeichnungen

Band 50 **Conrad Fiedler**
Schriften über Kunst

Band 52 Jörg Krichbaum / Rein A. Zondergeld
DuMont's kleines Lexikon der Phantastischen Malerei

Band 54 Karin Thomas / Gerd de Vries
DuMont's Künstler-Lexikon von 1945 bis zur Gegenwart

Band 55 Kurt Schreiner
Kreatives Arbeiten mit Textilien

Band 56 Ingeborg Tetzlaff
Romanische Portale in Frankreich

Band 57 Götz Adriani
Toulouse-Lautrec und das Paris um 1900

Band 58 Hugo Schöttle
DuMont's Lexikon der Fotografie

Band 59 Hugo Munsterberg
Zen-Kunst

Band 60 Hans H. Hofstätter
Gustave Moreau

Band 63 Hans Neuhaus
Werken mit Ton

Band 65 Harald Küppers
Das Grundgesetz der Farbenlehre

Band 66 Sam Loyd / Martin Gardner (Hrsg.)
Mathematische Rätsel und Spiele

Band 67 Fritz Baumgart
»Blumen-Brueghel«

Band 68 Jörg Krichbaum
Albrecht Altdorfer

Band 69 Erich Burger
Norwegische Stabkirchen

Band 70 **Ernst H. Gombrich**
Kunst und Fortschritt

Band 71 José Pierre
DuMont's kleines Lexikon der Pop Art

Band 72 Michael Schuyt / Joost Elffers / Peter Ferger
Rudolf Steiner und seine Architektur

Band 73 Gabriele Sterner
Barcelona: Antoni Gaudi

Band 74 Eckart Kleßmann
Die deutsche Romantik

Band 77 Wolfgang Hainke
Siebdruck

Band 78 Wilhelm Rüdiger
Die gotische Kathedrale

Band 79 Otto Kallir
Grandma Moses

Band 80 Rainer Wick / Astrid Wick-Kmoch (Hrsg.)
Kunst-Soziologie

Band 81 Klaus Fischer
Erotik und Askese in Kult und Kunst der Inder

Band 83 Ekkehard Kaemmerling (Hrsg.)
Bildende Kunst als Zeichensystem 1

Band 84 Hermann Leber
Plastisches Gestalten

Band 85 Sam Loyd / Martin Gardner (Hrsg.)
Noch mehr Mathematische Rätsel und Spiele

Band 86 **Rudolf Arnheim**
Entropie und Kunst

Band 87 Hans Giffhorn
Kritik der Kunstpädagogik

Band 88 Thomas Walters (Hrsg.) / Gabriele Sterner
Jugendstil-Graphik

Band 89 Ingeborg Tetzlaff
Griechische Vasenbilder

Band 90 **Ernesto Grassi**
Die Theorie des Schönen in der Antike

Band 91 Hermann Leber
Aquarellieren lernen

Band 93 Joost Elffers / Michael Schuyt
Das Hexenspiel

Band 94 Kurt Schreiner
Puppen & Theater

Band 95 Karl Hennig
Japanische Gartenkunst

Band 96 Hans Gotthard Vierhuff
Die Neue Sachlichkeit

Band 97 Karin Thomas
Die Malerei in der DDR 1949–1979

Band 98 Karl Clausberg
Kosmische Visionen

Band 99 Bernd Fischer
Wasserburgen im Münsterland

Band 100 Peter-T. Schulz
Der olle Hansen und seine Stimmungen

Band 101 Felix Freier
Fotografieren lernen – Sehen lernen

Band 102 Doris Vogel-Köhn
Rembrandts Kinderzeichnungen

Band 103 **Kurt Badt**
Die Farbenlehre van Goghs

Band 104 Wilfried Hansmann
Die Apokalypse von Angers

Band 105 Rolf Hellmut Foerster
Das Barock-Schloß

Band 106 Martin Gardner
Mathematik und Magie

Band 107 Joost Elffers / Michael Schuyt / Fred Leeman
Anamorphosen

Band 108 Götz Adriani / Winfried Konnertz / Karin Thomas
Joseph Beuys

Band 109 Bernd Fischer
Hanse-Städte

Band 110 Günter Spitzing
Das indonesische Schattenspiel

Band 111 Gerd Presler
L'Art Brut

Band 112 Alexander Adrion
Die Kunst zu zaubern

Band 113 **Jan Bialostocki**
Stil und Ikonographie

Band 114 Peter-T. Schulz
Der Kuckuck und der Esel

Band 115 Angelika Hofmann
Ton – Finden, Formen, Brennen

Band 116 Sara Champion
DuMont's Lexikon archäologischer Fachbegriffe und Techniken

Band 117 **Rosario Assunto**
Die Theorie des Schönen im Mittelalter

Band 118 Michael Rain / Robert Polin
Wie man besser flippert

Band 119 Joachim Petsch
Geschichte des Auto-Design

Band 120 Gabriele Grünebaum
Buntpapier

Band 121 Renate Berger
Malerinnen auf dem Weg ins 20. Jahrhundert

Band 122 Horst Schmidt-Brümmer
Wandmalerei zwischen Reklamekunst, Phantasie und Protest

Band 123 Fritz Winzer
DuMont's Lexikon der Möbelkunde

Band 124 Walter Dohmen
Die Lithographie

Band 125 Ulrich Vielmuth / Pierre Kandorfer (Hrsg.)
Fachwort-Lexikon Film · Fernsehen · Video

Band 126 Christian Kellerer
Der Sprung ins Leere

Band 127 Peter-T. Schulz
Rapunzel

Band 128 Lu Bro
Wie lerne ich zeichnen

Band 129 Manfred Koch-Hillebrecht
Die moderne Kunst

Band 130 Bettina Gruber / Maria Vedder
DuMont's Handbuch der Video-Praxis

Im April 1983 erscheinen:

Band 131 Anneliese und Peter Keilhauer
Die Bildsprache des Hinduismus

Band 132 Reinhard Merker
Die bildenden Künste im Nationalsozialismus

Band 133 Barbara Salberg-Steinhardt
Die Schrift:
Geschichte – Gestaltung – Anwendung

Band 134 Götz Pochat
Der Symbolbegriff in der Ästhetik und Kunstwissenschaft

Im Juli 1983 erscheinen:

Band 135 Karlheinz Schüssler
Die ägyptischen Pyramiden

Band 136 Rainer Harjes
Handbuch zur Praxis des Freien Theaters

Band 137 Nikolaus Pevsner
Wegbereiter moderner Formgebung

Band 138 Friedrich Piel
Die Methoden der Kunstgeschichte